O QUE NÃO ESTOU VENDO?

EMMA REED TURRELL

O QUE NÃO ESTOU VENDO?

DESCUBRA OS QUATRO PONTOS CEGOS QUE TE ATRAPALHAM E APRENDA A SUPERÁ-LOS

Tradução
LÍGIA AZEVEDO

FONTANAR

O selo Fontanar foi licenciado para a Editora Schwarcz S.A.

Grafia atualizada segundo o Acordo Ortográfico da Língua Portuguesa de 1990, que entrou em vigor no Brasil em 2009.

TÍTULO ORIGINAL What Am I Missing?: Discover the Four Blind Spots That Are Holding You Back, and How to Overcome Them

CAPA Mateus Valadares

PREPARAÇÃO Silvia Massimini Felix

ÍNDICE REMISSIVO Gabriella Russano

REVISÃO Luíza Côrtes e Ingrid Romão

Dados Internacionais de Catalogação na Publicação (CIP)
(Câmara Brasileira do Livro, SP, Brasil)

Turrell, Emma Reed
O que não estou vendo? : Descubra os quatro pontos cegos que te atrapalham e aprenda a superá-los / Emma Reed Turrell ; tradução Lígia Azevedo. — 1ª ed. — São Paulo : Fontanar, 2025.

Título original : What Am I Missing?: Discover the Four Blind Spots That Are Holding You Back, and How to Overcome Them
ISBN 978-65-5303-006-0

1. Autoconhecimento (Psicologia) 2. Desenvolvimento pessoal 3. Relações interpessoais – Aspectos psicológicos I. Título.

25-278290 CDD-158.1

Índice para catálogo sistemático:
1. Autoconhecimento : Psicologia aplicada 158.1

Cibele Maria Dias – Bibliotecária – CRB-8/9427

EDITORA SCHWARCZ S.A.
Rua Bandeira Paulista, 702, cj. 32
04532-002 — São Paulo — SP
Telefone: (11) 3707-3500
facebook.com/Fontanar.br
instagram.com/editorafontanar

Aos meus pais, Ingrid e Keith

Sumário

Introdução

Quando as pessoas iniciam a terapia, em geral é como se faltasse uma peça do quebra-cabeça. Elas se sentem ansiosas ou deprimidas, mas não conseguem identificar o motivo. Uma conversa com alguém da família ou de seu círculo de amizades mexeu com elas, embora não entendam bem o que as incomodou tanto. Elas continuam lidando com as mesmas questões no trabalho, ou se encontram em meio às mesmas discussões em casa, e não sabem o que fazer a respeito.

Como terapeuta, meu trabalho é ajudar os pacientes a perceber o que não estão enxergando, a descobrir o que mais pode estar acontecendo, que padrões se impõem e quais os denominadores comuns entre os dilemas que enfrentam. Meu objetivo é ajudá-los a responder à pergunta "O que não estou vendo?" e interpretar sua situação de maneira que aquilo que precisa ser mudado fique claro para eles. É ampliar sua consciência e sua compreensão para que possam reavaliar suas opções e fazer escolhas mais conscientes, que os aproximem dos resultados desejados — quer seja construir relacionamentos pessoais mais saudáveis, obter sucesso no trabalho ou se tornar a mãe ou o pai que querem ser para os filhos. Faço isso lançando perguntas diferentes, perguntas que talvez nunca tenham feito a si mesmos, e buscando, nas margens de seu mundo, informações que podem não estar em seu campo de visão. Procuro pensamentos, sentimentos e crenças em sua visão periférica que podem ter passado despercebidos, apesar de serem a causa dos desafios que se repetem. Esses são os "pontos cegos" — suposições e atalhos que governam o dia a dia da pessoa, embora se baseiem em ficções, e não fatos, ou no passado, e não no presente. Com a consciência do que não estamos vendo, somos capazes de observar o quadro geral e descobrir o que fazer. É isso que eu desejo que você tire deste livro. Meu objetivo é fornecer as ferramentas necessárias para que você seja capaz de identificar os pontos cegos que atravancam seu caminho e compreendê-los melhor, incluindo de onde vêm e como se manifestam em diferentes áreas de sua vida (porque raramente nos portamos igual com nossos parentes, amigos e colegas, e por um bom motivo), e o mais importante: apontar maneiras de ir além desses pontos cegos, pôr as coisas em perspectiva e levar uma vida mais plena.

Embora possa parecer um conceito desanimador, todos temos pontos cegos em nossa consciência. O cérebro humano foi projetado assim, para contornar processos cognitivos mais lentos e acelerar nossas respostas através de palpites ou previsões baseadas em nossas experiências prévias. Para demonstrar como isso se manifesta na vida real, apresentarei estudos de caso de pacientes meus que constataram seus pontos cegos, aprenderam a ver as coisas como realmente eram e alcançaram uma visão mais desimpedida de como viver com mais liberdade e de maneira mais plena. Perguntas e técnicas usadas para abordar situações de diferentes ângulos possibilitarão que você preencha as lacunas de acordo com seu próprio caso e perceba por que age como age. Em um mundo no qual compreendemos o valor da terapia, mas nem sempre temos acesso a seus benefícios, este livro pretende fornecer as ferramentas para que você identifique o que não está vendo, empoderando-o para que consiga dar o próximo passo na direção mais acertada em seu caso específico.

Se você já ouviu o podcast "Best Friend Therapy", que apresento em parceria com Elizabeth Day, provavelmente conhece as "bombas de verdade" e os momentos de iluminação que decorrem de nossas conversas, e sabe que procuro tornar as práticas e teorias terapêuticas acessíveis para que os ouvintes as apliquem a sua própria vida e colham os frutos disso. Meu objetivo com este livro é oferecer a mesma combinação de compaixão e bom senso. Disponibilizando o que aprendi ao longo da minha carreira como terapeuta, espero poder te instruir, empoderar e equipar para ter uma vida mais autêntica, feliz e recompensadora.

O QUE NÃO ESTOU VENDO?

Essa é a pergunta que recebo todos os dias dos meus pacientes. É o ponto de partida de toda jornada terapêutica, e algo crucial para todas as pessoas, independentemente das questões com que lidem, de seu histórico ou de que recorte demográfico façam parte. É a pergunta que destrava nossa compreensão e nos ajuda a pôr as coisas em perspectiva. Em geral, começo a respondê-la explicando como nossa consciência funciona.

No fundo do olho, há uma pequena área circular onde o nervo óptico penetra o globo ocular. Ali, não há fotorreceptores, bastonetes ou cones para capturar a luz e convertê-la em imagens. Chamamos essa parte invisibilizada do campo de visão de *ponto cego*. No dia a dia, dificilmente notamos o ponto cego, porque o cérebro completa a informação que falta. Não vemos a rua toda enquanto avançamos pela calçada, mas sabemos que ela está lá, por isso nosso cérebro preenche as lacunas sozinho.

A verdade é que, embora se dê bastante importância à solidez da visão e usemos frases como "claro como o dia" ou "estar na cara" para expressar certeza, a informação que os olhos transmitem ao cérebro é apenas metade da história. Mesmo conseguindo ver o que há em volta, seu cérebro não vai necessariamente confiar em seus olhos. Nossos sentidos são lentos, e quando conseguimos converter uma imagem em informação, a cena muitas vezes já está desatualizada. Nunca acertaríamos uma bola com um taco se reagíssemos apenas com base no que vimos; seríamos menos coordenados e nos machucaríamos com mais frequência se confiássemos apenas em nossa visão. Por isso, o cérebro prevê o movimento antes que ele aconteça, conta uma história sobre o percurso da bola, e essa história se torna a realidade. Executamos a tacada com base em uma previsão, e não nos acontecimentos em tempo real.[1] Do mesmo modo, a audição é contextual, e o cérebro reouve sons até um segundo depois, ajustando nossa compreensão original, em uma espécie de corretor automático auditivo.

A capacidade do cérebro de preencher, prever e reenquadrar é uma vantagem evolutiva de um sistema biológico. Na natureza, é mais seguro operar com base em reconhecimento do que dar uma segunda olhada.

Seu cérebro preenche as lacunas com uma ideia, e não a realidade.

Você isso leu errado.

Se você consegue ler palavras embaralhadas é porque seu cérebro reconhece sequências, em vez de se ater às letras. Isso permite que você passe por cima de erros individuais e leia a a frase toda (sem notar a repetição).

Seu cérebro é bombardeado por 11 milhões de informações a cada segundo, mesmo tendo capacidade mental para processar apenas cerca de quarenta.[2] Ele depende da percepção para que você funcione no piloto automático, identificando padrões e prevendo resultados, e para que 90% das decisões sejam tomadas sem que você se dê conta disso.

Qual das sequências abaixo lhe parece seguir o mesmo padrão de 2-4-6-8?

2-7-19-25
12-14-16-18
11-27-44-63

Você pode ter escolhido a sequência do meio, por ter identificado que na sequência original os números aumentam de dois em dois. Mas e se eu lhe dissesse que as três seguem o mesmo padrão?

Porque o padrão é simplesmente os números aumentarem.

Você precisaria de mais informações para identificar a regra que provavelmente identificou, porém seu cérebro pega um atalho. Assim como podemos aplicar uma regra errada a sequências numéricas, podemos aplicar regras erradas à nossa vida. Nossos sentidos podem ser distorcidos pela previsão e pelo contexto, assim como nossas crenças.

Sem todos os fatos, não enxergamos o quadro geral e tiramos conclusões precipitadas a partir de vislumbres — um graveto pode ser confundido com uma cobra, ou supomos que onde há fumaça há fogo. Em se tratando de relacionamentos, podemos ser rápidos em interpretar as ações de alguém de modo equivocado. Seja por simplificação ou ignorância, nossas reações podem perder a objetividade e se tornar desproporcionais. Se minha filha leva uma picada de abelha, no lugar errado e na hora errada, enquanto está plantando bananeira, ela pode evitar fazer ginástica por um tempo e até pelo resto da vida. Seu instinto de luta ou fuga entra em ação quando chega a aula de educação física e ela precisa se acalmar para conseguir virar uma estrelinha. Do mesmo modo, meu filho fica enjoado só de olhar para um carro. Essas são reações automáticas do sistema nervoso, que usa a previsão para nos proteger.

Nosso sistema nervoso faz inferências inconscientes o tempo todo, sem nunca reconhecer "Olhe, é só um palpite". E temos problemas maiores com que lidar do que medo de abelha ou aversão a viajar de carro quando esses processos primitivos são encarregados de nossas crenças centrais e decisões importantes. Assim como prevê a trajetória de um objeto, nosso cérebro irá prever a trajetória de uma conversa, de um relacionamento ou de uma carreira, se permitirmos. Em uma tentativa de reduzir as surpresas, ele filtrará tudo o que possa ser contraditório ou desagradável e conduzirá você por um túnel de suposições e julgamentos rápidos. Quando sua visão é atrapalhada por pontos cegos, você pode não ver uma pessoa como ela realmente é, ou pode acelerar novos cenários até a conclusão desventurada e familiar que espera.

Vamos pegar como exemplo um novo emprego. Seu cérebro pode juntar pequenas informações sobre alguém que você acabou de conhecer, e por meio de uma generalização lhe apresentar um palpite e uma previsão para o futuro. Isso é útil quando estamos avaliando um ambiente novo, mas e se os maneirismos identificados na chefia te lembrarem de seus pais críticos demais, ou de alguém que costumava pegar no seu pé na escola? Talvez você se veja somando dois e dois e chegando a cinco. Seu cérebro lança uma previsão de ataque que acaba se tornando uma profecia que se autorrealiza, e a ansiedade resultante te impede de ser eficiente no trabalho. A história pode acabar em demissão (por vontade própria ou não), e não por causa da chefia, mas de um ponto cego.

ACENDENDO A LUZ

Vejo as consequências de pontos cegos todos os dias em minha prática psicoterapêutica. O marido que faz a esposa pensar que é louca, aproveitando-se da suscetibilidade dela a pensamentos ilusórios. A funcionária paralisada pela síndrome do impostor, por conta de uma sensação de incompetência infundada. O casal que se vê em um relacionamento tóxico e prioriza a familiaridade à satisfação pessoal. Com frequência, as pessoas iniciam a terapia quando a imagem que o cérebro delas lhes apresenta causa problemas, fazendo com que cometam erros recorrentes ou se vejam de maneira tão crítica a ponto de isso atravancar seu caminho. Elas sentem que sua ansiedade as segura, ou que sua depressão as enfraquece, estão sempre em relacionamentos errados ou frustradas no trabalho. Também se sentem perdidas ou encurraladas, e não conseguem encontrar uma saída sozinhas, porque ela está escondida por um ponto cego.

Por sorte, na maioria das pessoas, o impacto dos pontos cegos não é tão pronunciado ou extremo quanto nos exemplos que citei. Esse talvez seja o motivo pelo qual você escolheu este livro como ponto de partida, antes de iniciar a terapia para encontrar a resposta àquilo que vem te perturbando. Talvez você nem esteja procurando por respostas, mas tenha curiosidade quanto ao processo terapêutico ou queira aprender mais sobre o que acontece abaixo da superfície com você e com as pessoas que ama. Onde quer que você se encontre na sua jornada, meu desejo é que o conteúdo deste livro ajude a apertar um interruptor em seu cérebro que permita que você veja as coisas sob uma nova luz e alcance o objetivo terapêutico da *perspectiva*. Independentemente de onde meus pacientes vêm, seus sintomas ou o perfil em que se enquadram (e depois falaremos mais sobre isso), quero ajudá-los a remover quaisquer obstáculos e encarar sua vida de uma perspectiva verdadeira e sem filtros. E agora você se inclui entre eles.

ESTUDO DE CASO

ALISON

Alison me procurou pois sentia que não tinha outra escolha. Ela era uma assistente social incansável de quarenta anos, que nunca reclamava e nunca havia feito terapia (porque dizia a si mesma que seria muita autoindulgência). Vinha sofrendo com crises de pânico debilitantes e, por mais que se esforçasse, focar nas coisas positivas não fazia com que as negativas a sobrecarregassem menos. Em nossa primeira sessão, notei que Alison não se valorizava e que isso a atrapalhava. Era o que a impedia de fazer mudanças em sua vida e a deixava ansiosa. Para que as coisas mudassem, precisávamos identificar o que ela não estava vendo. Alison me disse que se sentia invisível no trabalho e que seus superiores a menosprezavam, porém também disse que não deveria esperar atenção e não se julgava importante. Suas crises de pânico recentes a tinham feito buscar tratamento, mas, quando fomos um pouco mais fundo, vimos que sua vida era assim desde que ela conseguia se lembrar. Alison tinha um ponto cego quando se tratava de se valorizar, e como resultado sacrificava suas próprias necessidades.

Sendo filha mais velha, Alison havia aprendido a cuidar dos irmãos mais novos, dando banho e ajudando com a lição de casa enquanto os pais gerenciavam o bar que tinham no térreo do imóvel e ficavam até tarde bebendo com os clientes. As expectativas sociais reforçaram na casa o papel tradicionalmente feminino do cuidado e da submissão, e o temperamento explosivo do pai a levava a assumir automaticamente a culpa em caso de conflito. Na vida adulta, ela continuava oferecendo aos outros o benefício da dúvida. No entanto, depois de ter trabalhado na linha de frente durante a pandemia, Alison estava esgotada e desiludida. Cortes no orçamento e questões políticas a haviam levado ao limite, e ela sentia que era incapaz de deixar as coisas passarem, como sempre fizera.

Depois de algumas semanas trabalhando juntas, perguntei a ela: "Por que você acha que seus pais pediam que você cuidasse dos seus irmãos? Por que acha que seus superiores pedem que você cuide dos casos que ninguém mais quer?".

"Porque sou a única tonta o bastante para aceitar?", ela respondeu, sorrindo. Depois prosseguiu: "Eles sempre disseram que eu era boa nisso. Meus pais, digo. Eles falavam que eu tinha uma cabeça boa e confiavam em mim. Na época, eu gostava de ouvir isso. Parando para pensar, é o que meus superiores dizem também: que posso lidar com qualquer bomba. Eu acho que é verdade, mas não significa que eu queira que eles continuem jogando as bombas!".

"Então você é boa nisso. Faz sentido. Mas por que outro motivo acha que seus pais te pediam isso?", insisti.

Alison me encarou em silêncio, então ofereci uma possível resposta.

"Você acha que era interessante para seus pais te encherem de responsabilidades? Que você cuidasse das outras crianças enquanto eles estavam lá embaixo, trabalhando e bebendo? E agora com os seus chefes, você acha que jogar os casos complicados nas suas costas, para se livrarem do problema, atende às necessidades deles?"

"Talvez." Alison refletiu por um momento. "Mas isso significaria que não tem a ver comigo e com o fato de eu ser boa ou não em algo. Significaria que tem a ver com eles e os problemas que precisavam que eu resolvesse."

Era aquilo que Alison não tinha visto. Seu ponto cego escondia a possibilidade de que a questão não fosse seu valor, mas a maneira como os outros haviam escolhido valorizá-la. Apesar de seu merecimento, as pessoas que Alison apoiava não a valorizavam. Ela só era estimada pelo que podia fazer pelos outros, como se não fosse importante por si só. Sua resiliência era incentivada quando convinha aos outros, porém no processo Alison havia perdido sua identidade.

Ao longo das semanas seguintes, Alison se reconciliou com a informação desconfortável de que passara anos em seu ponto cego — os erros que seus pais haviam cometido no passado, os chefes que a tratavam mal no presente e o ressentimento que ela alimentava por conta de uma coisa e de outra. Ao longo de nossas conversas, ela passou a ver as coisas como realmente eram e reivindicou o valor próprio que estivera fora de seu campo de visão. Alison levou suas queixas a seus superiores e promoveu mudanças no trabalho que protegeriam não só a ela, mas também às pessoas que atendia.

Alison julgava previamente as pessoas e situações com base em seu ponto cego. Por isso, ela esperava ser uma fonte infinita de apoio aos outros e se gravitava em torno de relacionamentos e situações que a desvalorizavam e reforçavam sua autoestima já baixa. Seu cérebro, como o nosso, estava menos preocupado com a realização pessoal e mais concentrado na sobrevivência, e havia certa segurança na familiaridade e na previsibilidade de relacionamentos similares àqueles com que ela cresceu e que conhecia bem.

Usamos o passado para prever o futuro e o conhecido para antecipar o desconhecido, mesmo quando as experiências anteriores foram obscurecidas por seu contexto único e provavelmente estavam sujeitas ao ponto cego de outras pessoas. Vistos de forma isolada, esses fragmentos de compreensão, reunidos a partir de momentos de interpretação subjetiva, não têm como servir a nós e a nosso cérebro como base para as crenças que construímos e as decisões que tomamos. De qualquer maneira, é essa colcha de retalhos de padrões e preconcepções, com os pontos cegos inerentes a ela, que pavimenta nosso caminho na vida, mesmo quando os eventos nos quais se baseia parecem pequenos e insignificantes a — ou são mal interpretados por — nosso eu adulto e objetivo. Se não paramos para questionar nossos comportamentos e crenças, esses prejulgamentos, baseados em fragmentos de informações ou balelas, podem definir se esperamos sucesso ou fracasso na vida, se confiamos nos outros ou seguiremos sozinhos, se o mundo será um lugar de hostilidade ou de esperança. Como Alison descobriu, o processo terapêutico é exatamente isto: terapêutico, e não autoindulgente. Se não pararmos para olhar para trás, avançaremos no escuro.

Suposições inconscientes nascidas de pontos cegos podem guiar nossas escolhas sem que percebamos. Comigo não é diferente. O período que passei na universidade não foi feliz, o que me levou a concluir que eu não havia nascido para o mundo acadêmico. Supus que *eu* era o problema, que não tinha o que era necessário e não era inteligente o bastante para acompanhar os outros. Nos anos que se seguiram, evitei a leitura e nem sonhava em expressar minha opinião em público. Um dia, encontrei a terapia como paciente e fui fisgada pela psicologia por trás do nosso comportamento. Voltei aos estudos, dessa vez em uma área pela qual eu era apaixonada e em meus próprios termos, e me dei conta de que estava errada sobre mim mesma. O problema não era eu, e sim uma instituição arcaica e cheia de pontos cegos que havia falhado comigo.

Quando não olhamos para trás e reavaliamos nossas suposições, agora com objetividade, autonomia e consciência, arriscamos limitar nossa vida e fechar a porta para qualquer experiência desafiadora. Perdemos a oportunidade de fazer exercícios quando queremos, sabotamos nossos relacionamentos e levamos preconceitos inconscientes para nosso lar e nosso ambiente de trabalho. Recorremos a prejulgamentos para nos sentir seguros, no entanto acabamos nos sentindo encurralados. E quanto maior a frequência com que encobrimos nossos pontos cegos, mais profundamente arraigados eles se tornam, até que nos convencemos de que vemos as coisas com clareza quando os outros estão todos no escuro.

Alison tinha tentado agir com base na gentileza, sem nunca julgar os outros, por medo de errar ou ofender. No entanto, embora o julgar muitas vezes seja considerado algo negativo pela sociedade, corremos um risco maior quando optamos por não fazer julgamentos conscientes. O silêncio não resolve as diferenças, só relega as discussões ao escuro, onde não pode haver crescimento ou mudança. Toda semana, Alison praticava as habilidades necessárias para se tornar uma testemunha mais confiável de sua própria vida. No decorrer de alguns meses, ela se tornara melhor em julgar o caráter das pessoas, tinha um senso mais claro de si mesma e estabelecera limites mais saudáveis no trabalho.

Esperar o pior ou torcer pelo melhor, ignorar os sinais de alerta ou descartar a possibilidade de mudança podem evitar conflitos, mas também tornam a pessoa espectadora de seus próprios problemas, e às vezes até mesmo cúmplice deles. Em um mundo onde se pode ser tudo, não seja gentil: seja responsável. E quando chegar a hora de escolher um lado considere todas as opções antes. O julgamento — do tipo esclarecido, informado, responsável — é o antídoto para o prejulgamento e um remédio para os pontos cegos. Meu objetivo é que este livro o ajude a descobrir seus pontos cegos (como no caso de Alison), a se livrar dos grilhões que vem arrastando e a encarar a vida com os olhos bem abertos, para desfrutá-la plena e livremente.

PONTOS CEGOS

Os pontos cegos estão se tornando rapidamente o tema central de minhas conversas com meus pacientes. Essa é a lente terapêutica através da qual olho primeiro quando me encontro diante de alguém que sabe que há um problema, porém não consegue identificá-lo com clareza. Tudo começa com uma pergunta essencial, que abre nossa mente à possibilidade de múltiplas perspectivas e alternativas: *O que não estou vendo?* Para ajudá-lo a responder a essa pergunta por conta própria, compartilharei histórias de pacientes que se debruçaram sobre seus pontos cegos, identificaram as crenças limitantes que os seguravam e notaram os antolhos que usavam sem perceber. Descrevo como eles aprenderam a rastrear a origem de seus pontos cegos, adquiriram discernimento e reuniram alternativas para voltar a avançar com os olhos bem abertos. No entanto, para manter a confidencialidade, nomes e detalhes que pudessem identificar essas pessoas foram alterados, de modo que quaisquer semelhanças com indivíduos são pura coincidência.

Em meus quinze anos de atendimento clínico, observei quatro tipos mais comuns de pontos cegos em pacientes e defini "perfis" para ajudar a identificar suas características. Trata-se de quatro formas típicas de agir com base nos atalhos e pontos cegos do cérebro, e cada uma delas foi nomeada de acordo com a maneira como se manifesta na vida: a Pedra, o Gladiador, o Oportunista e a Ponte. Nos capítulos a seguir, oferecerei a oportunidade de reconhecer não só seus pontos cegos, mas os das pessoas em seu entorno. Por meio dos diferentes perfis, da maneira como se formam e do impacto que têm em nós hoje, exploraremos os relacionamentos enviesados que desenvolvemos com nós mesmos, com os outros e com o mundo, e abordaremos algumas das questões mais comuns que eles criam — de síndrome do impostor a vício, burnout a codependência.

Ao fim deste livro, você contará com os meios necessários para reconhecer seus pontos cegos e os dos outros. Verá como seus pontos cegos fazem com que se comporte de maneira diferente em variados cenários. Compreenderá por que acaba nos mesmos becos sem saída, por que as pessoas à sua volta interpretam mal as coisas e como os pontos cegos podem criar atrito e confusão em seus relacionamentos pessoais e profissionais. Você nem sempre gostará do que vê, mas pelo menos saberá o que está enfrentando. E uma série de exercícios reflexivos deixará mais claro o que você precisa fazer diferente para solucionar conflitos, ter relacionamentos mais saudáveis e tomar decisões com mais confiança — levando uma vida mais intencional e recompensadora.

O QUE VOCÊ NÃO ESTÁ VENDO?

A PLANÍCIE MENTAL.

Uso uma imagem para explicar a meus pacientes a dificuldade do cérebro de desapegar dos antigos pontos cegos e por que ele às vezes pode dificultar o entendimento do que estamos deixando de ver, principalmente se nos acostumamos a ler a história tal qual foi escrita para nós.

Imagine a mente como uma planície ampla e aberta, coberta de mato alto. Para conectar um pensamento, precisamos atravessar de um lado da planície a outro, e nosso cérebro é projetado para buscar o trajeto mais fácil: aquele que já foi percorrido, uma vez que o mato estará amassado e não haverá maiores impedimentos. Assim, recorremos ao pensamento familiar, e a cada vez esse se torna o caminho mais óbvio a seguir.

Você provavelmente conhece a prática da atenção plena, que ensina a pessoa a se separar de seus pensamentos e notá-los como eventos mentais que acontecem com ela mas não são a mesma coisa que ela, a reconhecer pensamentos como pensamentos, e não fatos.

Quando queremos mudar um padrão de pensamento repetitivo, intrusivo ou inútil, precisamos nos voltar para nossa planície mental e verificar quão facilmente nosso cérebro pode nos levar por um caminho já trilhado. E como temos a habilidade de voltar ao início e encontrar outras opções, outros caminhos que poderíamos pegar. Talvez tenhamos de enfrentar o mato alto e suportar certa resistência a princípio, porém com o tempo, se pudermos continuar voltando ao início e dando um único passo diferente, começaremos a abrir novos caminhos, caminhos melhores para nós, que nos levarão para mais perto daquilo que queremos. Será tentador recair nas rotas amaciadas ao longo de anos, porém se resistirmos à atração por tempo suficiente o mato voltará a crescer e os antigos caminhos se tornarão menos convidativos.

A boa notícia, como sempre digo a meus pacientes, é que não estamos tentando encontrar o próximo caminho, o caminho certo ou o melhor caminho. De início, só queremos dar um único passo em *qualquer* caminho que não seja aquele antigo e confiável que sempre usamos. A ideia é se abrir à existência de outros caminhos, outros pensamentos, e permitir que o original fique um pouco menos evidente. Assim que a existência de possibilidades for reconhecida, seremos capazes de explorar quais parecem boas opções para nós naquele momento.

Não é fácil desbravar, não é fácil abrir uma nova rota, porém seu eu futuro agradecerá seu eu presente pela tomada de perspectiva e por te impulsionar rumo a um destino mais feliz e saudável.

PERSPECTIVA RENOVADA

Você deve ter notado que já usei a palavra "perspectiva" algumas vezes. Embora ela possa parecer atraente para quem pegou este livro por conta de certa dificuldade de enxergar as coisas com clareza, também pode parecer bastante inócua para quem se encontra mais em uma posição de curiosidade do que de preocupação. No entanto, a verdade é que a "perspectiva" é a heroína anônima de nosso bem-estar mental. Quer você perceba ou não, nosso julgamento sempre é influenciado por nossas experiências de vida, que se acumulam ano após ano, tornando-se obstáculos que nos impedem de chegar aonde precisamos estar. O propósito de realizar este trabalho, de ir para a linha de frente, é ver o que está acontecendo, obter a *perspectiva* que revelará o que estamos enfrentando, e como enfrentá-lo. É por isso que considero esse nosso objetivo terapêutico: quanto mais trabalhamos nossos pontos cegos, mais nos aproximamos de uma perspectiva verdadeira e completa. Falaremos disso adiante, porém, antes de abordar a cura, vamos identificar de que maneiras seus pontos cegos podem o estar afetando.

1. Abordagem terapêutica dos pontos cegos

Com frequência, as pessoas chegam à terapia com uma definição de seu problema. Dizem que estão infelizes no relacionamento, sobrecarregadas pela dor, estressadas no trabalho ou que não conseguem dormir. Elas sabem disso, mas não encontram o motivo. Não sabem por que se afetam de tal maneira, por que não são capazes de mudar a situação. Desenvolvi a abordagem dos pontos cegos para ajudá-las a desvendar esses porquês, para explicar os padrões que elas repetem e para dar bons motivos aos sentimentos ruins. Direcionando-as para a causa por trás dos sintomas, revelamos a autonomia e a emancipação necessárias para a cura.

A criação da realidade subjetiva a partir da percepção individual de eventos foi introduzida como *viés cognitivo*[1] em 1972 pelos psicólogos Amos Tversky e Daniel Kahneman. Ela explica o modo como humanos tomam decisões e julgam situações em termos de atalhos mentais, que oferecem estimativas e suposições para resultados desconhecidos. Muito trabalho foi feito desde então para compreender o viés inconsciente e o estereótipo implícito,[2] como definido em 1995 pelos psicólogos Mahzarin Banaji e Anthony Greenwald, cuja pesquisa sobre a memória implícita sugeriu que uma experiência passada pode influenciar respostas futuras, mesmo sem uma lembrança explícita do evento. Inconscientemente, guardamos experiências e distorcemos aspectos posteriores da realidade para descartar informações difíceis ou divergentes, manter as lacunas em nossa consciência e preservar a perspectiva familiar e previsível.

Meu trabalho com organizações para compreender o impacto potencial do viés inconsciente sobre seus funcionários despertou minha curiosidade a respeito de como esses atalhos mentais se formam. Sustentada pelas teorias psicanalíticas da análise transacional (AT), procurei desenvolver uma maneira de trabalhar com pacientes em meu atendimento clínico que pudesse lançar luz sobre o viés inconsciente que opera em sua vida cotidiana. Chamei isso de abordagem terapêutica dos pontos cegos.

Com a abordagem dos pontos cegos, ajudo os pacientes a preencherem as lacunas em sua consciência com as informações que faltam, sem deixar pedra sobre pedra no processo. É importante prestar bastante atenção nas suposições feitas, no contexto vivido e na identidade alocada. Com uma consciência mais plena, eles podem dizer: "Ok, isso faz sentido. *Eu* faço sentido. E agora?".

Quando compreendemos nossas reações como respostas normais a situações anormais, nos libertamos da tensão e da confusão internas que nos mantêm empacados apesar de nossos esforços. Quando não estamos mais em desacordo com partes nossas, podemos acreditar no que vemos, controlar como agimos e viver com a coragem de nossas convicções.

“Quando compreendemos nossas reações como respostas normais a situações anormais, nos libertamos da tensão e da confusão internas que nos mantêm empacados apesar de nossos esforços.”

POR QUE SURGEM PONTOS CEGOS?

Um ponto cego é uma área com pouca ou nenhuma consciência psicológica, um vazio no qual informações desconhecidas ou inesperadas desaparecem, mesmo quando fazem sentido ou são relevantes para as atitudes que precisam ser tomadas. Quando não vemos as alternativas, acabamos fazendo o que sempre fizemos e obtendo o resultado que sempre obtivemos.

Nosso cérebro forma pontos cegos para tornar o mundo mais previsível, gerenciar nossas expectativas, economizar tempo e energia e, em certo sentido, nos proteger do perigo e da decepção. As chances de minha filha ser picada por uma abelha são menores se ela não plantar bananeira na grama, portanto seu cérebro faz com que ela acredite que não vale a pena correr esse risco, embora ele seja relativamente baixo, e a capacidade de desfrutar de uma atividade divertida se perde em um ponto cego. Se você teve uma sequência de encontros ruins ou perdeu oportunidades no trabalho, seu cérebro fará com que acredite que não vale a pena correr o risco em vez de te incentivar a tentar de novo. Essas suposições podem acarretar sentimentos de solidão ou insatisfação, porém seu cérebro escolherá o menor entre dois males, se a alternativa for uma rejeição que não será bem recebida. Qualquer frustração sentida como resultado será um sentimento com que você no mínimo se acostumou e, de acordo com seu sistema nervoso, quando se trata de escolher entre dois riscos é melhor o conhecido do que o desconhecido.[3] Falhar de maneira antecipada pode parecer uma afronta menor do que quando o fracasso é inesperado.

Estamos sempre fazendo microprevisões como resultado de nossos pontos cegos, seja pelas associações bem documentadas entre a cor vermelha e o perigo,[4] ou pelo reflexo que nos faz estremecer diante de um ruído repentino antes mesmo de saber o que o causou. Os benefícios desses processos de pensamento para nossa segurança estão claros, e também podem nos ajudar em situações que não são de vida ou morte, como evitar pôr meias vermelhas com a roupa branca na máquina de lavar ou nos motivar a sair com um guarda-chuva quando o céu está nublado. No entanto, deixam de ser úteis quando nos levam a mandar uma mensagem para o companheiro ou companheira quando sabemos que eles saíram com amigos, mas estamos nos sentindo inseguros. Quanto mais compreendemos a maneira como nosso cérebro age tal qual uma sanfona e quanto maior nossa capacidade de desacelerar a via expressa do pensamento que nos leva direto do estímulo à resposta, melhor conseguimos identificar o que podemos estar deixando de ver e que outras opções temos, de modo a não transferirmos, da próxima vez que estivermos nos sentindo inseguros, a responsabilidade a outra pessoa e nos sentirmos empoderados para ajudar a nós mesmos.

As previsões que fazemos e refazemos ao longo da vida são moldadas pela experiência, porém nossas interações na primeira infância são cruciais, pois informam nossas expectativas primárias relacionadas a nós, aos outros e à vida em geral. Formaremos uma visão de quem somos a partir de como os outros respondem a nós, e esses fragmentos de experiências iniciais se calcificarão em nossas crenças mais rígidas, reforçadas pelos eventos que se seguirem e preservadas por pontos cegos que tiram o foco das alternativas. Essa simplificação é um fenômeno que a terapia de análise transacional chamaria de *roteiro*.[5] Esse é meu modelo primário de terapia e apesar de ter estudado e trabalhado com diferentes abordagens, hoje me considero uma terapeuta integrativa. A AT, porém, sempre terá um lugar especial em meu coração, pois fez sentido para mim de uma maneira que nada mais fazia quando a descobri, aos vinte e poucos anos, e serei eternamente grata por isso. Sua simplicidade, humanidade e acessibilidade me ajudam a oferecer aos outros a mesma experiência hoje, orientando pacientes a compreender como seus roteiros influenciaram suas escolhas de vida, baseadas no que acreditam, e não em como se sentem.

> **“Falhar de maneira antecipada pode parecer uma afronta menor do que quando o fracasso é inesperado.”**

O QUE NÃO ESTOU VENDO EM RELAÇÃO A MEUS SENTIMENTOS E NECESSIDADES?

Sentimentos funcionam como unidades de informação às quais podemos prestar atenção, agir com base nelas ou comunicar ao mundo externo. Um bebê com fome ou frio chora para comunicar uma necessidade. Em tal estágio da vida, essas não são necessidades que possam ser compreendidas. Por isso, bebês precisam de adultos disponíveis e capazes de se sintonizar com eles a ponto de interpretar o choro como um pedido e, em geral por meio de tentativa e erro, atender às suas necessidades e ajudar a aliviar o desconforto.

Esse processo permanece praticamente inalterado ao longo da vida. Digamos que uma criança se sente frustrada porque outra mais nova recebe mais atenção. Esse sentimento é um sinal que comunica uma necessidade. A frustração é um indicativo para a criança de que há algo de errado, e com sorte também é um sinal para os adultos. Se os adultos estiverem dispostos e forem capazes de se sintonizar com a criança, o sentimento pode ser facilmente remediado, ajustando a atenção na casa ou abrindo espaço para que a criança mais velha se expresse e faça as pazes com um novo mundo, no qual seus pais não estão mais inteiramente à sua disposição. Assim, há um estímulo para que o relacionamento evolua para algo mais saudável, sustentável e realista, com adultos imperfeitos, amorosos e disponíveis — segundo a ideia de "mãe suficientemente boa" explicada pelo psicanalista Donald Winnicott em seu livro *O brincar e a realidade*.[6]

No entanto, esse processo azeitado que envolve sentir, precisar e resolver pode sair dos trilhos se o adulto encarregado estiver ocupado ou não possuir nenhuma experiência com a educação positiva. Se a criança sentir que seus sentimentos e necessidades são inaceitáveis, indesejados ou perturbam os adultos, pode aprender a silenciá-los. Para quem não tem cuidadores atenciosos, o remédio não está disponível, e a realidade de suas desvantagens sociais ou econômicas implicará o não atendimento de suas necessidades.

Se não temos experiência com nossas necessidades sendo atendidas pelas pessoas que cuidam de nós, se nossas necessidades básicas eram atendidas e as emocionais não, podemos encontrar uma maneira de *não* ter necessidades, para nos proteger da dor. (Exploraremos isso mais a fundo na seção sobre a teoria do apego, na p. 194.) Ou, se a família em que nascemos não mostrava vulnerabilidade ou necessidades próprias, podemos negar as nossas para nos encaixar. Talvez só tivéssemos atenção em caso de doença, ou quando precisávamos de ajuda, por isso continuamos dependendo dos outros na vida adulta para nos sentir vistos e manter nossos relacionamentos. Ou se em sua família quem mais pedia era quem menos recebia, você ainda pode estar esperando que te ofereçam atenção e a aceitando como quer que venha. Se algo causou um impacto em você na primeira infância, seja uma separação na família, uma perda ou uma crise, os planos de seus pais, por melhores que fossem, podem ter sido superados pelo trauma e suas necessidades podem ter ido para o fim da fila.

É aqui que nossos pontos cegos entram em cena. Quando estamos diante de necessidades não atendidas e sentimentos não resolvidos, nosso cérebro embaça nossa consciência para nos oferecer proteção psicológica. Formamos e fixamos percepções de nós, dos outros e do mundo que nos ajudarão a trazer uma previsibilidade e uma sensação de segurança maiores à nossa existência, em vez de uma segurança real. Um exemplo de um ponto cego que frequentemente vejo em meus pacientes é aquele que preserva a imagem do pai ou da mãe "perfeitos": já adultos, alguns resistem a uma visão que abarque as limitações dos pais. Na infância, a única sensação pior do que a de reconhecer nossas próprias falhas é reconhecer as das pessoas que cuidam de nós. É melhor acreditar que somos criadores do nosso próprio caos do que acreditar que não há nenhuma esperança de ordem e que ninguém tem as respostas, como Gabor Maté descreve em seu brilhante livro *O mito do normal*.[7]

Eu me lembro de um momento em uma sessão no qual um paciente finalmente reconheceu que, se atravessava a rua segurando a mão da mãe, não era por sua própria segurança, mas pela dela, que era alcoólatra e, quando chegava a hora de buscá-lo na escola, representava um verdadeiro perigo a si mesma. Ainda assim, ele mantivera a imagem da mãe protetora intacta e se persuadira a acreditar que havia crescido em segurança, sob os cuidados dela. Ele não conseguia compreender o nível de ansiedade latente em sua vida, até admitir a realidade da indisponibilidade da mãe e o impacto de seu comportamento arriscado e errático. Reconhecer o medo que ele havia relegado a um ponto cego ajudou a explicar por que continuava procurando segurança nos lugares mais inseguros, exaurindo-se para conseguir promoção após promoção no trabalho e mantendo amizades que levavam a noitadas inconsequentes.

Pontos cegos podem nascer de trauma, privilégio, estilo de apego, condicionamento ou preconceito, e são reforçados pela experiência. Como um buraco negro, suposições e prejulgamentos sugam tudo que há em volta: semelhantes se atraem e experiências que reproduzem a crença original se confundem em um ponto cego em constante expansão, fazendo com que qualquer indício contrário desapareça. O medo de falar em público se transforma em uma ansiedade generalizada, a traição em um relacionamento lança uma sombra de desconfiança sobre tudo que se segue. A agorafobia[8] surge não a partir de um receio generalizado de deixar a casa, como muitas vezes é retratado na ficção, mas de um medo crescente de tudo, até que o único lugar seguro seja atrás da porta trancada de casa. Nesse enorme ponto cego, estão todas as realidades e alternativas de resolução e segurança; quanto mais tempo se demora para desafiar um ponto cego, mais ele cresce e mais pervasivo se torna, até que sua própria definição como uma área de invisibilidade se perca. Ele deixa de saltar aos olhos e passa a se confundir com a paisagem.

> **"Como um buraco negro, suposições e prejulgamentos sugam tudo que há em volta: semelhantes se atraem"**

ZONAS CINZENTAS

A profundidade do enraizamento desses pontos cegos dependerá do grau de distorção que usamos para preservá-los. Eric Schiff e Ken Mellor, ambos analistas transacionais, descrevem essa ideia em seu estudo sobre "desqualificação" — termo dado a um "mecanismo interno para minimizar ou ignorar um aspecto de si, dos outros ou da realidade da situação".[9]

Com base nesse estudo, a informação pode se perder de vista em três níveis quando um ponto cego se forma:

1. O mais grave seria a nossa consciência da *existência* da situação, em primeiro lugar.

2. Em seguida, estaria o nosso reconhecimento da *importância* do problema.

3. E, por fim, a percepção de que temos *opções* para mudar nossas circunstâncias.

Assim, pontos cegos podem variar em profundidade e severidade, e algumas das lacunas que criam em nossa consciência parecerão mais uma área cinza do que um buraco negro infinito. A abordagem dos pontos cegos se tornou uma área de especialização em minha prática clínica, e, como muitas terapias, começa com a coleta de informações e avaliação. Trabalho com meus pacientes para obter uma visão geral dos pontos cegos que os atrapalham, compreender quão profundamente estão enraizados e desenvolver o plano de tratamento mais eficaz.

Vamos considerar que aspecto os diferentes graus de pontos cegos têm quando lidamos com um sintoma físico. Por exemplo, se alguém encontra um caroço incomum na pele, sabe que isso merece atenção e que é preciso marcar uma consulta médica. Isso poderia ser descrito como alguém que vê o problema plenamente, sem qualquer ponto cego em seu julgamento. No entanto, a situação parecerá diferente em cada um dos três níveis de desqualificação:

1. O mais preocupante seria o ponto cego impedir que a pessoa reconheça a presença do caroço. Nesse caso, o ponto cego está relacionado à *existência* do fato, e haverá muito mais trabalho a fazer para desvendar a realidade da situação, sua importância e as opções disponíveis.

2. No caso de um ponto cego menos enraizado, a pessoa pode saber que tem um caroço, mas não levá-lo a sério ou buscar ajuda médica. Isso indicaria que o ponto cego está relacionado à *importância* do fato, à desconsideração de sua relevância para o bem-estar ou à desconsideração do bem-estar em si. Teremos que resolver isso antes que possamos fazê-la considerar suas opções de ajuda.

3. Se a pessoa sabe que tem um caroço e reconhece que deve ser avaliado, mas não acredita que essa *opção* esteja disponível para ela, ou se acredita que não há nada que possa

ser feito, talvez haja um ponto cego relacionado a seu direito a tratamento ou seu valor como indivíduo.

Parte de meu trabalho envolve buscar a origem dos pontos cegos dos pacientes, ajudando-os a enxergar os bons motivos que os levam a se proteger em determinadas situações e a traçar um caminho para sair da escuridão e superar as dificuldades. Para desvendar a profundidade do ponto cego, com frequência ilustrarei o processo de avaliação como uma visita ao "oftalmo psicológico", com o intuito de ajudar a melhorar a visão, independentemente de quão boa ou ruim ela seja a princípio. Você também pode iniciar sua jornada rumo a uma autenticidade maior e a relacionamentos mais felizes "passando" no oftalmo psicológico, por meio de meu Exame de Vista Psicológico (adaptado da "matriz da desqualificação" de Schiff),[10] que avalia seu nível de consciência.

EXAME DE VISTA PSICOLÓGICO

Imagine que você tem um problema na vista — talvez esteja com dificuldade de ler placas de sinalização, talvez sofra de dores de cabeça. Você marca uma consulta com um oftalmologista, que lhe pede para ler as letras na parede oposta. Em geral, a primeira fileira é fácil de ver, porém à medida que você desce as letras vão ficando menores e mais embaçadas, e você começa a hesitar e cometer erros.

O mesmo ocorre com os pontos cegos em nossa visão psicológica. A primeira fileira é relativamente fácil de ler, então a maioria das pessoas (mas nem todas) consegue enxergar essas informações, relacionadas à *existência* do problema. Nem preciso dizer que 99% de meus pacientes conseguem ler essa fileira, já que sentiram a necessidade de fazer terapia. No entanto, devido à natureza tripartida dos pontos cegos, nosso trabalho juntos em geral se concentra em ajudá-los a ver a *importância* da questão e as *opções* de mudanças.

FIG. 1. EXAME DE VISTA PSICOLÓGICO

E X I S T Ê N C I A

Problema?
Que problema?

I M P O R T Â N C I A

Não é nada
de mais...

O P Ç Õ E S

Não tem
jeito mesmo...

ESTUDO DE CASO
DEEPTI

Deepti começou a fazer terapia porque chorava a caminho do trabalho todos os dias. Ela percebeu que não estava dormindo bem e que havia perdido o apetite. Vinha cancelando planos de sair e fazia semanas que não aparecia na academia. Relatou tudo isso em nossa sessão de avaliação, ou seja, foi capaz de ler as letras da primeira fileira sem dificuldade, reconhecendo a *existência* de sintomas.

Na segunda fileira, no entanto, as letras são um pouco menores, e nem todos conseguem enxergá-las. Trata-se da *importância* do problema — o reconhecimento de que sua experiência importa e exige sua atenção. Apertando os olhos, Deepti ainda conseguia perceber a importância dos sintomas, porém as informações já começavam a embaçar.

"Todo mundo fica deprimido no domingo!", ela dizia, normalizando seus sentimentos. "Acho que é só cansaço", acrescentava, minimizando sua experiência. No entanto, Deepti era capaz de reconhecer que a coisa parecia estar piorando, e o fato de ter buscado terapia sugeria que ela desconfiava que não se tratava apenas de um caso de esgotamento.

A terceira fileira é a mais difícil de enxergar claramente e com frequência é lida errado. Trata-se da possibilidade de *opções*. Mesmo quando Deepti reconhecia que seus sentimentos eram válidos, não tinham nada a ver com TPM e sinalizavam uma ansiedade crônica e pervasiva que impactava sua vida no trabalho e em casa, ela não conseguia ver que as coisas podiam ser diferentes, e mais ainda: que havia opções para mudar sua situação e passos a serem dados com o objetivo de se sentir melhor.

O CAMPO DE VISÃO DE DEEPTI

Quando pequena, Deepti era incentivada a ignorar suas emoções, o que criou um ponto cego relacionado a seus sentimentos e necessidades. Ela não considerava suas necessidades importantes e não via que as coisas podiam ser diferentes, porque sua mãe negava as próprias necessidades e incentivava a filha a fazer o mesmo. A capacidade de mudar sua situação continuava no ponto cego de Deepti — esse foi nosso diagnóstico. Sabíamos que o ponto cego dela estava na última linha: a das *opções*. A maior parte de nossos esforços se concentraram nisso e trabalhamos juntas para compreender as origens do ponto cego, as verdades alternativas que ela desqualificou ao longo do caminho e como recuperar as possibilidades de uma vida diferente e melhor. No caso de Deepti, uma vida mais focada em suas próprias necessidades, com os limites necessários para proteger seus interesses. Se eu fosse sua oftalmologista, puxaria o refrator para diante de seu rosto e experimentaria algumas lentes, perguntando "esta ou esta?" e "melhor ou pior?", para chegar a um grau que deixasse que ela visse as coisas tal como eram e tocasse a vida com mais segurança e consciência. As lentes metafóricas a experimentar são os exercícios de reflexão que você encontrará ao longo dos capítulos seguintes. Eles permitirão que você identifique seus próprios pontos cegos e se recupere deles.

Com o andamento do processo terapêutico, Deepti foi reunindo informações relacionadas ao ponto cego que escondia seus sentimentos autênticos e suas opções. Ela conseguiu ver que sua mãe minimizava suas queixas e preocupações na infância, mandando que ela "tocasse o barco" e dizendo que "a vida não era justa". Mais adiante, quando Deepti quis falar sobre seu descontentamento com a universidade, a mãe se recusou a ouvir, agarrando-se ao princípio de que ninguém da família delas desistia. Em retrospectiva, Deepti entendia que aquilo não era uma verdade objetiva, e sim uma narrativa que ajudara a mãe a seguir em frente depois que o marido abandonara a família para ficar com outra pessoa. A mãe de Deepti havia reprimido seus próprios sentimentos e se resignado à mudança inesperada de suas circunstâncias. Perceber que as coisas *podiam* mudar, que ela podia fazer escolhas diferentes daquelas que a mãe havia feito, ajudou Deepti a identificar os hábitos pouco saudáveis com que precisava romper. Deepti encerrou a terapia depois de muitos meses, armada com informações verdadeiras sobre sua situação e pronta para abandonar certos aspectos de seu trabalho que não funcionavam para ela, como as horas extras, os prazos impossíveis e sua própria expectativa de perfeição. Deepti tinha alternativas e precisava saber disso para abandonar o comportamento autopunitivo. Com consciência e opções, ela abriu o caminho para uma vida mais alegre e autêntica.

NAS PROFUNDEZAS DA ESCURIDÃO

Podemos distorcer nossa realidade em diferentes graus, portanto precisamos de diferentes reenquadramentos para corrigi-la. Deepti era capaz de reconhecer a *existência* do problema, o que permitiu que descobrisse seu ponto cego e iniciasse seu trabalho a partir daí. Nesse sentido, o trabalho foi simples, ainda que não tenha sido fácil. Nem todo mundo, entretanto, enxerga o problema com a mesma clareza, e há pacientes que têm um branco ainda diante da primeira fileira de letras. Eles procuram terapia, mas não sabem exatamente qual é o problema, ou seu relacionamento chega ao fim de maneira que os pega totalmente despreparados. Para descobrir o que fazer, essas pessoas precisarão antes de tudo de ajuda para definir e aceitar a *existência* da realidade à sua frente.

Quando estamos lendo as letras no consultório, os erros que cometemos não são a principal preocupação do oftalmologista — não importa se dizemos N ou M, a resposta só mostra ao profissional como nos ajudar. A terapia não é muito diferente — meu interesse está nos pontos em que a pessoa tropeça não porque ela não deveria tropeçar ou porque vou julgá-la, mas porque isso me mostra qual é a melhor maneira de ajudá-la. Voltaremos ao Exame de Vista Psicológico mais adiante neste livro para identificar seu nível de consciência em uma situação e no que pode estar tropeçando, e permitir que direcione sua autorreflexão.

Quando nos perguntamos sobre a profundidade do ponto cego, podemos procurar pistas nas frases que escutávamos na nossa infância. Frequentei a escola nos anos 1980, quando qualquer machucado no parquinho podia ser resolvido com papel-toalha molhado. Os sentimentos mal existiam, e certamente não importavam. Talvez sua família normalizasse essa inexistência de sentimentos com frases como "acontece com todo mundo", ou "não é nada de mais", ou talvez promovesse aceitação por meio de expressões como "não há nada que se possa fazer" ou "isso não é para a gente", e opções para responder às suas emoções não estavam disponíveis para você. Podemos aprender bastante sobre nossos pontos cegos através da língua vernácula de nossa família.

LINGUAGEM CORPORAL

Por anos, Deepti minimizou sua angústia, em uma tentativa de "tocar o barco", sempre que se sentia triste ou ansiosa. Para nossa sorte, a existência do problema não foi totalmente sufocada e seu corpo continuou se esforçando para comunicar seus sentimentos e necessidades, através das lágrimas e do cansaço, até que ela finalmente lhe deu atenção.

Deepti se descrevia como ansiosa. Quando perguntei como a ansiedade se manifestava em seu corpo, ela mencionou aperto no peito, coração acelerado e dificuldade de respirar quando se deitava para dormir. Questões psicológicas muitas vezes aparecem como respostas fisiológicas, e quanto mais tempo se passa sem que sejam reconhecidas, mais os sintomas físicos se generalizam, até que o medo que sentimos se torna assustador por si só, e acabamos tendo crises de pânico a caminho do trabalho, tal qual Deepti.

O pânico pode ser compreendido como "medo do medo" e indica um ponto cego relacionado a sentimentos que, com psicoeducação e apoio, pode voltar à sua forma original — uma sensação de medo com a qual é difícil lidar por si só, sem o terror crescente que encaramos quando ela sai do ponto cego onde se escondia. Se você está manifestando sentimentos fisicamente — talvez uma dor de cabeça persistente, dores no pescoço e nos ombros, uma leve náusea ou exaustão que não passa — e não se tratar de algo situacional, porque você bateu a cabeça ou estirou um músculo, talvez o que realmente sente esteja escondido em um ponto cego. Trata-se de um bom lugar onde procurar o que você não está vendo, e na p. 337 você aprenderá uma maneira de acessar o ciclo de feedback dos sentimentos natural ao seu corpo.

Agora que vimos que os pontos cegos podem se manifestar em diferentes níveis de nossa consciência, vamos nos concentrar nos quatro perfis que desenvolvi e observar como eles se manifestam em nosso comportamento.

2. Os perfis

Com base em milhares de horas de atendimento em meus mais de quinze anos de experiência, desenvolvi quatro perfis de pontos cegos: a Pedra, o Gladiador, o Oportunista e a Ponte. Embora a experiência de cada pessoa seja diferente e você talvez se encaixasse em um perfil no início da vida e depois tenha passado a outro, ou se comporte de maneira diferente dependendo de com quem se relaciona, essas são as quatro principais categorias de comportamento que observo nos pacientes. Quer o paciente tenha uma doença crônica ou um distúrbio alimentar, sofra de depressão ou esteja passando por um divórcio, compreender seu perfil muitas vezes é a revelação que se fazia tão necessária.

Como expliquei, criar pontos cegos é da natureza do cérebro humano, porém fazemos isso por motivos diferentes, dependendo dos relacionamentos e conflitos experienciados ao longo da vida. Nosso cérebro é treinado para pegar atalhos e tornar a realização de tarefas cotidianas mais rápida, e portanto está programado para se preocupar mais em provar que estamos certos do que com a verdade objetiva. Sem intervenção, é possível que só descubramos o que não estamos vendo quando algo dá terrivelmente errado e nos vemos obrigados a isso. Nosso perfil passa a se autoperpetuar, sufocando sinais contrários ou o potencial para tal e atraindo experiências que o reforçam: relacionamentos que terminam sempre pelos mesmos motivos, amizades que nunca nos satisfazem, cenários frustrantes no trabalho, dinâmicas familiares que nunca mudam. No entanto, ao reconhecer a maneira como fomos condicionados e ao identificar nossos pensamentos e comportamentos, podemos finalmente perceber no que estamos errando e começar a ver que todos têm uma perspectiva diferente a partir da qual encaram a vida.

Nos capítulos deste livro, exploraremos os nossos relacionamentos mais importantes, os que mais fazem pacientes procurarem ajuda, incluindo a relação com a família, os amigos, companheiros, colegas, além da base de tudo: o relacionamento que você tem consigo mesmo. Explicarei como cada perfil costuma se originar, quais são os pontos cegos mais comuns a eles, que táticas usamos para preservar nossos pontos cegos e o que podemos não estar vendo como resultado. Incluí uma descrição de cada perfil neste capítulo, porém você também aprenderá sobre o seu e o das pessoas que ama por meio dos estudos de caso que compartilho aqui. Há ferramentas pensadas para ajudar a revelar seus pontos cegos e se recuperar deles, com o objetivo de desnublar o discernimento para que você possa viver sem o peso de seu passado.

À medida que aprende sobre a Pedra, o Gladiador, o Oportunista e a Ponte, procure identificar qual perfil mais se parece com você. Eles são guias, resultados mais da experiência do que de uma ciência exata, e todos os interpretamos de maneira diferente. Talvez você reconheça traços de múltiplos perfis em si, ou aspectos distintos que surgem em diferentes áreas da sua vida, ou ainda perfis que representam como você costumava ser. De qualquer maneira, eles não são definitivos e foram pensados apenas como um ponto de partida.

Dependendo de como as pessoas com quem você convivia na infância viam o mundo e te ajudavam a se virar no seu, sua consciência emocional e suas expectativas foram moldadas em um desses quatro perfis. A parte boa é que você não precisa continuar assim se não quiser. A terapia se fundamenta na crença na mudança, e todos podemos adquirir uma consciência mais ampla quando estamos abertos a trabalhar em nós e em nossos relacionamentos. Assim, focaremos mais no que atravanca seu caminho e em como promover mudanças positivas. Passaremos menos tempo nas vantagens de cada perfil (que são muitas), porque elas não exigem a mesma medida de nossa atenção. No processo, não se preocupe se o que lê não ressoa de imediato ou por completo; lembre-se de que, a princípio, você não vai perceber de cara o que não está vendo. Porém, com curiosidade e mantendo a mente aberta, os perfis pouco a pouco ficarão mais nítidos.

À medida que se familiariza com os perfis, use o que aprendeu para refletir sobre as pessoas em sua vida e identificar elementos que te lembram de amigos, pais ou companheiros, do passado e do presente. Olhar para fora assim como para dentro, e reconhecer os pontos cegos dos outros além dos seus, preparará você para conversas mais produtivas e curativas, mediante o reconhecimento de que há algo que todos estamos deixando de ver.

A PEDRA

A Pedra é forte, estável e oferece apoio. É confiável, responsável e trabalhadora. No entanto, pode se mostrar emocionalmente indisponível, retraída ou rígida, oferecendo ajuda apenas da maneira prática que conhece e valoriza. Também pode ser teimosa, e sua tendência a compartimentalizar às vezes pode sugerir crueldade, frieza ou insensibilidade.

O QUE A PEDRA NÃO ESTÁ VENDO?

Se você não costuma sentir uma conexão com seus sentimentos e necessidades, ou se tem fama de apoiar os outros, talvez se encaixe no perfil da Pedra.

Pedras muitas vezes chegam à terapia esgotadas pelo trabalho, ou sobrecarregadas pela criação dos filhos, ou porque parecem não conseguir desfrutar da vida. Com frequência, vêm de famílias em que se priorizava o pensar ao sentir, e a resolução de problemas à expressão emocional. As necessidades emocionais da Pedra muitas vezes são relegadas a um ponto cego. Ela aprende a rejeitar a vulnerabilidade para preservar sua segurança, ou para continuar agindo em favor das necessidades de outra pessoa.

Em um mundo de indisponibilidade emocional e evitação, a Pedra recorre ao autocontrole e ao distanciamento seguro, porém não tem como silenciar apenas os sentimentos que parecem arriscados. Além de evitar a dor, a perda, a rejeição e o medo, a Pedra vê seu acesso à alegria, à irreverência, à animação e à brincadeira diminuído. Pedras decidem mais do que descobrem seu caminho na vida, limitam suas opções ao que sabem, esquecendo o que querem, e buscam controle e ordem em vez de caos e criatividade. Sua aversão à dor se sobrepõe à busca pelo prazer. A Pedra leva uma vida sensata e planejada, sem se aproveitar do potencial da espontaneidade e do acaso. Seu desconforto com a própria angústia pode fazer com que tenha pouca tolerância à angústia dos outros. Ela pode tender ao foco na solução ou na evitação do conflito a ponto de prejudicar seu próprio crescimento e o das pessoas que a rodeiam.

Uma Pedra pode não saber como se sente e não ser capaz de apontar a *existência* de uma emoção. Quando consegue reconhecer uma necessidade, pode ter dificuldade de validá-la como merece. Quando Pedras fazem o Exame de Vista Psicológico comigo, tropeçam ainda na primeira linha. Como não têm consciência de como se sentem e do que precisam, aprendem a viver sem conexão humana ou apoio. Novas conexões em potencial podem lhes parecer ameaçadoras e pouco familiares, e Pedras podem evitar relacionamentos profundos ou íntimos na vida adulta para se proteger da rejeição, sem se dar conta de que é disso que têm medo.

Muitas vezes, a Pedra prioriza ajudar os outros na busca das necessidades deles, preferindo parecer útil e ter status em vez de deixar que cuidem dela ou lhe deem atenção. A abnegação e a capacidade de aguentar o tranco muitas vezes fazem com que a Pedra ocupe o papel de cuidadora na sociedade.

QUE ASPECTO ISSO TEM NA PRÁTICA?

Se você é a Pedra, eis algumas maneiras como seu ponto cego pode se manifestar em seus relacionamentos:

Você **conserta**. Ignora suas próprias necessidades e se ocupa de resolver os problemas dos outros. Fica sempre feliz em dar uma mãozinha ou ser um ombro amigo.

O que não estou vendo? Também preciso de ajuda e conforto.

Você **normaliza**. Diz a si mesma que o que quer que esteja passando é normal e acontece com todo mundo, não merece sua atenção e não é digno de ser mencionado.

O que não estou vendo? Minha experiência é única e válida.

Você **nega**. Simplesmente nega o que está acontecendo, não sente a dor ou ignora o problema, repetindo que não se importa quando algo dá errado.

O que não estou vendo? Minha experiência é real e sou resiliente o bastante para encará-la.

Você **minimiza**. Reduz seu problema à obsolescência, dizendo aos outros e a si que não é nada de mais, que não é sério.

O que não estou vendo? Minha experiência é importante e merece atenção.

O GLADIADOR

O Gladiador é um guerreiro. Corajoso e desafiador, mostra determinação para atingir seus objetivos e vencer as adversidades. Gladiadores são excelentes líderes, porém às vezes sua ambição e sua mente focada também podem tornar suas decisões implacáveis de uma maneira que faz com que pareçam impiedosos e egocêntricos.

O QUE O GLADIADOR NÃO ESTÁ VENDO?

Se você sabe que tem sentimentos, desejos e necessidades, mas não confia que outros possam ajudar a atendê-los, talvez seja um Gladiador.

Esse perfil procura terapia quando é mal interpretado no trabalho, ou quando sua ambição e determinação causam conflitos nos relacionamentos em casa. Às vezes, chegam quando se veem diante de uma situação que não têm como resolver por meio do trabalho duro e da perseverança, e precisam aprender a aceitar isso e seguir em frente.

Com frequência, Gladiadores crescem em uma posição de responsabilidade indesejada ou sob pressão para se sair bem dentro da família, sendo incentivados a cultivar independência e ambição, a se virar sozinhos e abrir seu próprio caminho. Suas necessidades muitas vezes eram ofuscadas pelos desejos das pessoas em volta, ou eles sentiam o peso das expectativas e da competição constante. Gladiadores sobreviveram aprendendo a lutar pelo que precisavam e, como resultado, podem desconfiar dos outros. Acreditam que precisam insistir para alcançar seus objetivos e podem perder de vista o impacto que têm sobre as pessoas em seu entorno.

Embora Gladiadores saibam que têm necessidades e acreditem que elas sejam importantes, as opções de colaboração, vulnerabilidade e mutualismo saudável, ou o reconhecimento de que sua determinação e seu foco às vezes implicam problemas para outros, podem se perder em um ponto cego. Eles foram criados ouvindo que era preciso vencer e talvez não enxerguem o potencial da união ou da negociação de um meio-termo, recaindo sempre no mantra "Se quer algo bem-feito, faça você mesmo".

Gladiadores não veem a opção de um relacionamento equilibrado, com uma divisão justa do trabalho e direitos iguais, motivado por empatia e compaixão. Com frequência se esgotando em posições de liderança no trabalho ou em casa, podem não enxergar a opção de se sentir reconhecidos e apoiados por uma equipe ou uma pessoa de confiança. Também podem não enxergar a possibilidade de que outra pessoa possa ser uma fonte de conforto e um porto seguro, e de que deixar alguém se aproximar não implica ter de suportar sua carga emocional.

Mesmo que sejam bons em conseguir o que querem, Gladiadores muitas vezes não conseguem ver o que realmente precisam, priorizando o ganho no curto prazo e objetivos individuais à satisfação maior do esforço em equipe e de um propósito compartilhado. Esse perfil pode se apresentar como alguém que prioriza o sucesso pessoal a uma vitória coletiva no trabalho, mesmo quando os benefícios poderiam ter sido maiores se outros departamentos fossem convocados a colaborar. Ou de maneira mais mundana — um Gladiador paciente meu, por exemplo, insistia em pedir sempre o mesmo prato individual quando ia a um restaurante chinês, enquanto o resto da família desfrutava da oportunidade de se conectar dividindo diferentes pratos e compartilhando a experiência. Seus filhos brincavam que daria na mesma o pai se sentar a uma mesa sozinho, porém a esposa mencionou isso com a devida seriedade em uma sessão de terapia de casal, um exemplo de como ela e os filhos sentiam que eram deixados de fora e não importavam para ele.

Gladiadores podem perder a experiência de fazer parte de algo estável, que os apoie e que permita buscar diferentes versões de sucesso e atuar como participantes, em vez de líderes, de famílias, sistemas e organizações prósperas.

QUE ASPECTO ISSO TEM NA PRÁTICA?

Se você é um Gladiador, fique alerta às maneiras como pode estar restringindo seu campo de visão:

Você se **defende**. Resiste a quaisquer opiniões que não o agradem, quer tenham sentido ou não. Você aponta o dedo para as pessoas, dizendo que estão erradas ou que não sabem do que estão falando.

O que não estou vendo? Pode haver um fundo de verdade na opinião alheia que seja útil, e perspectivas diferentes podem coexistir.

Você **projeta**. Isola as partes de si de que não gosta ou renega e as critica em outras pessoas. Você as pune por fazerem coisas que nega a si mesmo, julgando-as como preguiçosas ou controversas, mesmo que nunca se dê permissão para descansar ou ter uma voz.

O que não estou vendo? Posso ser tudo que sou e não preciso negar minhas necessidades.

Você **se esquiva**. Desvia o foco de si e o volta para outra pessoa, dizendo: "Agora chega de falar de mim, e quanto a você?". Ou então muda de assunto quando a conversa se torna perigosa.

O que não estou vendo? Tenho segurança o bastante para deixar que outras pessoas vejam minha vulnerabilidade.

Você **extrapola**. Pode transformar o específico em generalização e pensar o pior dos outros. Se uma pessoa te decepciona uma vez, você a renega; se precisa explicar do que precisa, conclui que é melhor fazer você mesmo.

O que não estou vendo? Relacionamentos podem ser negociados e rupturas podem ser reparadas.

O OPORTUNISTA

O Oportunista é engenhoso e ligeiro, uma pessoa proativa que se vira por meio de seus encantos e do improviso. Sua capacidade de subverter o sistema às vezes pode parecer manipuladora e aproveitadora, e criar desconfiança nos relacionamentos. Em geral avesso ao conflito, ele é bom em flexibilidade e negociação, porém também pode se enrolar tentando manter as pessoas a seu lado.

Com frequência, Oportunistas buscam terapia quando se veem divididos entre duas pessoas e incapazes de agradar a ambas, ou quando se sentem sobrecarregados no trabalho e ainda não estabeleceram limites para se proteger.

O QUE O OPORTUNISTA NÃO ESTÁ VENDO?

Se você sabe que precisa de outras pessoas, mas se sente obrigado a conquistar ou justificar sua ajuda, talvez seja um Oportunista.

Oportunistas muitas vezes crescem pisando em ovos. Talvez houvesse uma presença volátil ou excessivamente emocional em sua casa, o que os levou a aprender a moderar seu impacto sobre os outros, conduzindo-os gentilmente a reações que pareciam seguras ou favoráveis. Oportunistas se tornaram especialistas na arte de agradar, e são adeptos de oferecer às pessoas o que elas querem e esconder suas próprias demandas no relacionamento. Perdem-se em seu ponto cego a validade de seus sentimentos e necessidades individuais, assim como suas opções de pedir e receber ajuda diretamente, não porque escolheram as palavras certas, mereceram aprovação ou caíram nas graças dos poderosos, mas porque merecem, porque é seu direito. Oportunistas recorrem a charme, persuasão, súplica e culpa para sustentar uma frágil sensação de aceitação, que nunca resulta em segurança.

Ao Oportunista às vezes faltam o livre-arbítrio e a autonomia necessárias para relacionamentos íntimos e autênticos. Suas parcerias recaem facilmente em codependência, com cada parte impossibilitando que a outra realize o trabalho necessário para mudar para melhor e ambas ficando empacadas. Também podem lhe faltar recursos e resiliência para se acalmar diante de decepções ou das consequências de decisões difíceis. Para ser mais intencional e autodirigido, o Oportunista precisa descobrir que, em se tratando de segurança emocional, raramente é um caso de "quanto mais, melhor". Em uma tentativa de esconder sua própria fragilidade, ele comete o erro de acumular crédito e amizades, perdendo a chance de descobrir que a ruptura não apenas é reparável, como muitas vezes positiva e produtiva.

Oportunistas também podem não ver o impacto negativo que têm sobre os outros, que se sentem coagidos a aceitar suas escolhas ou socorrê-los quando eles prometem demais e entregam de menos. Sua necessidade de manter a paz com frequência resulta em comportamentos passivos e manipuladores que causam grandes danos em relacionamentos, e o foco do Oportunista na harmonia pode fazer com que perca de vista suas responsabilidades.

QUE ASPECTO ISSO TEM NA PRÁTICA?

Se você é um Oportunista, fique alerta para as seguintes maneiras pelas quais pode estar preservando seus pontos cegos sem perceber:

Você se utiliza de **evasivas**. Desculpa-se de uma maneira que não reconhece o impacto de suas ações, dizendo: "Tive um imprevisto", em vez de "Desculpa o atraso", ou culpando outra pessoa quando as coisas dão errado em vez de assumir o papel que desempenhou.

O que não estou vendo? Tenho o direito de cometer erros e aprender com eles.

Você **justifica**. Defende suas escolhas emocionais com argumentos racionais, em vez de afirmar sua preferência e negociar prioridades. Você só sabe conseguir o que quer ludibriando a si ou aos outros.

O que não estou vendo? Tenho o direito de querer o que quero.

Você **refina**. Tenta encontrar o lado positivo de qualquer situação ou ver o melhor nas pessoas, mesmo quando isso é inadequado ou até mesmo perigoso. Você transforma tudo o que é negativo em positivo, ignora as discordâncias e procura o arco-íris em meio à chuva.

O que não estou vendo? As coisas não precisam ser perfeitas para estar tudo bem.

Você se **compara**. Desconsidera seus próprios sentimentos e necessidades se comparando aos outros. Você julga sua situação em relação à deles, dizendo que não tem por que reclamar e que "poderia ser muito pior".

O que não estou vendo? Também sou importante.

A PONTE

A Ponte em geral parece tranquila e cooperativa, em busca de conexões colaborativas e harmoniosas, para si e para os outros. No entanto, seu desejo de paz também pode torná-la passiva e frustrar as outras pessoas, que se veem com a responsabilidade de tomar as decisões ou sentem que precisam ler a mente dela.

Esse perfil busca terapia em meio a uma crise de identidade, dizendo "Não sei mais quem sou" quando se vê diante de uma encruzilhada e não sabe que caminho seguir. A Ponte é tão boa em aceitar as coisas como são que, quando uma oportunidade surge ou uma situação se encerra, pode se sentir perdida e confusa, e precisar se redescobrir para conseguir dar o próximo passo.

O QUE A PONTE NÃO ESTÁ VENDO?

Se você acredita que a opção mais segura é aceitar sem discussão o que lhe for oferecido, ter disposição para trabalhar, manter a tranquilidade na vida e nos relacionamentos, talvez seja uma Ponte.

Pontes muitas vezes são passageiros na vida. Podem ter crescido sob o controle de pais poderosos, que pensavam em tudo por elas e não deixavam que tivessem muita autonomia. Às vezes, pais superprotetores as enrolaram em plástico-bolha para protegê-las das decepções da vida, de modo que elas criaram falsas expectativas de tranquilidade e harmonia, incompatíveis com a realidade da vida adulta. Pontes também podem ter crescido em ambientes caóticos e aprendido a dar as costas para o conflito, agradando aos outros e amenizando a tensão. Seu próprio poder e suas preferências ficam de lado, cedendo espaço para uma fachada de paz e flexibilidade.

O ponto cego da Ponte a torna ingênua e faz com que ela ignore, às vezes de forma intencional, a maneira como os outros a maltratam ou exploram, além de não enxergar a vida e as oportunidades passando. A Ponte talvez não veja a opção de apresentar suas prioridades em uma situação ou em um relacionamento, de falar o que pensa ou de afirmar suas necessidades, e sua conformidade em público pode criar ressentimentos a portas fechadas. Por medo de estar errada ou de um conflito, pode perder a chance de ter suas sugestões e seus desejos bem recebidos e valorizados, e às vezes os esforços que faz para não chatear os outros tornam uma conexão autêntica impossível. A Ponte não consegue formar vínculos significativos, porque nunca está totalmente presente e se sente insegura demais em seus relacionamentos para se arriscar a colocá-los à prova. Suas relações podem inclusive fracassar por *causa* dessa passividade, e não apesar dela, e precisa assumir seu poder se quiser estabelecer um relacionamento entre iguais.

A Ponte pode acabar vivendo a vida de outra pessoa, na casa de outra pessoa, com um companheiro, um grupo de amigos e uma carreira genéricos, em vez de pensados para ela. Em seu ponto cego está a opção de ser valiosa no mundo, de ser diferente, de ser vista e ouvida, e de ser digna de amor e atenção — em termos que funcionem para ela.

QUE ASPECTO ISSO TEM NA PRÁTICA?

Se você é uma Ponte, pode estar usando uma das seguintes manobras para evitar o panorama geral:

Você **se resigna**. Na dificuldade, é mais fácil decidir que nada pode ser feito. Você se resigna à situação e desiste, acreditando que suas mãos estão atadas e que nada mudará; então para que tentar?

O que não estou vendo? Tenho a opção de mudar aspectos de minha situação.

Você **se distrai**. Sua mente se afasta do problema para se concentrar em outra coisa, talvez em comer, talvez no celular, talvez no trabalho, talvez na academia. Você evita sentimentos desconfortáveis por meio da procrastinação, porém o problema só aumenta quando se fecha os olhos para ele.

O que não estou vendo? Tenho uma necessidade que exige minha atenção.

Você **exagera**. Supõe que você é o problema e que o que quer que esteja acontecendo é culpa sua. Acredita que é o ponto fraco, a pedra no sapato. Você se vê como a única pessoa responsável pelo sucesso ou pelo fracasso de seus relacionamentos em casa e no trabalho.

O que não estou vendo? Meus relacionamentos são cocriados e não afetam apenas a mim.

Você **terceiriza**. Você opta pela fé cega ou pelo pensamento positivo. Mantém os dedos cruzados, torce por um bom resultado sem tomar qualquer medida para garanti-lo. Você se diz que tudo acontece por um motivo e se tranquiliza esperando para ver.

O que não estou vendo? Tenho autonomia e influencio o que acontece.

MISTURA DE PONTOS CEGOS

Com sorte, você encontrou um perfil com que se identifica, que ecoa sua experiência e que talvez até reflita o motivo que o levou a escolher este livro. Esse não será o caso para todos, entretanto. Talvez você tenha se identificado com comportamentos de mais de um perfil, o que também é normal. Diferentes influências no início da vida nos tornam uma mistura de perfis. Podemos ter pontos cegos diferentes com pessoas ou em situações diferentes, e evoluímos com o tempo. A parte boa é que, ao ler este livro, você terá uma ideia de como evoluímos, dos atributos que adquirimos ou mais valorizamos nos outros, e de como podemos obter mais de nossos relacionamentos.

Ainda que sejamos uma mistura única de diferentes perfis, há certas combinações mais frequentes, mapeadas na Figura 2. O diagrama foi pensado para ilustrar o que as pessoas costumam não ver em cada combinação de perfis e o que precisam descobrir para atingir o objetivo terapêutico mencionado anteriormente: *perspectiva*.

COMBINAÇÕES DE DOIS PERFIS

Embora haja diferentes combinações de perfis e a experiência de cada pessoa seja variada, parece-me importante observar que certos pontos cegos se repetem na coincidência de dois perfis específicos.

Pedras/Gladiadores em geral *rejeitam* relacionamentos, unindo a rigidez da Pedra com o foco absoluto do Gladiador. Isso pode implicar um ponto cego que não leva em conta o outro e transparece em falta de empatia e vulnerabilidade. A

FIG. 2. A ÓPTICA: COMO PONTOS CEGOS SE MISTURAM

Não ver a criatividade do Oportunista pode implicar rigidez extrema e falta de criatividade e flexibilidade.

Não ver a confiança do Gladiador pode implicar resignação e aceitação extremas e falta de integridade, propósito e potência.

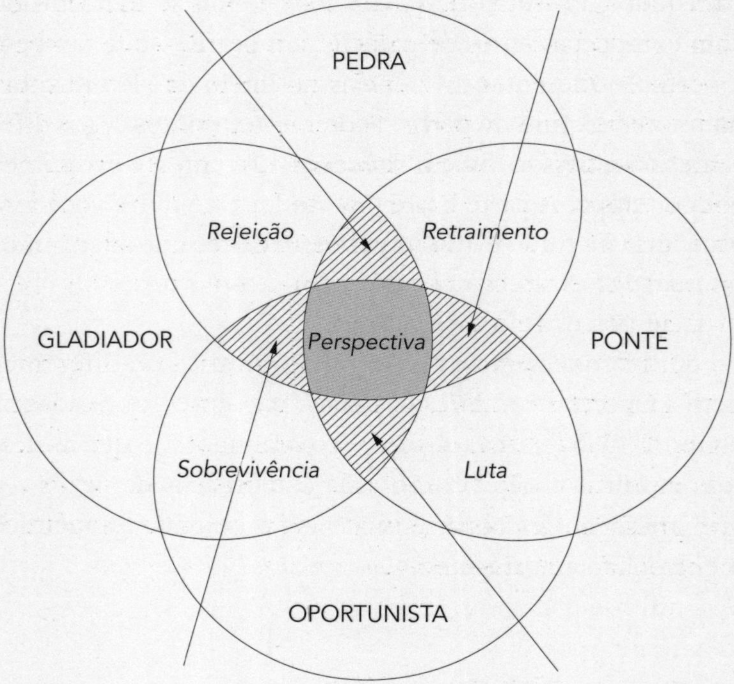

Não ver a conexão da Ponte pode implicar responsabilidade e cinismo extremos e falta de confiança nos relacionamentos.

Não ver o controle da Pedra pode significar carência e reatividade extrema e falta de resiliência e autoconfiança.

Perspectiva

Une o controle da Pedra, a confiança do Gladiador, a criatividade do Oportunista e a conexão da Ponte.

coragem e a determinação da Pedra podem levar a autoestima do Gladiador ao limite, fazendo com que a pessoa pareça narcisista e desdenhosa, quando na verdade é guiada pela insegurança e pela falta de autocompaixão.

Pedras/Pontes em geral *se retraem* diante do conflito, unindo o isolamento da Pedra com a passividade da Ponte. Quando suas necessidades não são atendidas, a opção de pedir ajuda entra no ponto cego, e parece não haver escolha a não ser se retrair. Nessas situações, noto sinais de martirização, indicativos de que a renúncia não está mais funcionando, e passamos a procurar a autovalorização e a assertividade que faltavam. Alison descobriu algo do tipo em nossas sessões, conforme compartilhei na p. 16.

Gladiadores/Oportunistas fazem o necessário para *sobreviver* quando a coisa aperta. São grandes manipuladores, que unem a ambição do Gladiador com os poderes de persuasão do Oportunista. Sabem o que querem e têm o poder de fazer com que aconteça, porém não de uma maneira que pareça honesta ou gratificante. Sua capacidade de manipulação faz com que sintam que são uma fraude e estejam sempre em conflito, e podem não enxergar a opção de negociar abertamente um resultado positivo para todos. Sem isso, eles se veem reduzidos a táticas passivo-agressivas para atrair a atenção necessária.

Oportunistas/Pontes costumam me contar sobre sua *luta* e seus fracassos frequentes. Unem o otimismo e o esforço do Oportunista com a cautela da Ponte e têm dificuldade de atingir seu potencial ou correr atrás de seus sonhos. Suas expectativas não são realistas. Eles evitam conflitos e podem não ter a autoconfiança e a potência necessárias para levar seus projetos adiante e fazer com que outros embarquem neles. Nos relacionamentos, não veem a importância da comunicação direta, e sua torcida pelo melhor muitas vezes acaba em decepção.

COMBINAÇÕES DE TRÊS PERFIS

A Figura 2 vai além, explorando o que acontece quando três perfis se combinam, excluindo apenas um, mas ainda assim deixando de lado um aspecto importante da perspectiva completa.

À combinação Pedra/Gladiador/Oportunista pode faltar a *conexão* que a Ponte prioriza. Tais pessoas podem se apresentar como excessivamente responsáveis ou cínicas em seus relacionamentos, incapazes de confiar e de cooperar.

À combinação Gladiador/Oportunista/Ponte pode faltar o *controle* da Pedra. Tais pessoas podem se tornar excessivamente carentes, com privação emocional e reativas, além de lhes faltar resiliência e autossuficiência para lidar com crises.

À combinação Oportunista/Ponte/Pedra pode faltar a *confiança* do Gladiador e a coragem que suas convicções lhe proporcionam. Tais pessoas podem se render e se resignar rápido demais, sem conseguir ver o lastro estabilizador dos valores, do propósito, da potência e da integridade.

À combinação Ponte/Pedra/Gladiador pode faltar a *criatividade* do Oportunista. Tais pessoas podem se tornar excessivamente rígidas, incapazes de se adaptar e responder às situações com as soluções mais atualizadas e adequadas.

SOB PRESSÃO

Esses perfis, refinados ao longo de muitos anos de minha prática clínica, descrevem pacotes de sentimentos, pensamentos e comportamentos preestabelecidos por nossas experiências passadas, nos quais recaímos em situações pouco saudáveis, em relacionamentos tóxicos ou em ambientes de muita pressão. Nos momentos de estresse, ou quando voltamos a papéis do nosso passado, é que nosso cérebro procura se preservar e manter a ordem, usando a familiaridade dos pontos cegos como óculos de proteção, mesmo quando só provocam ainda mais atrito. Por isso é tão comum voltar a discutir com os irmãos quando todos se reúnem na casa dos pais para o Natal, ainda que se tenha um bom relacionamento no restante do tempo.

Não veremos os mesmos padrões de comportamento em todas as partes da vida, no entanto. Com sorte, teremos muitas relações nas quais não há pontos cegos e podemos ser nossa versão mais autêntica. Um companheiro que o incentiva a considerar as coisas da perspectiva de um perfil diferente pode ajudá-lo a aceitar novas possibilidades, mais positivas. Uma chefe que o compreende e valoriza sua contribuição pode desafiar velhos pontos cegos seus no que se refere à autoridade. Um amigo que recebe bem sua autenticidade pode ensinar que há espaço para a ruptura e a negociação em relacionamentos saudáveis. Quando estiver tentando descobrir qual é seu perfil, procure se concentrar nas áreas de sua vida que parecem difíceis ou incômodas. São esses os relacionamentos e as situações que melhor iluminarão seus pontos cegos e te ajudarão a ver o que podem estar escondendo.

No fundo, esses perfis são bem-intencionados: não são patológicos ou inerentemente "ruins". Garantiram a sobrevivência da espécie humana ao longo de milênios e a rápida transmissão de informações que poderia representar a diferença entre a vida e a morte, embasando a escolha de qual fruta comer e registrando inconscientemente uma ameaça quando algo se aproximava rastejando.[1] Só lhes faltam certas informações que completariam o panorama geral e os posicionariam melhor para agir com mais intenção e propósito, e ter relacionamentos mais felizes e recompensadores. Cada perfil contém aspectos saudáveis, úteis e importantes, e quando unimos as contribuições dos quatro temos uma perspectiva completa e adquirimos o superpoder da perspicácia.

Quando combinamos as informações e opções disponíveis aos quatro perfis, vemos com clareza o que está acontecendo à nossa volta e podemos decidir como queremos reagir. Este é o objetivo deste livro: ajudá-lo a fazer escolhas mais bem informadas, julgar com confiança (e gentileza, como veremos a seguir) e desfrutar de relacionamentos mais recompensadores.

O BENEFÍCIO DA VISÃO RETROSPECTIVA, DA VISÃO DO PRESENTE E DA PREVISÃO

Aplicando a abordagem dos pontos cegos à sua vida, você será capaz de fazer julgamentos mais claros e desimpedidos e assim evitar recair em ideias preconcebidas de como as coisas realmente são. No meio da Figura 2 se encontra uma *perspectiva* iluminada e empoderada, que reúne o controle da Pedra, a confiança do Gladiador, a criatividade do Oportunista e a conexão da Ponte. Desse ponto, será possível ouvir todos os lados de uma história, observando o panorama geral. Quando atinge essa perspectiva, você age à altura, levando o outro em consideração tal qual a Ponte, apresentando a disposição para encontrar soluções criativas tal qual o Oportunista, a autoestima que protege os interesses do Gladiador e a resiliência da Pedra para tolerar o tempo ruim. Você canalizará o rigor da Pedra, a assertividade do Gladiador, a iniciativa do Oportunista e a flexibilidade da Ponte em uma abordagem honesta, aberta, generosa, aterrada e apropriada, que permitirá o florescimento de relacionamentos produtivos e a aceitação das consequências de decisões difíceis.

A abordagem que descrevo transformou a vida de centenas de pacientes que trabalharam comigo para se livrar de seus pontos cegos e viver com mais alegria. Este livro, incluindo seus exercícios repetidamente testados, é um guia para sua própria abordagem dos pontos cegos e uma ferramenta que te ajudará a resolver assuntos pendentes do passado, a encontrar paz e clareza no presente e a tomar decisões mais bem informadas em nome de um futuro mais saudável e feliz.

O SUJO FALANDO DO MAL LAVADO

Até aqui, procuramos nos concentrar em nossos próprios pontos cegos; no entanto, à medida que exploramos esses filtros e a maneira como reenquadramos situações para preservá-las, você começará a perceber os pontos cegos dos outros e, como consequência, em que perfil se encaixam.

Se você sabe que alguém do trabalho sempre controla as reuniões (Gladiador), tem uma mãe que diminui seus sentimentos (Pedra), um amigo que deixa a parte da organização com você (Ponte), ou a pessoa com quem se relaciona insiste em passar por cima dos problemas (Oportunista), talvez comece a notar os pontos cegos em questão e encontrar liberdade na compreensão de como eles te impactam. À medida que nos familiarizamos com os pontos cegos como parte da natureza humana, nos tornamos capazes de identificar, por exemplo, que o comportamento de uma pessoa em uma situação difícil do passado foi resultado do que ela não estava conseguindo ver, e que fomos impactados por uma versão dos eventos que não era objetiva. No caso de Deepti, compreender que o ponto cego de sua mãe influenciava o seu a ajudou a ver que as coisas poderiam ter sido diferentes no passado e, portanto, poderiam ser diferentes no futuro. Ao descobrir nossos pontos cegos, não estamos revirando o passado, mas abrindo caminho para um futuro melhor.

COMO USAR ESTE LIVRO

Descobrir que as coisas podem ser diferentes às vezes traz libertação e esperança. No entanto, em algumas situações, descobrir que as coisas poderiam ter sido diferentes no passado só as torna mais complicadas, em vez de nos reconfortar. Reconhecer que a vida não precisava ser assim, ou que relacionamentos fracassaram e oportunidades foram perdidas por causa de algo que deixamos de ver pode despertar um sentimento de tristeza. É comum vivenciarmos sofrimento ao abrir mão do que poderia ter sido, ainda que isso seja necessário para mudar nosso presente e nosso futuro. O cérebro em geral nos protege do sentimento doloroso, de modo que precisamos lembrar a uma parte nossa que mantenha a fé enquanto buscamos nossos pontos cegos, como eu faria com você caso estivesse em meu consultório. Essa parte precisará lembrá-lo de que, ainda que o melhor momento para perceber o que você não estava vendo fosse na época, o segundo melhor momento é agora. Caso você se sinta sobrecarregado, tenho três sugestões: reservar-se um tempo; falar com alguém; lembrar-se de que, o que quer que seja, você já passou por isso, não está lá agora, e pode tomar as medidas necessárias para se encontrar em outra posição da próxima vez.

Neste ponto, você já entende mais sobre seu perfil e como ele interfere em suas respostas a situações do que quando abriu este livro pela primeira vez. Você também deve estar começando a reconhecer o perfil das pessoas do seu cotidiano e a abrir sua mente para os pontos cegos existentes em seus relacionamentos mais amplos, na cultura do lugar onde trabalha e na sociedade de modo geral. À medida que os capítulos trouxerem mais estudos de caso e histórias pessoais, você terá uma imagem mais clara dos pontos cegos na prática, tal qual se manifestam na vida das pessoas diariamente, dos desafios que apresentam e de como podem ser resolvidos.

Conforme avançarmos, exploraremos os pontos cegos situacionais que aparecem em nossos relacionamentos com nossos pais e irmãos, mesmo já adultos. Descobriremos como eles podem afetar nossas amizades e nossos relacionamentos amorosos, sejam mais ou menos significativos. Abordaremos os pontos cegos em relação a carreira e sucesso profissional, e mergulharemos na maneira como eles podem nublar seu relacionamento consigo mesmo e as escolhas que você faz.

É você quem escolhe como vai usar este livro. Talvez você prefira pular direto para os capítulos que refletem sua vida hoje, ou as áreas que mais te preocupam. Você pode se concentrar nos exemplos de seu próprio perfil, ou se informar sobre o ponto de vista de outra pessoa em sua vida. Ou você pode gostar de seguir a jornada dos estudos de caso do início ao fim, aprendendo lições ao longo do caminho, como as pessoas retratadas. Independentemente do que escolher, espero que este livro traga empatia e discernimento tanto para seu passado quanto para seu presente, e que te ajude a adquirir a perspectiva necessária para um futuro melhor.

Meu intuito é permitir que você caminhe com uma leveza e uma clareza de visão que você nem sabia (ou tinha esquecido) que existia, como se saísse de uma consulta oftalmológica livre das dores de cabeça e com um par de óculos novo. Na verdade, este livro é o par de óculos novo: a visão melhorada não regredirá e as possibilidades são infinitas.

> **“Não estamos revirando o passado, mas abrindo caminho para um futuro melhor.”**

3. O que não estou vendo na minha família?

Nossos pontos cegos se desenvolveram na infância, porém basta uma reunião familiar ou uma conversa sobre os planos para o Natal para perceber que alguns dos mais antigos deles continuam atuando na vida adulta, com a recriação de uma dinâmica familiar do passado. Talvez você seja a Pedra da família — super-responsável, assumindo mais do que sua cota na organização. Talvez você seja o Gladiador e se sinta como um(a) adolescente rebelde outra vez. Se você é um Oportunista, talvez amorteça personalidades diferentes, alivie o clima ou medeie a política familiar. Se você é a Ponte, talvez siga o fluxo, como sempre, e aceite o que os outros querem.

Não importa o perfil com que mais se identifica: pode ser frustrante notar que você está se comportando de maneira diferente ou usando um tom diferente do que usa em outros relacionamentos. Mas tudo bem: todos fazemos isso. São nossos pontos cegos, nosso instinto de proteção, entrando em cena, fazendo com que ajamos por hábito, em vez de responder à situação real diante de nós. No entanto, refletindo e aprendendo a respeito podemos começar a recuperar o controle e agir de maneira mais intencional.

ONDE TUDO COMEÇA

Quando somos novos, aceitamos as coisas como nos são apresentadas. Temos uma fé inabalável em nossos pais, confiando que eles sabem o que é melhor para nós, e seguimos seus conselhos. À medida que crescemos, em geral começamos a questioná-los e formar nossa própria opinião, porém é provável que já tenhamos absorvido parte de seus valores e de sua ideologia, permitindo que pontos cegos se formassem para preservar essa visão e excluir aspectos alternativos da realidade. Esses se tornam nossos pontos cegos primários: aqueles com os quais convivemos por mais tempo e que, portanto, são os mais difíceis de contornar.

Muitos dos pontos cegos de meus pacientes procuram preservar uma visão romantizada de família, e o desejo de manter essas primeiras figuras imaculadas, sem nunca questionar suas ações, é natural. Trata-se de um tipo curioso de lógica, porém se já é ruim uma criança sentir que as coisas não estão bem, é pior ainda acreditar que isso é resultado de algo que seus pais estão fazendo. Quando somos jovens e dependemos de nossa família para proteção e sobrevivência, precisamos acreditar que ela está à altura da tarefa, mesmo que isso signifique ignorar algumas escolhas questionáveis ou um mau comportamento. A relutância em reavaliar a antiga paisagem pode continuar na vida adulta, e vejo muitos pacientes que mantêm os pais em um pedestal ou querem deixar claro que tiveram "uma infância muito feliz". É só começar, no entanto, que a fachada começa a ruir; porém revelar pontos cegos familiares pode nos ajudar a reconsiderar crenças equivocadas sobre nós mesmos ou atualizar códigos de condicionamento que não nos servem mais. Podemos substituí-los por algo mais recente. Mais ainda: atualizar essas experiências com a compreensão adulta não é incompatível com a infância feliz a que nos apegamos, só viabiliza a oportunidade de uma infância adulta também.

Por exemplo: Shak era um paciente que não queria "desrespeitar" os pais apontando falhas neles e achava que seria ingratidão encontrar problemas em sua infância, considerando que haviam feito o melhor que podiam em circunstâncias difíceis. No entanto, ao desviar o olhar, ele negava a si mesmo a oportunidade de descobrir o que seus próprios pais não tinham tido — a experiência de ser aceitos incondicionalmente. A cultura deles contribuía para sua visão de que qualquer problema era resultado de um carma passado, e a vergonha resultante o persuadira a esconder suas questões de saúde mental, mesmo quando chegaram ao ponto de ameaçar sua vida. Ao longo de nossas conversas, Shak encontrou o caminho para uma nova perspectiva que aceitava tanto seus pais quanto ele próprio, e permitia que recebesse a ajuda que sempre lhe faltara para criar a vida que desejava.

Em minha própria família, impera uma tendência a trabalhar demais e buscar o topo. Quando as coisas ficam difíceis, seguimos em frente, e foi necessária uma boa dose de investigação pessoal para que eu reconhecesse que esse modelo herdado pode nublar minha consciência até hoje. Ainda tenho dificuldade de pedir ajuda e posso ser levada por meu perfeccionismo a pensar demais e me exaurir. Assumo responsabilidades demais e preciso lembrar a mim mesma de descansar. As alternativas ficam escondidas em meu ponto cego, como, por exemplo, confiar nos outros ou reservar tempo e energia para mim mesma, e preciso fazer um esforço enorme para enxergá-lo quando estou sob pressão.

A ideia não é jogar o bebê fora junto com a água do banho; no entanto, reivindicando maior autonomia em relação a nossas opções como adultos, podemos equilibrar nossas experiências anteriores com informações adicionais e relevantes que não tínhamos na época. Recuperamos o controle quando sabemos o que nos passou despercebido e somos capazes de valorizar tanto o que tínhamos na época quanto aquilo de que precisamos agora.

Neste capítulo, apresentaremos um estudo de caso para cada perfil e mostraremos como cada um deles foi afetado pelo ambiente familiar e os relacionamentos na infância.

Embora não tenhamos controle sobre como nossos relacionamentos na infância nos formam e sejamos inevitavelmente afetados por eles, é importante lembrar que este capítulo irá te encorajar a procurar por aspectos de seu sistema de crenças que possam precisar de atualização, sem dizer que precisamos mudar tudo. Pode haver pontos nos quais lançar alguma luz faria bem, mas isso não quer dizer que tudo se resume a trevas. Portanto, reconforte-se nas partes com que não se identifica e valorize as áreas de sua vida em que já tem uma perspectiva melhor.

SUPER OU SUBCONTROLE

Pontos cegos formados em resposta à dinâmica familiar muitas vezes envolvem elementos de *controle*, *poder* ou *responsabilidade*, porque foram criados em uma época na qual não tínhamos autonomia e dependíamos de nossos pais e cuidadores primários. Como éramos incentivados a ser independentes ou dependentes, e como éramos ou não éramos apoiados em momentos difíceis formam os pontos cegos que se manifestam na vida adulta quando nos vemos puxados de volta a versões anteriores de nós mesmos, na companhia de nossa família original, ou em outros momentos da vida, por exemplo participando dos mesmos jogos de poder com pessoas que ocupam a posição de nossos "pais" no trabalho, nas amizades ou nos relacionamentos.

Em meu atendimento clínico, observei pacientes *supercontrolados* por pais dominadores e críticos, que ficavam com a impressão de que não tinham direitos, opiniões ou opções, e que continuavam a levar uma vida de conformidade e dependência depois. Tais indivíduos são filhos de pais que, sabendo disso ou não, tiraram a oportunidade deles de pensar por si mesmos ou desenvolver identidade própria, e que, quando adultos, buscam atender às exigências das figuras de autoridade em seu trabalho ou em seus relacionamentos, seguindo regras que não são mais úteis ou relevantes, ou que nem mesmo existem. Ou que levam a cabo uma rebelião impotente, ficando presos a uma posição de fraqueza e se ressentindo daqueles que exigem qualquer coisa deles ou jogando a toalha ao primeiro sinal de dificuldade. A capacidade de reconhecer suas necessidades e preferências e agir em nome delas fica em seu ponto cego, como resultado de suas experiências de infância. Eles sentem que não podem ter necessidades e preferências, nem podem ser assertivos em relação a elas. Tais pessoas costumam ser Pontes ou Oportunistas (pp. 56 e 53), e se veem forçadas a aceitar as coisas tal como se apresentam ou a trabalhar duro nas margens para exercer controle sem que ninguém perceba.

Há, entretanto, um número igual de indivíduos operando com pontos cegos formados na infância em que o *subcontrole* era a questão, através de falta de orientação ou limites, ou do excesso de independência. Com isso, quero dizer falta de intervenção, poucos limites ou mesmo nenhum, ou liberdade total à custa de proteção e apoio. Essas crianças, que eram chamadas de "maduras", muitas vezes se tornam Pedras ou Gladiadores e chegam à terapia para aprender a brincar, a dividir ou a pedir ajuda. Rhona era uma dessas crianças que costumava ouvir que era "uma adulta em miniatura", "muito avançada para a idade". Quando olhamos mais de perto, no entanto, percebemos que os adultos responsáveis por ela haviam abusado da responsabilidade dela e deixado que Rhona cuidasse de si mesma. Ela se tornou uma Pedra (ver p. 46) para apoiar a si mesma, porém anos depois chegou à terapia, exausta depois de décadas cuidando de todos, incluindo filhos e netos. Rhona é um bom exemplo de como nossos primeiros anos podem ter um impacto mais adiante na vida, nos momentos em que menos esperamos — não há como saber quando vai acontecer, por isso é importante estar sempre consciente de possíveis pontos cegos e fazer o possível para reconhecer o impacto deles.

ESTUDO DE CASO

RHONA: PEDRA

Rhona era uma daquelas pacientes que havia tido uma infância muito feliz, ou pelo menos era o que dizia a si mesma. Filha única, ela havia crescido na Escócia, com os pais e a avó, e toda a liberdade que poderia pedir. Seus pais eram pessoas criativas, que não davam muito importância à educação tradicional, preferindo que Rhona explorasse o mundo e aprendesse com "a escola da vida".

Na época, ela era grata pela abordagem liberal dos pais; eles não a forçavam a ir à escola se não quisesse, e Rhona nunca sentiu a pressão acadêmica de que seus amigos reclamavam. Sua versão dos eventos soa idílica: dias passados ao ar livre, vagando, limitados apenas por sua própria imaginação.

"Eu nunca vi meus pais discutirem", ela me disse, "provavelmente porque eles nunca estavam presentes!"

Os pais eram artistas e viajavam pelo mundo, deixando Rhona com a avó por meses seguidos. A filha sempre os considerara o casal perfeito, ambos devotados um ao outro e fazendo questão de dizer que nunca haviam passado uma noite separados. Ela me contou que os dois viviam uma verdadeira história de amor, mas que aparentemente não a incluía. Sua liberdade não fora concedida com cuidado e consideração; era consequência das outras prioridades dos adultos.

A avó tinha suas próprias questões, e embora amasse a neta, amava mais ainda beber.

"Quando meus pais não estavam, ela me levava ao bar. Eu ficava brincando de virar os porta-copos e bebendo limonada morna no jardim, porque era jovem demais para me juntar ao pessoal lá dentro, jogando partidas intermináveis de carteado. Às vezes, minha avó me dava um cigarro, o que parecia errado e empolgante, e eu impressionava todas as minhas amigas com minhas histórias de independência precoce."

Rhona saiu de casa e se casou cedo. Quando teve seus próprios filhos, não pôde contar com seus pais, o que não chegou a ser surpresa, então se esforçou ao máximo para ser o oposto deles, ficando em casa e cuidando das crianças como sempre desejara que os dois tivessem cuidado dela. Rhona e os filhos tiveram uma vida feliz, em que se sentiam bem, necessários, queridos e importantes. Isso não mudou quando eles saíram de casa para começar a própria família. Seu papel de cuidadora se solidificara ao longo de anos de reforço positivo, e Rhona se ofereceu para ajudar a cuidar do bebê do filho quando a esposa dele voltou a trabalhar (algo que Rhona não aprovava), e dos gêmeos sempre que eles ficavam doentes e não podiam ir para a escola (o que também a desagradava: "Eles estão sempre doentes! Como pode? Meus filhos nunca ficavam doentes".).

Quando pedi que ela descrevesse como se sentia em nossa primeira sessão, Rhona começou a listar os problemas que enfrentava ou as maneiras como havia sido decepcionada. Ela me disse que sentia uma mistura de exaustão por dar a mamadeira à noite, ressentimento em relação a mães irresponsáveis e suas escolhas de vida egoístas, e culpa por não ter ficado para dar o banho.

"Espere aí, vamos voltar um pouco", eu disse, enquanto ela deixava de lado seu desconforto em permitir que a nora assumisse o controle quando voltava do trabalho. "Você disse que se sente culpada? O que exatamente você fez de errado?"

Rhona chegou à terapia perguntando "O que não estou vendo?", apontando para todas as interações com sua família que a incomodavam ou decepcionavam, mas foi seu sentimento de culpa que indicou para onde deveríamos olhar. A falta de apoio por parte de seus pais havia instilado uma sensação de obrigação equivocada nela, levando-a a assumir um excesso de responsabilidades na família. No entanto, era a culpa que ela sentia como resultado que sugeria que um ponto cego a levava a prover em excesso e resignar-se. Perceber isso ajudou Rhona a abandonar a culpa injustificada e considerar suas próprias necessidades, ir atrás de objetivos pessoais e encontrar realização na vida. O sentimento de culpa, na verdade, é um tema recorrente neste livro, porque muitas vezes ocupa o espaço de algo escondido abaixo da superfície. Vamos explorar o motivo.

CULPA OU RAIVA?

A culpa genuína é aquilo que sentimos quando fazemos algo objetivamente errado, magoamos alguém de propósito ou agimos de maneira egoísta, sem ter consideração pelos outros — não era o que Rhona estava sentindo de verdade, depois de ter passado duas noites em um sofá-cama no quarto do bebê, tendo o sono interrompido constantemente, e decidido ir para casa antes que escurecesse. Essa camuflagem de uma emoção por algo mais palatável é bastante comum, embora não seja identificada com frequência. Na verdade, se não fizemos algo objetivamente errado, é mais útil compreender a sensação de culpa como uma *raiva* voltada contra nós mesmos. Fazemos isso se não tínhamos permissão na infância para ficar com raiva, ou se não havia ninguém por perto para presenciá-la. Também podemos enterrá-la com outras emoções, se nosso ponto cego nos condicionou a *pensar* em vez de sentir. Observo isso em pacientes cujos pais se mostravam indisponíveis emocionalmente. Eles desenvolvem uma visão lógica da vida e incentivam seus próprios filhos a fazer o mesmo. Tais pacientes muitas vezes me dizem que seus sentimentos são "irracionais", e eu preciso lembrá-los de que isso não existe — nossos sentimentos são sempre justificados, nós é que com frequência não os compreendemos.

Gosto de usar a analogia de que nossas emoções são uma estação de rádio FM que podemos aprender a sintonizar. Podemos estar acostumados com estática emocional, que aprendemos a descartar como o ruído branco de emoções aceitáveis — ansiedade ou culpa, por exemplo —, mas quando ouvimos mais de perto distinguimos uma angústia. A raiva é um sinal saudável de angústia que indica que nossas necessidades não estão sendo atendidas, que alguém desrespeitou nossos limites ou que algo precisa mudar. No entanto, Rhona estava sintonizando com interferência, confundindo raiva com culpa e tentando mudar as coisas erradas.

Ela achava que era o marido que precisava mudar. Achava que ficava brava porque não podia dividir com ele os fardos que assumia. Achava que seus filhos precisavam mudar, reduzir as demandas, deixar de priorizar a carreira e a vida social. Quem realmente tinha cometido erros, no entanto, eram os pais dela. Rhona projetava a raiva que sentia em relação a seu próprio abandono nas escolhas saudáveis e equilibradas que o marido e os filhos faziam entre cuidar dos outros e cuidar de si próprios.

Rhona tinha um desejo incontrolável de curar seu abandono emocional quando criança mostrando-se infinitamente disponível para os outros na vida adulta, garantindo que seus filhos e netos nunca se sentissem sós e pouco importantes como ela se sentia quando ficava sozinha no jardim do bar, brincando com os porta-copos. Esforçava-se para ser a mãe e a avó perfeita, que nunca dizia não e atendia a todas as demandas, mesmo as que lhe pareciam muito pouco razoáveis. A omissão de seus pais havia criado nela um ímpeto inconsciente de reescrever a história de todos os membros da família, e as necessidades não atendidas devido ao egocentrismo deles faziam com que ela se dedicasse a atender as necessidades dos outros.

No ponto cego de Rhona, escondia-se a experiência dolorosa de ter sido alvo de negligência emocional na infância, que a levava a investir em qualquer pessoa que não ela mesma. Não foi fácil para Rhona reconhecer o que não estava vendo, que a liberdade da qual achava que havia desfrutado na verdade lhe fora imposta por pessoas que não se importavam a ponto de estabelecer limites para mantê-la segura. Que a permissividade e a aceitação da mãe, do pai e da avó eram gestos negligentes de pessoas irresponsáveis, e não uma expressão do amor de adultos potentes. Os cuidadores dela eram como Peter Pan, incentivando a indulgência e o prazer acima de tudo, sem qualquer proteção.

O ponto cego de Rhona preservava uma visão positiva de sua infância, normalizando uma família que não era desprovida de amor, mas que se mostrava indisponível, e que possibilitava liberdades invejáveis com que outras crianças da mesma idade apenas sonhavam. Ela não percebia antes que nunca havia sido prioridade para ninguém e que continuava a se tratar como a última da fila na vida adulta. O marido de Rhona, por outro lado, planejava sua semana em torno de partidas de boliche e almoços com os amigos, recompensando-se com uma aposentadoria feliz depois de uma longa carreira, e preparando seus filhos para ter uma vida produtiva e independente.

"Fico pensando se ele não está certo", eu disse a Rhona quando ela reclamou que ele era egoísta. "Parece que ele é responsável em relação às outras pessoas em sua vida, sem ser responsável *por* elas."

Ao contrário do que Rhona esperava, a melhora em sua vida veio não de convencer o marido à sua maneira equivocada de ver as coisas ou persuadi-lo a redobrar seus esforços pelos outros, mas de aprender com ele e começar a fazer alguns planos por conta própria. Ela marcou uma viagem de fim de semana com as amigas e abriu espaço para seus hobbies; também passou a se juntar ao marido em algumas de suas caminhadas longas em vez de se ressentir dele pelo tempo que passava fora. Ainda restaram muitos momentos para ela lembrar o marido de que ele precisava pensar nos outros, comprar cartões de feliz aniversário ou participar de sua comunidade. Essa é a beleza dos relacionamentos: se formos capazes de reconhecer que não existe modo certo ou errado, podemos oferecer algo à outra pessoa para ajudá-la a identificar seu ponto cego também. O compartilhamento de perspectiva pode ampliar o campo de visão de todos, para que ambas as partes sintam os benefícios de relacionamentos, autoestima e saúde mental melhores.

> **“Nossos sentimentos são sempre justificados, nós é que com frequência não os compreendemos.”**

O QUE VOCÊ NÃO ESTÁ VENDO?

VOCÊ PODE SER RESPONSÁVEL EM RELAÇÃO A OUTRAS PESSOAS, MAS NÃO PODE SER RESPONSÁVEL POR ELAS.

Minha supervisora me apresentou a ideia de que podemos ser responsáveis *em relação a* outras pessoas — podemos nos importar com elas, prestar contas a elas e garantir sua importância —, mas não podemos ser responsáveis *por* elas. Não podemos fazer escolhas por elas, encontrar a felicidade por elas, ser a solução que buscam ou prover em absoluto. Só podemos ser responsáveis por nós mesmos; na verdade, essa é nossa responsabilidade primordial: não sobrecarregar os outros com a tarefa impossível de suprir nossas necessidades ou nos satisfazer. Rhona rejeitava suas responsabilidades consigo mesma e se responsabilizava por seus filhos e netos, resgatando-os de todos os problemas. Ao fazer isso, ela transferia a responsabilidade por seus próprios sentimentos e necessidades para a família.

Se há alguém que te frustra, talvez seja porque desafia seu ponto cego. A aparente liberdade da pessoa pode ser a permissão de que você precisava, mas que se perdeu em seu ponto cego; também pode ser o antídoto para a maneira dura como você se trata. Procure aprender com ela. Você não precisa imitá-la, mas talvez encontre nela uma parte da liberdade ou da perspectiva de que precisa.

Se, como Rhona, você é uma Pedra, verifique se está sendo responsável *em relação* aos outros e *por* si, ou se as coisas se confundiram por conta de um ponto cego e precisam ser ajustadas.

Reflita sobre a última vez que você sentiu culpa por não fazer algo e se pergunte se fez algo *objetivamente* errado ou se a culpa era um disfarce para outra emoção.

ESTUDO DE CASO

CRAIG: GLADIADOR

Embora também surja como resultado de ter crescido em um ambiente pouco controlado, o ponto cego do Gladiador (ver p. 49) é diferente do da Pedra. Enquanto as necessidades de Rhona permaneciam ocultas, Craig identificava as dele, porém não conseguia nem imaginar que alguém as atenderia. Quando era decepcionado no trabalho, ele extrapolava aquela situação específica em uma generalização rápida, concluindo que não podia confiar em ninguém. Isso às vezes o levava a agir de maneira egocêntrica e defensiva; ele fazia o necessário para conseguir o que queria, mesmo que tivesse de passar por cima de alguém no processo. Sua esposa o descrevia como espinhoso, às vezes até intimidador, e seu estilo obstinado nem sempre era bem recebido em casa, com os filhos adolescentes começando a reagir e muitas vezes batendo de frente com o pai quando as opiniões divergiam.

Perguntei a Craig como ele se via. A resposta foi: "Como um líder". Em sua visão, era uma vergonha não saber uma resposta ou não conseguir lidar com algo, e pedir ajuda ou buscar consenso era sinal de fraqueza. Craig era autossuficiente ao extremo: considerava todas as possibilidades no banco de dados limitado de sua própria vida e procurava responder a qualquer pergunta que lhe fosse dirigida, aceitando qualquer tarefa da qual lhe incumbissem e aprendendo sozinho o que quer que ainda não soubesse.

Embora sejam qualidades admiráveis em outros contextos, sua autossuficiência e determinação nem sempre lhe faziam bem, e Craig chegou à terapia por uma desconfiança médica de que suas úlceras estomacais dolorosas podiam ser consequência de estresse. A terapia foi uma experiência muito diferente para ele, que não estava acostumado a receber apoio. Craig chegou acreditando que precisava de "estratégias de enfrentamento", mas precisava era de ajuda. Como muitos pacientes que são "encaminhados" para a terapia por terceiros (sejam profissionais da área da saúde, amigos bem-intencionados ou a família exasperada), Craig estava atrás de ferramentas e técnicas claras e objetivas que pudesse levar para casa e implementar sozinho. No entanto, não poderia obter sozinho a ajuda que recebeu. Na verdade, as pesquisas mostram que, muitas vezes, o relacionamento terapêutico é mais importante do que a orientação terapêutica.[1] Isso é particularmente verdadeiro no caso de pacientes que não tiveram relacionamentos com envolvimento emocional no passado e que precisam se sentir seguros o bastante para revelar seus pontos cegos e vulnerabilidades.

Quando pequeno, Craig era visto como uma criança capaz. Tinha um nível de independência parecido com o de Rhona, que implicou consequências muito diferentes. Seus pais o elogiavam por sua habilidade de tomar a iniciativa e formar sua própria opinião, e sempre incentivaram sua ambição e seu espírito competitivo. Eles sempre deixavam que Craig tomasse suas próprias decisões quanto à escola, ao horário de ir dormir ou a passar ou não a noite fora. "Confiamos em você", os pais diziam. "Sabemos que vai fazer a escolha certa." Craig nunca contou com uma segunda opinião, ou com as contribuições de alguém mais experiente e vivido, e nunca pediu por isso. Agora, como um adulto sob muita pressão no trabalho, gerenciando inúmeros projetos e grandes orçamentos, ele tinha a reputação de ser uma "força da natureza", alguém que não media esforços e tinha pouca paciência com os outros. Se em Rhona a falta de limites resultara na priorização das necessidades dos outros, em Craig resultara em completo descaso. Rhona se sentia segura quando precisavam dela; Craig se sentia seguro quando ficava imune ao julgamento dos outros.

PAIS EM PEDESTAIS

Os pais de Craig eram psicólogos infantis, e ele interpretava as qualificações profissionais de ambos como um selo de aprovação da maneira como havia sido criado. "Os dois eram especializados nisso, a casa tinha uma série de livros sobre parentalidade. Pensei que eles soubessem o que estavam fazendo!", Craig comentou, com uma risada. A aceitação total do que os pais diziam fez com que ele nunca refletisse sobre a verdade e o que não estava vendo. Para preencher as lacunas, Craig precisava tirar seus pais do pedestal onde os pusera e reconhecer que, apesar de suas boas intenções, sua abordagem às vezes podia se mostrar equivocada. Para se libertar da visão de mundo singular deles, Craig precisava descobrir seus pontos cegos, não para culpar os pais, mas para aprender aquilo de que precisava agora.

Como mencionei no início deste capítulo, é natural que cresçamos preservando a imagem de nossos pais como infalíveis, porque é mais doloroso reconhecer suas deficiências; no entanto, também vale a pena lembrar que quaisquer deslizes da parte deles não foram intencionais, e sim subconscientes. Como a maioria dos pais, os de Craig deram ao filho tudo que tinham para dar e fizeram o melhor que podiam, com base em suas próprias experiências e limitados por sua própria consciência. A criação oferecida é predeterminada pelos pontos cegos dos pais e aquilo que eles sabem como disponibilizar. Entretanto, as necessidades da criança não se limitam ao repertório dos pais, e embora em geral haja uma sobreposição, é provável que algumas delas passem despercebidas ou não sejam atendidas. Ao longo de meses de terapia, o ponto cego de Craig se tornou mais claro: o que ele não estava vendo eram os outros, devido à ausência de diálogo com os pais. Quando percebeu isso, começou a notar que a autossuficiência que havia aprendido às vezes o atrapalhava. Ele não tinha convivido com limites quando pequeno e aprendera suas lições da maneira mais difícil.

“Meus pais deixavam que eu decidisse a hora que ia dormir. Nunca perguntavam se eu tinha feito a lição de casa ou escovado os dentes. Diziam que era porque ‘confiavam em mim’, mas eu mesmo não confiava! Não sabia o que devia fazer, então passava a noite no meu PlayStation, só porque podia. Não dormia, depois tinha dificuldade de me concentrar na escola. O tempo de tela dos meus amigos era limitado, e sua atividade na internet era controlada. Eles morriam de inveja, mas aquilo não parecia liberdade para mim. Eu não me sentia livre, só me sentia perdido, sozinho.”

Craig passou os vinte e poucos anos experimentando álcool e drogas, e se envolvendo em relacionamentos que descreveu como "imprudentes". Ele me disse que não fez faculdade, porque não queria se endividar, mas em retrospectiva vê como a vida de seu irmão mais novo, cuja educação foi financiada pelo "Banco da Mamãe e do Papai", foi diferente. Craig não gostava de pedir ajuda, mas ainda assim parecia injusto os pais terem ajudado o irmão. Sua frustração com a situação muitas vezes o fazia sentir angústia e irritação, e os pais o descreviam como um cacto — espinhoso, alguém com quem era difícil conviver. "Claro que eu era um cacto", ele comentou em uma sessão. "Fui criado para não dar trabalho, para cuidar de mim mesmo."

MÚLTIPLAS PERSPECTIVAS

Nem tudo foi negativo. Como em todos os exemplos deste livro, estamos nos concentrando naquilo em que Craig precisava de ajuda, mas é preciso mencionar que também houve benefícios no comportamento aprendido. Sua capacidade de sobreviver como um cacto em um deserto emocional lhe ensinou resiliência e continuava sendo um ponto forte ao qual recorrer. Craig só precisava ver as alternativas e opções que lhe passavam despercebidas para poder escolher entre uma variedade de respostas, em vez de ser relegado por seu ponto cego a reações impulsivas ou ao uso de força bruta. Ele começou se abrindo com a esposa sobre o estresse ao qual estava submetido. Quando os filhos expressavam sua opinião, ouvia e procurava entender o ponto de vista em vez de insistir no dele. Craig parou de proteger sua equipe das pressões que o negócio sofria e passou a compartilhar mais as metas. Não foi nada de mais, porém essas mudanças sutis trouxeram grande alívio, como costuma acontecer na abordagem dos pontos cegos. A correção se dá nas margens, com alguns ajustes e uma leve mudança de perspectiva, às vezes de poucos graus, porém a trajetória definida pode ser transformadora.

Craig tinha dificuldade de reconhecer que precisava de ajuda, mas se sentia diferente quando eram outras pessoas que precisavam de ajuda. Em determinado momento, usamos sua própria lógica contra ele, para abrir a possibilidade de mudança.

"Se você enfrenta alguma dificuldade, em quem põe a culpa?", eu perguntei.

"Em mim mesmo. A culpa é minha, se não estou conseguindo dar conta. Eu nunca transferiria a culpa para outra pessoa."

"E se alguém na sua equipe estiver com alguma dificuldade, de quem é a culpa?", perguntei.

"Rá!" Craig riu ao perceber aonde eu queria chegar. "Minha também. A culpa seria minha por não ter percebido antes, por não ter dado mais apoio. Sempre digo aos funcionários que quero saber se eles tiverem um problema."

"Então quando se trata de culpabilização", concluí, sorrindo, "é faça como eu digo, e não como eu faço?"

Ele retribuiu meu sorriso quando compreendeu o que estava perdendo: a oportunidade de mostrar a si próprio a mesma gentileza que mostrava em relação aos outros.

Essa revelação ofereceu a Craig não a perspectiva "certa", mas múltiplas perspectivas — "isso e" em vez de "isso ou". E, se há mais de uma possibilidade, deve haver mais de uma verdade. Ele já não precisava ser definido apenas como "capaz", e poderia haver ocasiões em que buscasse ajuda para si mesmo, da mesma forma que ofereceria ajuda aos outros quando necessário.

Craig adquiriu uma compreensão e consciência maiores, por meio de um relacionamento terapêutico de apoio do qual ele nem sabia que precisava e que lhe ofereceu uma oportunidade rara de confiar em outra pessoa e depender dela. Se tivéssemos ignorado o ponto cego e seguido direto para as estratégias de enfrentamento que ele buscava, poderíamos tê-lo sobrecarregado com técnicas de respiração ou modelos de gerenciamento de tempo, deixando passar a verdadeira necessidade e a oportunidade de, uma vez na vida, não agir sozinho.

MUDANÇA OU ACEITAÇÃO?

De maneira geral, a vida nos oferece duas opções, independentemente de nosso perfil: mudar ou aceitar algo. E nenhuma delas é fácil. No entanto, se não conseguirmos reconhecer que se trata de uma escolha entre duas opções e nos esforçar para nos reconciliar com elas — seja para fazer algo diferente, seja para fazer as pazes com as coisas como são —, podemos enveredar pelo caminho enlameado da resistência, no qual nos sentimos incapazes de promover uma mudança e de aceitar as coisas do jeito que são. Trata-se de um terreno fértil para o estresse e a ansiedade. Viver resistindo é como acelerar sem engatar a marcha. Queimamos combustível sem sair do lugar, até que nos vemos com o carro parado no acostamento, desabastecido ou quebrado.

O ponto cego de Craig impedia que ele visse que havia outra opção além de manter as coisas como estavam. Ele se esforçava para aceitar a imagem tal qual se apresentava, de uma identidade vinculada à resiliência e à liderança, e procurava maneiras de aliviar a angústia, por exemplo fazendo atividade física para se distrair e meditando para se acalmar. Ambas as ações podem ser úteis nas circunstâncias certas, porém Craig não precisava encontrar maneiras de tolerar as coisas como eram: ele precisava de outras perspectivas, precisava explorar a possibilidade de mudança. Craig ignorava aquilo até que uma úlcera estomacal finalmente o alertou do estresse com que se acostumara e o levou a buscar uma alternativa para a autossuficiência implacável de que sempre dependera. Ele já contava com um conjunto impressionante de habilidades e agora tinha a opção de pedir ajuda, apoio e orientação. Era isso que Craig não estava vendo. Até então, seu lado cacto se adaptara bem a ambientes hostis, o que o levara a ignorar a possibilidade de realocação para um clima mais ameno, de alteração de aspectos da situação em prol de uma vida mais fácil e com mais apoio.

VOLUNTÁRIO OU CONVOCADO?

Gladiadores muitas vezes batem o pé quando as coisas não saem como planejado, e podem criar uma resistência física capaz de ocasionar problemas mais para a frente e impedi-los de considerar as alternativas com clareza. Nosso sistema nervoso não gosta de surpresas, tampouco de ser forçado. Quando temos de nos adaptar ao que outra pessoa quer, ou quando acontece algo que vai contra nossos desejos, a amígdala entra em ação contra a ameaça percebida e nosso sistema nervoso ergue uma defesa automática, proporcional ou não às circunstâncias. Isso significa que, quando nos esforçamos para ser algo que não somos, ou quando fazemos algo contra nossa vontade, não apenas gastamos energia sendo ou fazendo tal coisa, mas também com uma resistência inútil. O estresse crônico leve ativa o eixo HPA (hipotálamo-pituitária-adrenal) e nos mantém em alerta, ou seja, acelerando sem a marcha engatada, de modo que não chegamos a lugar nenhum. Com o tempo, isso pode levar a problemas de saúde, prejudicando os vasos sanguíneos, aumentando a pressão arterial e o risco de infarto ou derrame, ou ainda desencadeando um acúmulo de tecido adiposo que resultará em um ganho de peso prejudicial.

Por outro lado, se nosso sistema nervoso compreende uma ação como voluntária, não oferece resistência e nos orienta no sentido de completar a tarefa, em geral com uma mentalidade mais aberta e maior criatividade na resolução de problemas. Quer você seja ou não um Gladiador, se às vezes sente que empacou em um padrão de resistência, pode começar simplesmente se voluntariando a realizar a tarefa. Tente dizer "Eu escolho", em vez de "Tenho que", e note como as sensações em seu corpo mudam, mesmo quando a tarefa não é agradável.

A terapia de aceitação e compromisso, desenvolvida nos anos 1980 por Stephen C. Hayes,[2] usa esse princípio para criar uma abertura emocional e restabelecer um relacionamento harmonioso entre nossos sentimentos e experiências, mesmo quando as coisas não são como desejado. Portanto, da próxima vez que estiver em um engarrafamento e sentir o coração acelerar e os músculos enrijecerem, lembre-se de que seu cérebro não sabe a diferença entre esse tipo de fator de estresse, que não ameaça a vida, e algo muito mais sério. Voluntarie-se para estar ali, demonstre empatia consigo mesmo e verifique se consegue aceitar a situação como ela é. Você vai ficar ali de uma maneira ou de outra; então é melhor passar esse tempo em estado de relaxamento.

O QUE VOCÊ NÃO ESTÁ VENDO?

VOCÊ PODE MUDAR AS COISAS OU ACEITÁ-LAS, NÃO RESISTA A ELAS.

Pense em uma situação que lhe provoque angústia. Talvez um relacionamento difícil com alguém da família, ou que não é como você gostaria.

Em seguida, defina se a tarefa à sua frente envolverá *mudança* ou *aceitação*.

Por exemplo, se você sente que está tolerando ou aceitando as coisas como são, mas precisando ir cada vez mais fundo para lidar com situações estressantes, ou assumindo toda a responsabilidade pelo que sente, talvez a opção de promover uma mudança tenha se perdido em seu ponto cego.

Se for o caso, levante as seguintes perguntas:

O que você gostaria que fosse diferente na situação e do que precisa, ou da ajuda de quem?

Você quer mais tempo e espaço para si? Atender às demandas da sua família está causando estresse? Pense em uma alternativa que funcione para você — talvez uma ligação semanal em vez de uma linha de comunicação sempre aberta. Talvez você precise *mudar* as expectativas de sua família quanto ao papel que você desempenha quando se reúnem e sugerir maneiras de compartilhar responsabilidades que já foram suas.

Se, por outro lado, você está sempre tentando, sempre se esforçando para mudar alguma coisa em sua situação, mas não chega a lugar nenhum, ou promove mudanças que não lhe trazem paz, talvez precise se voltar para a *aceitação*. Nesse caso, faça uma pergunta diferente:

O que você pode precisar aceitar, e o que ou quem pode te ajudar nesse sentido? Saber que uma situação é temporária talvez ajude a encontrar a energia para aceitar que as coisas estão difíceis, ou pedir mais ajuda, ou fazer as pazes com o fato de que as pessoas fazem suas próprias escolhas e são responsáveis pela própria vida pode te ajudar a não se sentir responsável pelo que acontece.

	Mudança	Aceitação
Exemplo	Seus pais demandam demais de você, e de maneira consistente.	Seu irmão ou sua irmã está passando por um momento difícil e precisa de muita ajuda.
Como a situação faz você se sentir?	Você se sente sobrecarregado e desvalorizado.	Você sente culpa e ressentimento porque é uma pessoa ocupada e não pode estar disponível o tempo todo.
Trata-se de algo a mudar ou aceitar?	O estresse está afetando seu sono e sua capacidade de trabalhar, e as coisas não podem continuar assim.	É temporário, e ele(a) não vai precisar de você na mesma medida para sempre.
Qual deveria ser a solução?	Sugira como e quando você gostaria de se comunicar, e estabeleça limites adequados, que permitam que se apresente em seu melhor nesse tipo de situação.	Ofereça o tempo e o apoio que puder de boa vontade; esteja disponível quando puder e não se recrimine quando não puder; garanta que ele(a) saiba que você se importa mesmo quando não puder estar presente.

Na vida, podemos mudar ou aceitar, mas resistir é inútil.

ESTUDO DE CASO

MO: PONTE

Os pontos cegos de Rhona e Craig vieram da falta de controle por parte da família na infância de ambos, o que os levou a relacionamentos pouco saudáveis, que exigiam responsabilidade e autonomia em excesso por parte deles. A experiência de Mo não poderia ser mais diferente. O controle excessivo que sofreu durante a infância criou um ponto cego em relação a autoridade que o deixou vulnerável ao abuso.

Mo procurou terapia porque estava tendo problemas com a companheira. Os dois não se divertiam mais, e sua vida se resumia a uma série de discussões e tarefas. Nas palavras dele, ele "herdara" uma família aos 25 anos, quando fora morar com sua companheira, uma mulher mais velha que tinha três filhos de um relacionamento anterior. Uma das filhas era pouco mais nova que Mo, e ele teve dificuldade de encontrar seu lugar na casa.

"A mais nova tem doze anos e não dá trabalho. Mas a do meio, Amy, é impossível. Quer que eu a leve de carro pra todo lugar, bagunça a casa inteira e eu que acabo tendo que arrumar. Quando pega dinheiro emprestado, não devolve. Outro dia, eu a ouvi se referir a mim pra irmã mais nova como seu escravo. Fiquei horrorizado, por vários motivos."

Ele explicou que a filha mais velha de sua companheira fazia faculdade e morava fora, o que também era esquisito, porque, quando iam visitá-la, Mo sentia que seu lugar era ali também, no grêmio estudantil, rindo e fazendo planos com os amigos. Fazer faculdade nunca tinha sido uma opção para ele, que abandonara o ensino médio quando seus pais se divorciaram e a mãe se viu sem dinheiro de repente. Em nossas conversas, Mo começou a relacionar suas experiências de infância com a maneira como se sentia em relação às filhas de sua companheira, por que ele havia se tornado uma Ponte (p. 56) e por que o comportamento delas o incomodava tanto. Era porque o lembrava da criança que ele nunca havia sido.

Desde muito novo, Mo sabia que era importante manter o pai feliz. "Quando ele me chamava pra jantar, eu tinha dez segundos pra lavar a mão e estar na mesa, ou precisava enfrentar as consequências." Mo se lembrou de uma vez que estava de fone de ouvido, no quarto, e só percebera que não havia ouvido o pai chamar quando ele irrompeu em seu quarto e atirou seu prato de comida contra a parede.

Quando era pequeno, a mãe justificava o comportamento do pai como preocupação com dinheiro ou o estresse do trabalho. Ela também pisava em ovos, e os dois se moviam como sombras, tentando não provocar o pai ou sair da linha.

Em nossas sessões, descobrimos que o ponto cego de Mo escondia duas crenças fortes. Ele se resignava ao fato de que outras pessoas detinham o poder. Sua companheira, um amigo ou alguém da gerência dava as ordens e ele obedecia. Ele também acreditava que desafiar esse poder era algo perigoso, que devia ser evitado a qualquer custo. Assim, Mo não se atrevia a desafiar a autoridade, mas, ao permanecer em silêncio, nunca conseguia testar se sua suposição era acertada. Ele fez um comentário bastante profundo ao refletir sobre como o passado o afetava no presente:

"Acho que, se havia um cara furioso na sua casa quando você era pequeno, sempre vai haver um, pelo resto da sua vida."

Mo não falava literalmente, claro. Estava se referindo ao medo da raiva que o trauma encerra em um ponto cego. O medo do temperamento do pai lançava uma longa sombra, que o mantinha na ponta dos pés mesmo depois que a ameaça havia passado.

Mo descreveu a diferença entre a casa onde havia crescido e a casa onde morava na época; o modo como pisava em ovos com o pai e tentava estar presente para a mãe; e o modo como, em contraste, eram as filhas de sua companheira que pareciam dar as ordens por ali.

Eu expliquei que tinha sido uma adaptação inteligente se manter pequeno e submisso quando criança, para garantir a própria segurança. Na época, ele não tinha como desafiar o temperamento do pai e escapar ileso. Não tinha a segurança que as filhas de sua companheira tinham para ultrapassar os limites e exigir atenção. No entanto, também expliquei que ele continuava a viver de acordo com as regras de um ponto cego que já não era necessário. Mo continuava cedendo o poder a quem quer que o exigisse e seguia o fluxo para evitar conflitos. Ele terceirizava a responsabilidade que tomar suas próprias decisões envolvia e, como resultado, as pessoas se aproveitavam dele.

A companheira de Mo era uma pessoa amorosa e atenciosa, que odiava vê-lo chateado, mas que, como a mãe impotente dele, não conseguia interferir e apontar o comportamento inapropriado quando os outros o tratavam mal. Desde o divórcio, ela vinha sofrendo com seus próprios pontos cegos, culpando a si mesma sempre que as filhas ficavam infelizes e cedendo a suas exigências, abstendo-se de defender Mo quando uma delas o atacava. Quando abordamos a situação em consultório, Mo foi capaz de reconhecer que Amy (a filha do meio) lidava com suas próprias questões. Ela era uma menina de quinze anos pouco à vontade consigo mesma, que suportava as pressões da escola e das mudanças em seu círculo de amizades; ao contrário do pai de Mo, Amy certamente não se encontrava em uma posição de poder. Ele a via como valentona, quando na verdade a menina precisava de ajuda. Não se tratava da mesma situação de quando ele era pequeno, porém a diferença vinha passando despercebida a Mo.

Reconhecer que não apenas seus sentimentos faziam sentido em retrospectiva, mas que sua vida era diferente agora e as regras antigas não se aplicavam foi libertador para Mo. Não havia nenhum homem furioso em sua casa (ou em sua cabeça), que o obrigasse a pisar em ovos. Livre da sensação do bullying e do ressentimento, ele encontrou novas maneiras de olhar para a situação, que o ajudaram a fazer escolhas diferentes, de um lugar de empoderamento e livre-arbítrio.

Deixar a terapia com a sensação de que era um igual em seus relacionamentos permitiu que Mo tomasse decisões com base no que era mais apropriado. Ele não precisava deixar que passassem por cima dele, tampouco precisava passar por cima de ninguém. Não supunha automaticamente que estava errado, tampouco insistia que seu jeito era o certo. "Apropriado" se tornou a palavra-chave de nossas sessões, que tinham o intuito de ajudá-lo a tomar decisões que parecessem boas e respeitosas para todos os envolvidos. Sua relação com Amy melhorou, e quando ele lhe emprestava dinheiro era já com um plano de pagamento que funcionava para os dois. Sua companheira ficava grata quando Mo a alertava para seus próprios pontos cegos e quando ela agia com base em sua culpa em relação às meninas. Assim, ele a ajudou a perceber o que não estava vendo e a também procurar por soluções mais apropriadas.

Mo usou essa visão para redefinir seus relacionamentos em casa. Ele batia de frente com Amy quando ela passava da linha e se aproveitou de sua compreensão renovada para estabelecer limites, em vez de se render. Amy estava com quinze anos, de modo que desafiar a autoridade era parte de um desenvolvimento saudável, porém Mo não pudera se dar ao mesmo luxo. Como Rhona com o marido, Mo podia aprender com Amy a se defender de maneira segura.

Ele também superou seu medo de entrar em conflito com a companheira e expressar insatisfação com o status quo. Ela era a provedora e valorizava a ajuda de Mo com as filhas, porém ele queria perseguir suas próprias ambições. Quando encerrou a terapia, Mo estudava desenvolvimento de softwares em meio período e estava ansioso para voltar a uma paixão que havia deixado de lado muito tempo antes.

"Sabe aquele dia que meu pai atirou o prato na parede?", Mo me perguntou em nossa última sessão. "Eu estava programando um negócio superlegal. Por isso não o ouvi chamar. E agora que superei aquela dor, eu estava pensando em concluir o trabalho." Ele sorriu, e acho que ambos sentimos a cura que tinha acabado de acontecer.

UM CONTEXTO DE COMPAIXÃO

Depois de descobrir a causa de seu ponto cego, pode ser um ótimo passo usar o conhecimento adquirido para refletir sobre as experiências da pessoa que contribuiu para a formação dele. Por exemplo, quando Mo chegou a essa fase, eu o incentivei a considerar como a vida poderia ter sido se o pai dele tivesse feito terapia, e se teríamos conseguido descobrir os pontos cegos que o levaram a se tornar um Gladiador.

"Talvez", Mo sugeriu, "como um imigrante neste país, ele tivesse precisado lutar com unhas e dentes por tudo que conquistara." Certa compaixão especulativa por seu pai também o ajudou a enxergar o comportamento do homem pelo que era: uma série de ações defensivas de alguém com medo de perder o respeito e o controle. Regras que são fundamentadas no medo muitas vezes não alcançam legitimidade, e Mo foi capaz de usar essa consciência para desapegar das mensagens de seu passado.

Os pacientes muitas vezes ignoram ou dão desculpas para o impacto das palavras ou ações dos pais, porque se sentem ingratos ou cínicos se apontam falhas ou soam críticos demais. A maioria deles ama os pais e valoriza seus esforços, porém amor e objetividade não são mutuamente exclusivos, e se não nos permitirmos criticar a vida, como saberemos o que fazer mais e o que fazer menos no futuro? Sempre incentivo meus filhos a me criticarem como mãe. Não recebo como crítica, mas como um excelente feedback, se conseguir manter a mente aberta, quando minha filha observa que estou distraída com o celular durante o jantar, ou quando meu filho comenta que teria gostado de minha presença em seu jogo de rúgbi naquele dia. Isso não significa que sempre conseguirei ser quem eles precisam que eu seja, pois a vida é diferente na prática, porém pelo menos podemos conversar a respeito, e espero que minha imperfeição lhes dê permissão para serem imperfeitos também e a opção de seguirem parte do exemplo que dou, embora não todo — da maneira que julgarem apropriada.

Apresento isso como uma maneira de dar a você a mesma permissão para refletir sobre as escolhas de seus pais, o contexto em que foram feitas, a maneira como a vida às vezes se mostrou diferente na prática e o impacto que isso teve em você. A ideia é criticar com compaixão, e não julgar. Notar que eles não estavam certos *ou* errados. Como consequência você pode ser mais criterioso agora sobre quais partes dos ensinamentos deles vai levar adiante e quais quer deixar para trás.

O QUE VOCÊ NÃO ESTÁ VENDO?

APROPRIADO É MELHOR QUE CERTO.

Perspectiva não é uma questão de procurar ideais de certo ou errado, trocando um ponto cego por outro — é uma questão do que é mais *apropriado*. Quando desapegamos de pontos cegos, precisamos abrir mão da ideia de que a maneira como sempre fizemos as coisas é a correta, ou de que a maneira como os outros fazem as coisas é a errada. Chegamos muito mais perto da verdade quando aceitamos que há versões do certo que vêm com contexto e ressalvas, e que o máximo que podemos nos aproximar de acertar é considerando o que é mais apropriado. Para atingir esse ponto de equilíbrio, peço que os pacientes reflitam sobre a seguinte questão:

No geral, qual é a coisa mais atualizada, adequada e apropriada a fazer?

- **No geral** porque leva em conta todos os lados.
- **Atualizada** porque se baseia no aqui-e-agora, e não no lá-e-então[3] (usando uma expressão da abordagem gestáltica).

- **Adequada** porque a situação é única e exige uma solução de acordo.
- **Apropriada** porque o objetivo é que seja aceitável, e não perfeito.

A pergunta não menciona a coisa certa a fazer, tampouco se responsabiliza pela resposta, se alguém não estiver de acordo. Ela se concentra no presente, então no passado, e na situação em questão, em vez de oferecer um modelo para tudo. Também enfoca o apropriado, em vez de perfeito, e leva em consideração verdades coexistentes, almejando um equilíbrio. Digo a meus pacientes: você saberá na hora, porque algo dentro de você se altera. Há uma sensação de tranquilidade de que, mesmo que não seja o resultado que você buscava, é um resultado com o qual pode viver. Mesmo havendo lados negativos e desvantagens, parece pacificador e "congruente"[4] — um estado que o psicólogo Carl Rogers considerou essencial para a "autoatualização", ou a realização de nosso potencial humano. Esse é o lugar do "apropriado", que pode ser libertador para qualquer pessoa que tenha um ponto cego.

Experimente. Se não souber o que fazer em uma situação específica, ou se precisar tomar uma decisão, ou se estiver preocupado com um relacionamento, pergunte-se "O que é apropriado aqui?", considerando os quatro pontos antes de responder. Você logo saberá o que deve fazer.

ESTUDO DE CASO

KARINE: OPORTUNISTA

Karine estava em meio aos preparativos finais de seu casamento quando chegou à terapia, estressada e em dúvida. Ela ia se casar com Sarah, alguém que a família aprendera a aceitar, mas que não recebia de todo o coração, e que já fora alvo de muitas discussões tensas ao longo de três anos de relacionamento.

Agora a tensão se concentrava na organização, que não corria como a mãe de Karine gostaria. O último problema, e a gota d'água, envolvera o mapa das mesas. Karine fora se cansando das exigências da mãe ao longo dos meses, e tivera de mudar a data e o local mais de uma vez quando os planos de viagem da família da mãe tinham sido alterados pela pandemia de covid-19. Ela tinha tido de aceitar madrinhas que a mãe havia convidado. Abrira mão de seu sonho de um chá inglês no jardim em prol de um bufê que servia "frango com molho corporativo", como ela dizia. "É mais adequado", a mãe dissera. Karine revirara os olhos, porém alterara os planos para deixar a mãe feliz.

Agora Karine cometera o pecado mortal de deixar dois parentes de fora da mesa principal para abrir espaço a seus amigos mais antigos, que viriam do outro lado do mundo para o casamento.

"Desisto", ela disse. "Ou cedo e faço o que ela quer, ou fujo para me casar escondida!"

Era e não era uma brincadeira.

"E quanto à opção de dizer não?", perguntei.

Karine soltou uma risada desprovida de humor. "Não é uma opção de verdade." Ela nunca dizia não para a mãe. Sempre procurava um meio-termo, uma versão dos eventos com a qual poderia viver e que deixaria a mãe feliz. O ponto cego de Karine negava a possibilidade de que os planos dela pudessem ser importantes também, ou que a presença autoritária da mãe na organização do casamento talvez não fosse apropriada.

Karine se esquivava do impacto das exigências da mãe e justificava o comportamento dela como neuroses típicas da mãe da noiva.

TOMA LÁ DÁ CÁ

A definição injusta de meio-termo de Karine se devia a um ponto cego. Claro que ela podia dizer não à mãe, mas desde muito nova sua visão de mundo priorizava manter a mãe feliz; ela se tornou uma Oportunista (p. 53) ao ver a mãe dominar o marido que a bajulava. "Esposa feliz, vida feliz", ele dizia às filhas, com uma piscadela, quando a mãe lhe dava ordens nos fins de semana.

Karine achava que, como a mãe estava contribuindo financeiramente para o casamento, tinha o direito de interferir. "Fora que, no longo prazo, vai ser melhor pra gente se ela ficar feliz", Karine disse. "Ela comentou que estava pensando em nos ajudar com a entrada da casa."

Era uma questão de "toma lá dá cá", de acordo com Karine, porém me parecia mais que os dois lados desejavam obter o máximo possível, sem ceder nada de graça. Vejo esse tipo de arranjo com frequência em famílias de Oportunistas, um regateio generalizado disfarçado de meio-termo, com cada um defendendo o seu. Ele decorre de um ponto cego coletivo, que impede que as pessoas peçam diretamente pelo que querem, ao mesmo tempo que se veem obrigadas a dizer "sim".

Karine havia sido treinada desde a infância a deixar que a mãe conseguisse o que queria; em troca, havia treinado a mãe a esperar que suas exigências fossem atendidas. E não era apenas a mãe que tinha aquele efeito nela. Karine também descreveu uma situação no trabalho em que lhe ofereceram uma promoção e depois lhe disseram que ela teria de aguardar por um ano. "Mas já foram me dando mais responsabilidades, então acho que chegamos a um meio-termo." Como acontece com frequência no tratamento terapêutico, Karine começou a notar como seu ponto cego se manifestava, causando angústia de diferentes maneiras. Em nossas sessões, ela começou a examinar o modo como as pessoas a tratavam no trabalho e nas relações de amizade, e descobriu mais coisas que não estava vendo. Notar um ponto cego que afeta diferentes áreas da vida pode ser bastante útil no processo terapêutico, porque assim os pacientes têm mais opções para começar a abordar o problema em todos os seus níveis. Karine se esforçou para ser mais direta quanto a suas necessidades no trabalho e na vida social, e descobriu que dizer "não", embora desafiador, não era impossível como acreditara. Treinamos diferentes frases e maneiras de deixar sua posição mais clara, e ela colheu resultados positivos e ganhou confiança ao longo do processo.

"Eu disse que não era um 'não', mas um 'agora não'", ela me contou, depois de uma conversa com uma colega que lhe pedira ajuda no trabalho.

"E como ela reagiu?", perguntei.

"Até que bem. Ela disse que não era urgente. Parece até meio bobo agora o fato de que eu normalmente diria sim e acrescentaria isso à minha lista de pendências, sem saber quão crítico era o problema."

Ao longo de nossas sessões, Karine passou a compreender que era uma Oportunista, sempre procurando pela próxima vantagem, tirando máximo proveito das coisas e agindo debaixo dos panos para conseguir o que queria. Ela chegava a meios-termos que não eram meios-termos, mas sim sacrifícios de sua parte, feitos na esperança de que tudo daria certo ao final ou de que abrissem uma porta para outra oportunidade. Não chegava a surpreender que ela se comportasse daquela maneira, porque havia aprendido com a melhor: sua própria mãe era uma Oportunista, talvez até viesse de uma linhagem de Oportunistas. Em geral, pessoas desse perfil perdem a chance de se comunicar diretamente, o que pode impedi-los de reconhecer que seu desejo é de fato um desejo. A mãe de Karine nunca dizia o que ela *queria*; dizia que era o "certo", o "melhor", ou o "óbvio". Incluir a família toda na mesa principal foi apresentado a Karine como "o que as pessoas fazem", e não o que ela queria. Assim, a mãe evitava uma rejeição direta e tornava quase impossível para a filha dizer "não".

Karine fazia sua versão da mesma coisa: cobria as exigências da mãe com o véu do meio-termo enquanto procurava maneiras de transformar a dor no curto prazo em ganho no longo prazo, tentando resolver tudo através de uma racionalização que não traía seus verdadeiros sentimentos. Quando desistiu de se adaptar, como vinha fazendo a vida toda, percebeu com decepção que nunca conseguia o que queria sem oferecer algo em troca, e se sentiu magoada por não ser importante o bastante para que seus direitos fossem reconhecidos. Foi uma constatação dolorosa de algo que, até então, estava escondido em seu ponto cego, porém Karine compreendeu sua importância e começou a reagir. Ela estava se recuperando de seu ponto cego ao agir com base na verdade.

"Eu disse que faria como ela queria e mudaria o mapa das mesas, mas não porque 'não era nada de mais' ou porque 'era o que as pessoas faziam', como minha mãe insistia.

Deixei claro que faria aquilo porque ela queria e porque eu estava disposta a ceder. Minha mãe não ficou nada feliz. Às vezes a verdade dói."

Karine ainda não sabia dizer não para a mãe, porém passou a deixar claro os motivos pelos quais dizia "sim". Em suas próprias palavras, ela começou a "devolver a bola" para a mãe. Karine reconheceu que seus sentimentos haviam sido ignorados no passado e que ela tinha se adaptado encontrando maneiras de aceitar as coisas cegamente, disfarçando o mau comportamento como algo justificável. Um novo ponto de vista se abriu para ela: o problema não eram seus sentimentos, mas as expectativas da mãe.

CONTRIBUIÇÃO IGUALITÁRIA

Oportunistas costumam ditar o passo de mais da metade dos relacionamentos. Eles realizam o trabalho emocional e esperam tirar algum proveito disso, torcendo para colher os frutos de dar aos outros o que eles querem, ou encontrar brechas e maneiras de contornar problemas que atendem a algumas de suas necessidades sem ferir o relacionamento. Eles põem os outros em posições com que se sentem confortáveis, o que pode parecer manipulador, porém constitui uma boa adaptação, se pensarmos que isso tem início na infância, um momento em que não escolhemos nossos relacionamentos-chave. É como um plano B em um mundo que diz que é preciso esperar sua vez (que nunca chega), ou que eles não merecem ter aquilo que desejam. Karine fez sacrifícios e manteve a mãe do seu lado porque queria poder contar com o apoio e carinho dela; não porque era uma manipuladora, mas porque não acreditava que receberia amor se não desse à mãe o que ela queria.

Relacionamentos adultos saudáveis encontram um meio-termo de fato, ou se baseiam em negociação; no geral, as coisas são divididas de maneira igualitária, ainda que com momentos respeitados por ambas as partes em que se vê apoio extra ou uma tolerância excepcional. Se uma parte não estiver disposta a realizar sua cota do trabalho, os 50% da outra parte não serão suficientes para sustentar a conexão, e o relacionamento pode sofrer com isso. No entanto, uma interrupção no contato pode parecer tão dolorosa para um Oportunista que a pessoa continuará se esforçando para encurtar a distância mesmo que isso envolva se encarregar de todo o trabalho emocional. Oportunistas se esforçam muito para ter a aprovação dos outros. É como se o relacionamento fosse um bolo e eles investissem para vê-lo crescer na esperança de receber um pedaço maior, sendo que sempre tiveram direito a metade dele.

CÍRCULOS VICIOSOS

Em minha experiência, Oportunistas fazem o trabalho pesado nos relacionamentos até não conseguirem mais e precisarem se evadir emocionalmente. Karine chegava a pensar em um escape físico — fugir para casar —, porém, em termos emocionais, Oportunistas podem escapar das mais diferentes maneiras. Podem tentar se afastar da fonte de angústia por meio de estratégias de evitação — não atendendo a ligações, não respondendo a mensagens. Ou, em momentos de desespero, podem chegar à beira do colapso emocional ao fazer uma última tentativa de escapar e finalmente ter uma folga.

Quando um Oportunista não é mais capaz de realizar o que se espera dele, ou não está disposto a oferecer mais, o cabo de guerra chega ao fim e o Oportunista pode acabar expressando sua frustração e sua decepção de maneiras que podem ocasionar a própria ruptura no relacionamento que vinha tentando evitar. Ou essa conexão é cortada ou a vergonha resultante sufoca seus sentimentos e o Oportunista volta a dançar no ritmo da outra pessoa. As frustrações de Karine às vezes se manifestavam de maneira que parecia desproporcional ou irracional. Longos períodos de submissão eram rompidos por explosões emocionais repentinas, nas quais ela dizia coisas que não queria e que ofendiam a mãe. Karine se arrependia de suas palavras duras e voltava a buscar o perdão e a aprovação da mãe. É uma ironia cruel que, embora prefira a paz, o padrão de repressão e reação do Oportunista pareça atrair drama e decepção.

Por meio de nosso trabalho juntas, Karine conseguiu ver que não era a mãe que merecia flexibilidade, e sim ela própria — afinal de contas, de quem era o casamento? Quando as irmãs escolhiam o lado da mãe e diziam que Karine estava sendo egoísta, contribuíam para o contrário. Assim, Karine usou sua consciência recém-adquirida para restabelecer sua posição de maneira mais convicta. "Eu disse a elas: este é o meu limite", Karine me contou, orgulhosa. "Vocês não precisam concordar com ele. Não sou responsável por como vão reagir."

Aos poucos, Karine estava aprendendo a ficar bem com o fato de que outras pessoas não estavam bem e ganhava cada vez mais confiança de que era capaz de tolerar o descontentamento alheio. Ela passou a usar aquela frase com mais frequência, quando as irmãs a acusavam de ser egoísta ou quando a mãe lhe dizia que estava cometendo um erro. Em vez de dialogar com o conteúdo da queixa ou tentar convencê-las se utilizando de lógica ou empatia, Karine se mantinha firme no meio de campo e dizia: "Vemos a situação de maneira diferente e aceito isso". Para ela, foi bastante empoderador descobrir que podia encontrar forças não em ser aceita pelos outros, mas por si mesma.

Ajudou muito quando ela aprendeu a testar a integridade da opinião alheia e passou a se fazer a seguinte pergunta: "Trata-se de uma pessoa cujo conselho eu pediria?". Quando a resposta era não, a opinião se tornava imediatamente irrelevante e era ignorada em suas considerações.

ESTABELEÇA UM NORTE

Karine aprendeu a esperar que sua família visse as coisas de modo diferente dela e passou a encontrar conforto nisso; afinal, a bússola moral deles apontava para nortes distintos. Quando a família dizia que não teria escolhido determinado vestido de noiva, em vez de ficar decepcionada ou duvidar, a oposição renovava sua confiança.

Talvez você tenha um relacionamento em que trabalha demais, talvez viva correndo atrás da aprovação de alguém. Costumo dizer aos meus pacientes: não ouça a opinião de pessoas a quem não pediria conselhos. E, caso sua decisão seja criticada, isso pode servir como reforço de que você está no caminho certo. Faça-se a seguinte pergunta: Você quer ter a vida da outra pessoa? Se a resposta for não, faz sentido que você escolha um caminho diferente do dela.

Oportunistas gostam de manter suas opções abertas, sem nunca fechar portas ou queimar pontes. No entanto, para manter esse equilíbrio frágil, com todo mundo bem, eles precisam viver a vida de outra pessoa o tempo todo, e perdem de vista seus próprios objetivos e prioridades. Oportunistas (e Pontes) podem precisar abrir distância entre suas experiências de infância e a realidade de sua vida adulta, com o intuito de individualizar e ocupar seus próprios sentimentos, em detrimento dos sentimentos dos outros, e estabelecer um norte que seja verdadeiro para eles.

Qualquer que seja o ponto cego que você desenvolveu na infância, ele sem dúvida afeta outras áreas de sua vida hoje. Talvez o relacionamento que precisa de sua atenção agora seja o que tem com um amigo, que você gostaria que fosse mais igualitário. Talvez você seja a pessoa que cuida de todos porque não entra em contato com suas próprias necessidades. Pontos cegos nublam nosso julgamento e podem afetar a maneira como criamos e rompemos amizades, como veremos no próximo capítulo.

O QUE VOCÊ NÃO ESTÁ VENDO?

NÃO CONCORDE COM NADA COM QUE NÃO CONCORDA.

Se você perceber que está realizando todo o trabalho emocional por conta própria e se exaurindo no processo, veja o que acontece caso volte ao meio de campo. Como aconteceu com Karine, isso pode se dar por meio de uma reafirmação dos fatos. Talvez você ainda esteja disposto a fazer o que ia fazer porque sabe que é importante para outra pessoa, mas sente que não precisa disfarçar as coisas, fingindo que o sentimento é mútuo ou que os benefícios serão para todos. Torne a negociação mais explícita e deixe sua posição clara.

- Vamos dizer que pediram que você fizesse algo de que não gosta. Em vez de dizer "Eu adoraria!", você pode dizer: "Olha, não me parece muito divertido, mas você é importante para mim e vou te apoiar nisso".

- Ou você pode dizer: "Eu topo, mas só porque sei o quanto significa para você. Você toparia ir comigo a tal lugar da próxima vez?".
- Ou então: "Quero ir porque me importo com você, então que tal se eu chegasse cedo e fosse embora cedo? Funcionaria?".

A princípio, pode ser meio desconfortável, mas a boa notícia é que, diminuindo seu envolvimento, você abre espaço para que a outra pessoa o encontre onde você de fato está, e não onde ela estava acostumada a te encontrar. É claro que a pessoa pode não querer fazer o esforço adicional, obrigando-o a fazer uma escolha quanto ao futuro do relacionamento, mas pelo menos a escolha ficará clara, em vez de escondida em seu ponto cego.

4. O que não estou vendo nas amizades?

Pense em seus amigos por um momento. Há um Gladiador que toma a iniciativa no planejamento e pode até ser meio mandão? Ou um Oportunista que topa tudo, mas talvez acabe sentindo insegurança e até inveja? Talvez haja uma Ponte que parece muito tranquila, mas nunca se sabe no que exatamente está pensando. Ou uma Pedra, para quem todos se voltam nos momentos de crise, mas que poderia relaxar um pouco de vez em quando.

E quem é você, entre esses?

Costumamos ser atraídos por personalidades diferentes e aprendemos a nos moldar a elas. Por isso, você pode se perceber, anos depois, desempenhando um papel que não lhe parece mais perfeito. Nossa intenção é que, aprendendo sobre como seu ponto cego pode afetar suas amizades, você consiga encontrar o caminho de volta a um eu mais verdadeiro.

SEGUINDO O ROTEIRO

Nossa visão inicial de nós mesmos e do mundo em que nascemos se estabelece por volta dos cinco ou seis anos,[1] de acordo com o trabalho sobre "roteiros" do psiquiatra Eric Berne e da escola da análise transacional. Essa visão já contém pontos cegos, que levaremos conosco à medida que nos aventurarmos para longe da família e de casa, na escola e no mundo das amizades. A maioria de nós começa a fazer amigos ainda muito novo, e assim aprende a dividir, brincar e colaborar. O que vivenciamos nessa fase moldará não apenas o amigo, mas também o companheiro, colega e pai ou mãe que poderemos nos tornar mais adiante, e o que esperaremos dos outros em troca. O que quer que não estejamos vendo nesse momento pode criar um ponto cego que nos fará tropeçar mais para a frente se não prestarmos atenção nele, e talvez nos vejamos em relacionamentos desequilibrados, tolerando comportamentos que passam longe da amizade, ou nos sentindo encurralados por convenções ultrapassadas.

Trabalhei com pacientes que sofriam de baixa autoestima na vida adulta e ficaram surpresos em descobrir sua origem em uma amizade na pré-escola que terminou em rejeição. Também atendi pacientes que ecoavam antigas dinâmicas familiares em círculos de amizade, ainda se sentindo o bebê do grupo ou aquele deixado de lado em situações sociais. Alguns pacientes me procuram desolados por conta de uma amizade rompida, o que nos dá a oportunidade de investigar por que haviam tolerado uma relação insalubre até então. Em cada caso, os pacientes descobrem que suas amizades podem ser um bom indicador de pontos cegos, já que nessas relações nos envolvemos com nossas partes infantis e adultas. Amizades podem ser uma excelente janela para nossos pontos cegos porque reúnem os mesmos elementos pessoais e emocionais, mas sem a intensidade da dinâmica familiar, que às vezes pode parecer arriscada demais de confrontar; assim, criam um ambiente ideal no qual podemos experimentar atualizar nossa visão e ampliar nossa perspectiva, para descobrir o que não estamos vendo.

ESCASSEZ VS. OFERTA

Muitas coisas podem impactar nossa sensação de segurança e felicidade nas amizades à medida que crescemos e deixamos o ambiente familiar para explorar novos relacionamentos de maneira independente. É compreensível que sejamos bastante sensíveis a interações nessa idade, e embora a maioria de nossas preocupações seja inconsciente, a pergunta fundamental que encaramos é: há o bastante?

Há amor o bastante, ou atenção, ou reconhecimento, para que nossas necessidades sejam atendidas, agora que a estrutura familiar não é algo dado (seja isso positivo ou negativo) e nada mais é nosso por direito? Como terei minhas necessidades atendidas neste vasto mundo? O que devo fazer para pertencer ou me aproximar? E, se estamos todos procurando relacionamentos nos mesmos lugares, outros me entenderão? Acharão que sou bom o suficiente? Haverá espaço para mim? Se você se pega ficando em silêncio em grupos sociais ou disputando atenção, com ciúme de seus amigos ou se sentindo deixado de fora, talvez esteja agindo a partir de uma mentalidade de escassez, em oposição à mentalidade de abundância que Stephen Covey explora em seu best-seller *Os 7 hábitos das pessoas altamente eficazes* — mentalidade que nos permite acreditar que há recursos suficientes para todos nós compartilharmos e nos realizarmos.[2]

É claro que essas perguntas são, em sua maioria, inconscientes, e talvez não venham à tona como uma força orientadora, embora possam te levar a repetir padrões familiares de pensamento e comportamento em suas amizades. A menos que algo aconteça e você seja obrigado a confrontá-las, elas permanecem dormentes, na escuridão e no silêncio, conduzindo-o aos mesmos resultados indesejados nas amizades, aos mesmos conflitos e desafios. Você acaba interpretando a demora de uma amiga em responder à sua mensagem como rejeição e se afasta, muito embora ela só estivesse atolada de trabalho e adorasse poder conversar. Suas táticas de autopreservação passam a impressão de indiferença e ela acaba cancelando os planos, pois acha que você não se importa. Como você reage a uma situação dessas também é inconsciente e determinado por seu perfil. Uma Pedra pode se sentir vingada; um Gladiador talvez culpe a amiga por ser "instável"; um Oportunista pode marcar alguma coisa com outra pessoa para se distrair; uma Ponte talvez sinta que não é boa o bastante... mais uma vez. Alguma dessas opções soa familiar?

PROBLEMAS ENVOLVENDO AMIZADES

O sofrimento emocional causado por problemas envolvendo amizades fica mais aparente no consultório quando vivenciamos pressões por conta de prioridades e demandas cada vez maiores na vida diária. As redes sociais ampliam nosso círculo de amizades, porém nossa agenda social não tem como dar conta disso, e o conflito resultante destaca o ponto cego de muitos pacientes e pessoas que ouvem meu podcast e depois me escrevem. Jogos mentais e comportamentos duvidosos, em geral associados com relacionamentos amorosos, estão também presentes nas amizades, e acabamos nos sentindo enganados quando elas terminam, confusos quanto ao que exatamente aconteceu, e nem um pouco mais preparados para criar um relacionamento diferente no futuro.

Os retratos de amizades na mídia sugerem que elas devem ser descomplicadas, divertidas e amorosas, então se as nossas nos parecem diferentes concluímos que é porque fizemos algo de errado. Meus pacientes muitas vezes se surpreendem com o impacto permanente de uma amizade do passado. "Não entendo por que ainda penso nessa pessoa depois de tanto tempo", eles me dizem. Às vezes, ficam confusos quando uma amizade não dá certo: "Quando a gente se vê no portão da faculdade, tudo parece bem, mas se tento marcar um café ou um vinho, ela dá alguma desculpa. O que estou fazendo de errado?". A maior parte do tempo, há algo que a pessoa não está vendo e que a deixa no escuro, em uma combinação desconcertante de "Não estou entendendo" e "Por que isso me incomoda tanto?".

Isso incomoda tanto, digo aos meus pacientes, porque os pontos cegos com que entramos em nossas amizades podem nos levar a buscar conexões que nunca estiveram disponíveis, em uma tentativa de atender a uma necessidade que trazemos do âmbito familiar. Ou incomoda porque, sem perceber, investimos mais do que apenas nossa amizade — investimos nosso senso de valor próprio, de pertencimento e até de identidade na aceitação de outra pessoa. Se podemos escolher nossos amigos, mas não nossa família, faz sentido que a rejeição por escolha doa mais.

Às vezes, uma insegurança de que nem tínhamos consciência pode nos levar a ter ciúmes de um amigo, a sufocá-lo e sugar toda a vida do relacionamento no processo. Ou nossa evitação emocional pode nos levar a nos conter e sentir que não somos vistos. Até descobrirmos quais são nossos propósitos secretos em se tratando de amizades, não seremos capazes de reconhecer as formas como as sabotamos, nem as maneiras como nos deixamos vulneráveis aos pontos cegos de outras pessoas.

Com frequência, surge um conflito interno quando nos afastamos dos primeiros grupos familiares, com uma mão estendida rumo à liberdade e à identidade futura que buscamos, e a outra se agarrando a segurança e familiaridade. O medo do abandono e da exclusão pode surgir quando estabelecemos nossas primeiras amizades e experimentamos a sensação de ser julgados como indivíduos — "Estou dentro ou fora?". Esse medo pode durar a vida toda, se não pararmos para revelar nossos pontos cegos e as suposições que fazemos. Quando vejo adultos com quem trabalho enfrentando problemas envolvendo amizades, muitas vezes é porque eles ainda carregam esses medos, e o tema subjacente escassez vs. oferta surge.

"Se podemos escolher nossos amigos, mas não nossa família, faz sentido que a rejeição por escolha doa mais."

LUTAR OU FUGIR

Lutar ou fugir[3] (ou congelar, baquear, bajular e fatigar) são opções apresentadas a nós por nosso sistema de reação a emergências diante de uma crise ou trauma. Podemos lutar contra uma ameaça e procurar superá-la, ou podemos fugir se isso parecer demais. Podemos nos desligar para evitar a dor, ou podemos entrar em colapso e torcer para que alguém venha nos salvar.

Dependendo de seu perfil, você pode responder ao sentimento de escassez no âmbito da amizade de maneira muito diferente de outra pessoa. O sistema de reação a emergências funciona de forma distinta dependendo de seu perfil; por exemplo, se você não é convidado para algo ou alguém não responde às suas mensagens, sua reação pode ser se afastar para evitar dor futura, ou entrar em modo de defesa. Assim, seu ponto cego não apenas leva a atrito, como também afeta a maneira como você responde a ele, possivelmente causando ainda mais atrito quando diferentes perfis com as mesmas preocupações fazem força subconscientemente em direções contrárias.

Gladiadores e Oportunistas em geral assumem uma posição mais combativa: "Se não há o bastante, tenho que lutar por aquilo de que preciso". Eles se mostram insistentes ou exigentes, enfrentam a concorrência e buscam a vitória. Pedras e Pontes assumem uma posição mais passiva, de fuga ou congelamento: "Vou ter que abrir mão das minhas necessidades e ficar a serviço das necessidades dos outros". Elas saem do jogo porque se não disputarem, não poderão perder. Suas exigências e necessidades não poderão ser rejeitadas se elas não as manifestarem.

Ambas as respostas buscam reduzir ou eliminar o sofrimento com a falta em um mundo no qual é impossível fazer amizade com todo mundo, seja se certificando de estar na frente da fila quando necessidades forem atendidas ou limitando as próprias necessidades de modo a reduzir o déficit.

Quando uma pessoa compreende o que não estava vendo, ganha perspectiva para desenvolver resiliência e suprir suas necessidades, o que, junto com um grupo-chave de amizades sólidas e confiáveis, significa que seu sistema de reação a emergências não entra em ação. A pessoa pode acessar suas próprias reservas para sustentar sua autoestima quando não está recebendo atenção, ou pedir ajuda diretamente quando precisa de alguém. Resiliência e reflexão assumem o lugar da reação, porque as opções de mudança e aceitação não estão mais escondidas em um ponto cego.

Hannah era uma Gladiadora prestes a ter sua despedida de solteira e estava preparada para lutar por seu direito (de se divertir).

ESTUDO DE CASO

HANNAH: GLADIADORA

Finalmente, Hannah ia se casar. Ela era a última de suas amigas de escola a fazê-lo, porque havia levado consideravelmente mais tempo para encontrar a pessoa certa. As outras pareciam estar sempre dois passos à frente, comprando casas, adotando cachorros e tendo filhos.

Ela já tinha ido a uma série de despedidas de solteira; às vezes, parecia que havia uma a cada fim de semana, ou um casamento, ou um *after*. Agora, era sua vez de ser o centro das atenções. Hannah planejara um fim de semana luxuoso em Ibiza, com uma dúzia de amigas. Ela mandara os convites por e-mail e ficara fumegando quando as recusas educadas começaram a aparecer, inclusive de algumas de suas amigas mais próximas, sugerindo um almoço tranquilo em vez disso. Hannah não tinha levado em consideração que as despedidas de solteira de seus vinte e poucos anos não eram mais tão atraentes ou fáceis de executar agora que todas tinham férias limitadas, orçamentos comprometidos e crianças para cuidar.

Sem se deixar abalar, Hannah ofereceu as vagas que ficaram em aberto a amigas mais distantes, priorizando quantidade a qualidade e proximidade. No entanto, à medida que a data se aproximava, ela entrou em conflito com a melhor amiga e madrinha, e o estresse como um todo a levou ao meu consultório.

"Ela disse que sou uma noiva maluca!", Hanna exclamou, depois de resumir uma conversa que havia tido com a melhor amiga sobre os maiôs personalizados que queria que todas comprassem. Os maiôs haviam sido a gota d'água em um fim de semana já extravagante, que contaria com drinques ao ar livre, tour de limusine e dias de spa.

Quando sua melhor amiga perdeu a paciência e a chamou de narcisista, Hannah ficou magoada, ainda que a acusação não fosse despropositada. Mesmo que à primeira vista possa parecer, o comportamento de Hannah não vinha de um lugar de egoísmo; olhando mais de perto para como aquele ponto cego havia sido criado, descobrimos que derivava de uma mentalidade de escassez.

Ao longo de nossas conversas, Hannah se conscientizou de seu foco nas necessidades materiais, à custa das necessidades emocionais, e olhando para sua infância compreendemos o motivo. Ela havia sido superprotegida pela mãe e provocada pelos irmãos mais velhos, e ninguém nunca a levava a sério quando expressava seus sentimentos. Hannah me contou que a família mantinha um porta-retratos com uma foto dela sobre a lareira.

"Estou com uma jardineira xadrez rosa, de braços cruzados, com a cara fechada. Devia ter uns quatro anos. Não me lembro de quando foi tirada, mas todo mundo dizia que eu ficava uma graça emburrada. Minha mãe sempre ri quando vê a foto!"

Hannah havia comprado a história de que se tratava de uma demonstração encantadora de teimosia, benigna e cativante, mas quando me mostrou a foto em nossa sessão da semana seguinte, tive uma impressão muito diferente.

"Sabe o que eu vejo?", perguntei. "Uma criança sem força, que só podia bater o pé e torcer para provocar um impacto, mas que dependia totalmente do capricho de um adulto para ser ouvida. Uma criança cujos sentimentos eram descartados, que nunca era levada a sério. Uma criança sofrendo."

O que lhe faltava na época, quando Hannah tinha apenas quatro anos, era respeito, paciência e compreensão por parte de sua família. Seus sentimentos autênticos e sua vulnerabilidade haviam se perdido naquele ponto cego e sido substituídos por teimosia e um temperamento explosivo. Hannah não sabia como chegar a um acordo com empatia e respeito recíprocos. Nunca havia aprendido a ouvir e ser ouvida. Seu ponto cego a levava a atacar seus amigos, liderando e coagindo outros para conseguir o que queria, reservando mesas e organizando as coisas não por generosidade, mas para obter o que desejava. Até mesmo os presentes de aniversário que dava eram tratamentos em spas aos quais queria ir aos fins de semana, ou ingressos para shows que estava ansiosa para ver.

Hannah não estava enxergando o potencial de uma amizade mútua e emocional. Havia perdido a capacidade de se envolver mais profundamente, por conta de um ponto cego criado na infância, quando aprendera que suas necessidades emocionais não eram válidas, portanto ela devia se concentrar em suas necessidades materiais. Sua melhor amiga havia assumido o risco de compartilhar sua vulnerabilidade, e Hannah precisava assumir um risco em troca, de se manter aberta às necessidades dos outros e confiar que ainda haveria espaço para ela. Que não precisaria bater o pé, conseguir o que queria a qualquer custo ou sob coação: podia negociar de uma posição de consciência e segurança, e chegar a um resultado nascido da autenticidade, do respeito e do livre-arbítrio. O primeiro passo foi ter uma conversa sincera com a amiga, na qual se abriu em relação a como se sentia.

"Eu disse que tenho medo de que ninguém me enxergue se eu não estiver no centro das atenções. E que às vezes preferiria relaxar e deixar que outras pessoas tocassem o barco. E que sei que posso ser insistente e exigente, mas que é só um disfarce, porque no fundo estou preocupada que ninguém se importe comigo."

Foi uma conversa dura para Hannah, na qual ela precisou demonstrar vulnerabilidade e empatia pelas amigas em quem vivia mandando. O resultado, no entanto, foi surpreendente.

"Achei que minha amiga fosse ficar chocada, mas ela só disse 'A gente sabe', e me deu um abraço. Elas sabem. Sempre souberam, e me amam mesmo assim. É tão esquisito: um lado meu que eu pensava que precisava esconder é um lado que elas sempre aceitaram."

O medo e a insegurança de Hannah finalmente haviam sido validados. Ela se deu conta de que sua empatia havia ficado em um ponto cego e a despedida de solteira perdera todo o sentido. Deixara de ser uma ocasião para suas amigas mais íntimas celebrarem a proximidade de seu casamento e se tornara uma licença para que as coisas fossem tais como ela queria. Fazer as coisas à sua maneira se tornara mais importante do que com quem ela as fazia. Por sorte, Hannah ainda teve tempo de mudar isso e saiu da terapia preparada para organizar um tipo diferente de celebração, da qual participaria com prazer e disposição para aproveitar o momento.

APRENDENDO A CONFIAR

Gladiadores às vezes dominam as amizades sem ter essa intenção, ou simplesmente renunciam a elas, por uma crença equivocada de que é melhor assim ou de que é mais seguro ficar sozinho. Eles podem cair na armadilha de negar a si mesmos (e às pessoas em volta) a opção de uma conexão espontânea e autêntica, colocando seus interesses em primeiro lugar ou simplesmente ignorando os dos outros.

Como no caso de Hannah, aos Gladiadores em geral faltam experiências positivas de infância que envolvam receber ajuda. Se você se identifica com isso, ou tem dificuldade de confiar nos outros, um ponto cego pode estar escondendo o potencial para um relacionamento de apoio generoso e respeitoso com alguém que se dedica a atender às suas necessidades — não de maneira desempoderadora ou sufocante, e não porque a pessoa está encurralada, mas porque você tem valor e porque ela se importa com você.

Se você é um Gladiador, provavelmente não enxerga um espaço seguro onde demonstrar vulnerabilidade, confiança e disponibilidade emocional. Compartilhar seus medos e suas inseguranças sem dúvida será desconfortável de início, porém fazer isso aprofundará seus relacionamentos — e você pode até descobrir que seus amigos te conhecem melhor do que você mesmo. Sua assertividade, embora importante, precisa ser expressa com uma dose de empatia e estar bem afinada não apenas com os sentimentos alheios, mas também com seus sentimentos mais profundos — o que você *precisa*, e não só o que você quer.

Talvez você note uma tendência a passar por cima de seus amigos, assumindo a liderança e se responsabilizando pelo planejamento. Você pode estar consciente do que *quer* — ver certo filme em determinado horário, por exemplo —, mas consegue enxergar do que *precisa*? Talvez seja um companheirismo que não acredita que vá se apresentar de maneira voluntária, sem sua interferência. Talvez tema que demonstrar vulnerabilidade resulte em rejeição e precise de aceitação incondicional em uma amizade. Ou talvez, como Hannah, você não espere que as pessoas se importem com o que você quer, por isso faz exigências; porém sua maior necessidade é descobrir que suas necessidades importam. Ver o filme que você quer não vai curar a dor que o ponto cego esconde; para isso, você vai ter que deixar as pessoas se aproximarem.

Gladiadores podem acreditar equivocadamente que sempre há apenas um vencedor, e tudo é uma questão de "isso ou aquilo": ou os outros são ouvidos ou ele é. Talvez lhes falte a perspectiva de um cenário em que todos saiam ganhando, e em que todos sejam ouvidos, inclusive eles. Para atingir essa perspectiva, ensinarei um estilo de comunicação aberta que reúne três elementos: empatia, vulnerabilidade e autonomia.

Esses três elementos, quando combinados, podem fazer um excelente trabalho ao considerar tanto a outra pessoa quanto você, sintonizando-se com sua experiência sentida e distanciando-se de regras e obrigações baseadas em racionalizações, para se voltar ao que realmente importa. Hannah praticou esses três elementos em nossas sessões e nas conversas que teve com outras pessoas. Ao fim de nosso trabalho juntas, ela já era capaz de se comunicar mais abertamente e obter melhores resultados. Para Hannah, isso soava assim, em uma conversa com sua melhor amiga:

> "Sei que você tem que lidar com uma série de compromissos e inseguranças, e entendo isso totalmente. Deve ser difícil." (*Mostra empatia.*)
>
> "Fico magoada quando não sou uma prioridade para as pessoas e me sinto rejeitada quando elas dão desculpas ou rejeitam minhas ideias." (*Revela vulnerabilidade.*)
>
> "Preciso ser reassegurada de que é apenas a ideia dos maiôs que você odeia, e não eu." (*Exerce autonomia.*)

Como isso seria no seu caso?

O QUE VOCÊ NÃO ESTÁ VENDO?

LIMITES SÃO UM PONTO DE CONEXÃO.

Se você é um Gladiador, procure negociar limites saudáveis para a amizade, não para manter as pessoas à distância, mas para definir como lhes dar acesso. Pense em uma amizade em que você gostaria de trabalhar e tenha essa pessoa em mente quando treinar esse novo estilo de comunicação. Há três inícios de frases que juntos contribuem para a negociação de limites melhores. Você pode experimentar dizê-los ou escrevê-los antes de enveredar por esse território novo, só para se situar melhor.

O primeiro envolve empatia: use "Estou vendo" para reconhecer a verdade da outra pessoa. Pode ser algo assim:

> "Estou vendo que você está com dificuldades e quero estar presente para você."
> *Enxergo você, sua situação, seus sentimentos e suas necessidades. Tudo isso é válido e importa para mim.*

O segundo envolve compartilhar parte de sua vulnerabilidade ou expressar seus sentimentos genuínos usando "Eu sinto". Por exemplo:

> "Eu sinto que estou à beira da exaustão, porque foi uma semana muito estressante no trabalho e tenho um prazo importante chegando, por isso tenho trabalhando até tarde."
> *Estou vulnerável aqui, demonstrando uma emoção autêntica.*

Por último, permita que a pessoa saiba o que é importante para você usando "Preciso". Assim:

"Eu preciso remarcar nosso jantar para poder estar totalmente presente quando nos encontrarmos. Quinta-feira é uma opção para mim. Funcionaria para você?" *É isso que eu quero, ou é assim que preciso que as coisas sejam.*

Ensaie essas frases, como Hannah fez, e arrisque sofrer rejeição para colher os frutos de uma conexão generosa.

ESTUDO DE CASO

DENZIL: OPORTUNISTA

Oportunistas também brigam no campo das amizades, porém suas brigas são mais veladas. Com sua capacidade de fazer com que os outros assumam posições mais protetoras, eles podem coagi-los a se aproximarem ou estocar amigos para períodos de vacas magras. De algumas maneiras, trata-se de uma boa solução para o problema imediato da escassez, embora crie problemas mais adiante, quando os "amigos" acabarem se sentindo usados e os relacionamentos se desfizerem.

Denzil era um cara popular, com um amplo círculo de amizades do trabalho, da época da escola e da rua onde morava. Não chegava a ser incomum que ele fizesse um amigo quando ia ao supermercado e acabasse combinando de jogar tênis no fim de semana.

Sua agenda estava sempre cheia; aceitava todos os convites e sempre se mostrava disponível. Orgulhava-se de ser do tipo que sempre dizia "sim", abrindo o coração para pessoas e aventuras. Tinha um perfil ativo em uma rede social e seus vídeos engraçados recebiam muitas curtidas, o que o deixava feliz. Denzil tinha um bom número de seguidores e passava as noites criando conteúdo ou respondendo a comentários.

No entanto, ele também tinha um lado invejoso, do qual me disse que queria "se livrar". A inveja o deixava com raiva, ansioso e infeliz, e fora o que o levara a buscar terapia. Quando seus amigos eram promovidos, compravam casas ou se afastavam do grupo para ficar mais com a família, ele não conseguia evitar sentir uma pontada de algo de que não gostava nem um pouco. Se outro criador imitava seus vídeos, ele ficava furioso, com uma intensidade que sabia ser desproporcional. Se o novo amigo do supermercado acabasse com ele no tênis, Denzil nunca mais entrava em contato. Aquele era um lado seu que preferia esconder, para manter a imagem que os amigos tinham de um cara "para cima". No entanto, em seu ponto cego havia um medo profundo de não ser bom o bastante.

No contexto do Exame de Vista Psicológico (p. 37) e da maneira como podemos distorcer nossa realidade em diferentes graus, Denzil sabia que o problema *existia*, mas não compreendia seu *significado*, o segundo nível do ponto cego. À medida que começamos a lançar luz sobre alguns dos medos que ele tanto se esforçava para evitar, Denzil se deu conta de que estava se agarrando a algumas crenças centrais de seu passado que o limitavam. Ele temia o fracasso no trabalho e sempre se preocupava com a possibilidade de dizer algo inadequado ou cometer um erro. Não conseguia imaginar que um dia conheceria alguém que gostaria de começar uma família com ele. Denzil me disse que, nos piores dias, ele achava que ia perder o emprego e os amigos, e acabar sem nada nem ninguém. Sua inveja se tornou outra coisa a temer; ele acreditava que só aceleraria sua queda, por isso a enterrava em seu ponto cego.

Denzil era capaz de apontar várias ocasiões em anos recentes que contribuíam para a maneira como se sentia: havia sido demitido duas vezes durante a pandemia e um relacionamento sério que tivera terminara mal, com infidelidade da companheira. À medida que revelamos as camadas de sua experiência de vida, no entanto, chegamos à conclusão de que seu medo de abandono se originava na morte da mãe e no casamento posterior do pai com uma mulher cujos filhos eram mais velhos do que ele. As primeiras lembranças de Denzil eram dos fins de semana passados com a nova família, com ele sentindo que não se encaixava e que não era mais a prioridade do pai.

"Foi uma rejeição enorme para mim. Eu ainda estava lidando com a partida da minha mãe, e de repente precisava abrir espaço para que meu pai passasse mais tempo com a nova esposa e seus filhos. Eu tinha raiva dela, por tirar meu pai de mim, e tinha raiva dele, por conseguir seguir em frente tão rápido."

"E o que você fez?", perguntei.

"Nada. Só tentava não irritar ninguém."

Até ali, Denzil vinha tentando evitar a rejeição com oportunismo, agradando a todos e escondendo seu outro lado, para garantir que não houvesse motivo de reclamação. Agora que estávamos separando a inveja dele de qualquer sentimento de culpa, reconhecendo sua origem em uma vulnerabilidade e lhe dando voz, ficava claro o que ele não estava vendo. Sua insegurança o levara a ser um Oportunista, porém não fizera com que se sentisse seguro.

"O medo não protege ninguém do risco de rejeição", eu lhe disse. "Mas talvez sua inveja proteja, se tentarmos compreendê-la um pouco melhor. Talvez ela esteja tentando falar de um relacionamento que você precisa proteger, mas talvez não seja seu relacionamento com os outros, e sim seu relacionamento consigo mesmo."

Inveja é um sentimento natural e saudável, que surge para nos dizer algo sobre um relacionamento que valorizamos. Se uma coisa importa para nós, a inveja vai nos lembrar de preservá-la e valorizá-la. A sociedade, no entanto, nos reprime por reconhecer nossa inveja, de modo que deixamos de enxergar seu significado, um clamor por engajamento, e passamos a responder de maneira defensiva ou possessiva. Reagimos ao medo da perda brigando por nossos relacionamentos, ou acreditamos erroneamente que o sucesso de outra pessoa de alguma maneira canibalizará o nosso. Nossa inveja pode nos levar a sentir ansiedade e insegurança, tornando-nos mais sensíveis a sugestões sociais negativas e nos impedindo de ver com clareza.[4]

A função da inveja é nos lembrar onde devemos investir nossa energia: nos relacionamentos que valorizamos, nos relacionamentos que merecem nossa atenção e que não podem ser ignorados. No caso de Denzil, e de muitos Oportunistas, o relacionamento mais instável era o que ele tinha consigo mesmo. Era para ele que a inveja tentava direcionar a atenção. Se Denzil houvesse sido capaz de interpretar de maneira apropriada seus sentimentos, teria visto que, com a autoconfiança perdida em seu ponto cego, ele vinha abandonando suas próprias necessidades e medindo a si mesmo pelas reações e pela disponibilidade de seus amigos. Quando eles seguiam adiante na vida, aquilo ameaçava sua fonte de segurança e lançava uma luz sobre a fragilidade de sua situação. Quando Denzil perdia seguidores no Instagram, levava para o lado pessoal, em vez de culpar o algoritmo. Quando alguém o superava no trabalho, ou em um jogo, isso despertava seus sentimentos de inadequação, e em vez de recorrer à sua autoestima, resiliência ou motivação para se consolar, Denzil se sentia obrigado a defender sua posição ou derrubar a outra pessoa da dela. Continuava em seu ponto cego a noção de que ele não precisava trazer ninguém para baixo: só precisava alçar a si mesmo, e sua inveja tentava lhe mostrar o caminho certo, indicando que era seu relacionamento consigo mesmo que exigia cuidados.

A origem do ponto cego de Denzil envolvendo autoestima e escassez estava clara. A família que se formara depois da morte de sua mãe era grande, de modo que não costumava haver atenção disponível. Ele tinha quatro meio-irmãos e se lembrava de como ficavam todos apertados na mesa de jantar, passando uns por cima dos outros para pegar as travessas que sua madrasta servia. Não havia espaço para que comessem todos juntos, e, sendo o mais novo, ele costumava ser deixado de lado e tinha de aguardar que os outros terminassem. Isso se tornou uma metáfora de sua vida: Denzil estava sempre reunindo migalhas para sobreviver, sem contar com a segurança de um prato cheio com seu nome nele. Agora, Denzil mantinha um grande número de amigos na esperança de contar com uma vasta rede de apoio, mas assim negava a si mesmo a oportunidade de maior intimidade com quem quer que fosse, ou de testar a aceitação incondicional por que tanto ansiava.

Quando chegou ao meu consultório, Denzil estava à beira do esgotamento, por lotar a agenda com compromissos sociais e ocupar as noites e os fins de semana a pedido de quem fosse. À medida que revelamos seu ponto cego, ele se deu conta de que não vivia cercado de amigos porque era do tipo sociável, mas porque morria de medo de ficar só. Era difícil para as pessoas que ele chamava de amigos em público, mas de quem se ressentia no âmbito privado, e era difícil para ele mesmo, que às vezes se sentia solitário mesmo em uma sala cheia de gente. Sua inveja apontava para o fato de que um relacionamento precisava de atenção, porém não se tratava de seu relacionamento com algum amigo. Denzil não precisava correr atrás deles rumo ao sucesso, só precisava reconhecer seu medo da escassez e do abandono e investir em seu relacionamento consigo mesmo.

O medo da rejeição se perdera em seu ponto cego, onde não podia ser abordado ou resolvido, e camadas de inveja e vergonha haviam sido adicionadas para garantir que ele se mantivesse escondido. Esse é um processo que vejo ocorrer com muita frequência em Oportunistas — um medo original mascarado por outros sentimentos, manifestando-se como uma ansiedade ou um pânico insolvível, enquanto a necessidade que comunicam fica disfarçada ou turva. Com as opções de resolução relegadas a um ponto cego, esses Oportunistas tentam evitar ou superar os aspectos da vida com os quais não conseguem conviver, só para sentir uma pressão ainda maior com o tempo.

Oportunistas sabem que têm necessidades, porém não sabem que podem pedir diretamente que sejam atendidas. Ou acabam se esquecendo de quais são elas e encontram uma satisfação sintética em substitutos, agradecendo pelas migalhas, porque o prato cheio nunca vai vir. O primeiro passo para um Oportunista que descobre o que não estava vendo nas amizades é revelar as camadas de pseudodesejos e disfarces e descobrir o que há por baixo. A vergonha de Denzil mascarava sua inveja, que mascarava seu medo, criando uma rede cada vez mais intrincada de ansiedade e problemas. Ações isoladas não dariam conta de uma resolução completa, por isso ele combatia o problema que se fizesse mais evidente primeiro. Suas crises de pânico funcionavam como um detector de fumaça, porém Denzil não sabia identificar o que exatamente pegava fogo. Para tanto, ele teve de se reconectar com seus verdadeiros sentimentos.

"Se você não estivesse se sentindo ansioso agora, como estaria se sentindo?", perguntei a ele em uma sessão.

"Essa é fácil", ele disse, após um momento. "Estaria triste. Sinto falta da minha mãe."

A tarefa subjacente de Denzil envolvia luto e uma aceitação gradual do que ele havia perdido — não apenas a mãe, mas sua sensação de segurança. Saber não melhorava as coisas, mas o ajudava a perceber o que ele não estava vendo e o que precisava fazer a seguir. Denzil levava sua tristeza e sua insegurança para suas amizades, colecionando pessoas para protegê-lo da solidão que tanto temia. Sua vida era conduzida pela escassez, e ele aceitava qualquer convite e qualquer oferta na hora. Se houvesse desenvolvido um apego mais seguro (ver p. 194), poderia ter mais perspectiva na vida, o que lhe permitiria colocar suas necessidades no centro. Porém uma nova oportunidade surgia agora.

Às vezes, digo às pessoas que atendo, como disse a Denzil: "Se você tivesse uma varinha mágica na mão, o que faria? Como mudaria sua situação?".

Muitas vezes, elas se surpreendem ao descobrir que aquilo que desejam não é tão diferente da vida que levam, ou que a disrupção radical que gostariam de promover em suas amizades não parece tão absurda quando manifestada em voz alta. Experimente, fazendo o exercício da p. 132.

Quando Denzil se sentia competitivo e sua inveja vinha à tona, não era que torcesse para o fracasso de alguém. O que queria era seu próprio sucesso, e a varinha mágica revelou objetivos que se encontravam a seu alcance, desde que fossem tomados como prioridade. Quando ele repensou suas amizades, viu que algumas pessoas se destacavam como amigos que gostaria de ver com mais frequência, enquanto outras eram um desperdício de tempo. Em um processo de poda e retomada do foco, Denzil começou a se dedicar mais às pessoas que se importavam com ele e apoiavam seus objetivos. Ele tornou seu desejo realidade e estabeleceu uma vida que atendia às suas necessidades com uma rede de apoio de amigos verdadeiros. Então ficou agradavelmente surpreso quando sua inveja diminuiu.

"A função da inveja é nos lembrar onde devemos investir nossa energia: nos relacionamentos que valorizamos, nos relacionamentos que merecem nossa atenção e que não podem ser ignorados."

O OUTRO LADO

Se você é amigo de um Oportunista, talvez tenha percebido sua inveja em determinados momentos e esteja acostumado a mitigá-la, reassegurando-o infinitamente, fazendo promessas de exclusividade ou diminuindo seus próprios sucessos. Inveja não é uma forma de lisonja, e você não deve abrir mão de uma parte sua para preencher um buraco na outra pessoa. Não responder à insegurança alheia com palavras de conforto ou concessões pode ser desconfortável ou parecer antipático de início, mas, se você for capaz de fazê-lo com gentileza, isso ajudará a revelar o que a outra pessoa não está vendo e lhe fornecerá informações muito mais valiosas para agir.. Não precisamos ter inveja de nossos amigos e não precisamos diminuir alguém para equilibrar as coisas. Amizades fracassam quando apenas uma parte vence, ou quando só há espaço para as necessidades de uma parte, ou quando uma parte quer que o relacionamento evolua e a outra quer que tudo permaneça como está. Por outro lado, amizades podem florescer quando nos mostramos dispostos a assumir a responsabilidade por nossas inseguranças e apoiar uns aos outros na construção do valor próprio e da sensação de segurança.

O QUE VOCÊ NÃO ESTÁ VENDO?

O QUE VOCÊ DESEJA PODE ESTAR AO SEU ALCANCE. Oportunistas não veem opções e alternativas que já estão ao seu alcance. Se parece ser seu caso, experimente fazer o seguinte:

Pergunte-se o que você mudaria em suas amizades caso tivesse uma varinha mágica.

Escreva uma lista das coisas que mudaria, o máximo que conseguir. Talvez você preferisse ver alguns bons amigos mais vezes e pessoas não tão próximas menos vezes. Talvez você preferisse uma agenda social menos lotada, ou com mais atividades que lhe agradam.

Agora leia a lista e descubra quão distante você está do ideal, depois escreva o que precisaria fazer para se aproximar dele. Talvez as mudanças já estejam ao seu alcance e você só precise pedir o que quer, em vez de gastar toda a sua energia tentando convencer os outros a mudar as coisas por você. Independentemente de ser ou não fácil, a lista deve guiá-lo rumo às amizades que deseja e merece.

ESTUDO DE CASO
PRIYA: PONTE

Amizades podem prosperar quando estamos envolvidos de modo igualitário e ativo no bem-estar individual e mútuo, porém as coisas podem degringolar quando um lado não está disposto a assumir sua parte da responsabilidade e prefere se abster, como aconteceu com Priya.

Ela chegou ao meu consultório no mês de janeiro, depois de um Natal especialmente estressante. Passara alguns dias na cidade onde morara na infância, e o que deveria ser um período de diversão e celebração com velhos conhecidos se tornou uma série de eventos sociais estressantes que culminaram em uma discussão feia com uma de suas amigas mais próximas, na véspera de Natal.

Priya não acreditava que a briga se devera apenas ao fato de que haviam bebido demais. Tinha a sensação de que havia algo mais ali. Então procurou terapia para descobrir o que não estava vendo e o que poderia fazer a respeito. Para preencher as lacunas, tivemos de olhar primeiro para suas amizades do passado.

Ela nunca discutira com uma amiga. O que não significava que não tinha havido conflitos, só que Priya não os reconhecera. Seu subconsciente havia desenvolvido filtros para distraí-la da tensão, porque ela não tinha vivenciado muitos conflitos na infância, e como resultado eles a deixavam desconfortável (Priya desconfiava que os conflitos tinham permanecido logo abaixo da superfície, sem que ninguém os mencionasse). Ela havia seguido o exemplo e escondido qualquer desconforto em um ponto cego, adaptando-se ao que quer que as pessoas quisessem dela e rindo quando a provocavam ou a deixavam de fora. Sua família se mudara algumas vezes quando Priya era jovem, e ela com frequência se via chegando a uma sala de aula com grupos e panelinhas já formados, o que a deixava ainda mais preocupada em não incomodar ninguém. Ao longo de nossas conversas, Priya se conectou com uma versão mais jovem de si mesma, que acreditava que não havia ninguém para ela no mundo, ninguém para quem ela era especial. Sua crença de que não se encaixava criou uma sensação de escassez e insegurança com que teve muita dificuldade de lidar na infância, e ela acabou desenvolvendo uma afabilidade tranquila como mecanismo de defesa, para se manter em segurança e nas boas graças de todo mundo — tornando-se uma Ponte que aceitava o que lhe era oferecido e nunca causava perturbações, alguém que se protegia agradando aos amigos, mantendo-os em posições em que se sentia confortável e capaz de ignorar suas próprias necessidades para evitar conflito.

Priya havia continuado próxima de suas amigas de escola mesmo depois que elas tinham crescido e ido cada uma para um lugar. Toda véspera de Natal, o grupo se reunia em um bar para matar a saudade e beber alguma coisa. Naquele ano, tinha sido ladeira abaixo depois que Priya decidira encerrar a noite mais cedo e pedira que a mãe fosse buscá-la.

"Aparentemente, eu tinha dito que ia dividir um táxi com uma das meninas e estava sendo egoísta ao decidir ir embora mais cedo. Só que nem me lembro de ter combinado nada!", Priya me disse. "Ela me passou o maior sermão. Disse que eu sempre 'prometo demais e entrego de menos'. Não era culpa minha se eu precisava acordar cedo no dia seguinte. Pelo amor de Deus, eu ia visitar meus avós! O que tem de egoísta nisso? Bom, eu mandei minha amiga para aquele lugar e fui embora. Ainda não consigo acreditar que fiz isso."

Priya tinha se surpreendido com sua raiva e sua mágoa, quando normalmente pediria desculpas e seguiria em frente, estando errada ou não. Aquilo indicava que ela não estava consciente de certos sentimentos, os quais acabaram extravasando na véspera de

Natal. Também indicava que Priya devia estar guardando coisa demais, porque sua reação parecia um tanto desproporcional. Vejo isso com frequência em pacientes com o costume de agradar aos outros e que não reconhecem o ressentimento crescente que isso gera. Priya tinha um lado passivo-agressivo que nunca tumultuava de propósito, porém gerava problemas por conta da falta de clareza ou do ocultamento da verdade.

AGRESSIVIDADE PASSIVA

Alguns comportamentos passivo-agressivos são fáceis de identificar, como um elogio canhestro que não soa nada lisonjeiro. Ou como quando uma pessoa diz que tudo dá certo para nós porque temos sorte, que somos corajosos, bem-sucedidos, ou que não nos importamos com o que os outros pensam (só alguns exemplos do que já ouvi), mas que as coisas não vêm tão fácil para ela. Sabemos identificar quando alguém diz uma coisa querendo dizer outra, porque todos fazemos isso de vez em quando, mas também é importante explorar os comportamentos passivo-agressivos que podem passar despercebidos e ainda assim ser prejudiciais, desrespeitosos ou grosseiros. Vejo isso nas Pontes que se enganam dizendo que o que sentem e o que fazem está perfeitamente alinhado, e assim acabam não percebendo que seu comportamento é visto como passivo-agressivo pelos outros. Para me explicar melhor, gosto de dar o exemplo de alguém sentado em um sofá.

Imagine que você cozinhou para outra pessoa e depois de comerem você pede a ela, que está sentada no sofá, para lavar a louça. A pessoa diz sim, claro, o que te deixa feliz.

Porém a pessoa continua assistindo ao programa na TV, sem sair do sofá. Você já não se sente tão feliz, mas é difícil apontar o que exatamente mudou; afinal, a pessoa disse sim. A situação pode se prolongar a noite toda, com você a lembrando, persuadindo, importunando, com ela confirmando e te reassegurando, porém até que a pessoa de fato se levante e comece a lavar a louça, o "sim" não significa nada. Ela pode ter dito "sim", mas suas ações diziam "não". A pessoa tinha outras opções, claro. Podia ter dito "não", ou no mínimo "agora não". Isso talvez criasse um conflito inicial, que pelo menos se resumiria à situação naquele momento. Por outro lado, postergar e te enrolar parece passivo-agressivo, e seu rastro tóxico pode contaminar toda a noite, levando a um conflito mais duradouro e generalizado.

Talvez a Ponte sentada no sofá esteja escondendo seus sentimentos e necessidades desde o princípio. Talvez ela estivesse gostando do programa na TV e não quisesse lavar a louça naquele momento, ou talvez se visse cansada após o trabalho, mas não quisesse te chatear dizendo não, de modo que dissera sim, torcendo para que aquilo te satisfizesse por enquanto. A Ponte não entende por que você acabou se chateando, o que só contribui para a crença dela de que não tem poder próprio.

Esse tipo de comportamento evitativo pode parecer passivo-agressivo, no entanto vem de um ponto cego bastante comum (principalmente entre Pontes e Oportunistas), que se desenvolve quando a pessoa sente que não tem controle direto sobre a própria vida. Elas recuperam algum poder resistindo à autoridade percebida ou procrastinando e enrolando, porém ao fazer isso só criam mais tensão, o que alimenta seu prejulgamento de que sua única opção era obedecer.

Visitar os avós no Natal certamente não era algo egoísta, tampouco fora algo que surgira do nada. No entanto, comunicar aquilo à amiga desde o início talvez levasse à decepção ou até mesmo ao conflito, se o plano era irem para casa juntas aquela noite. Então Priya "esqueceu", como acontece com frequência com Pontes. Não se tratou de uma escolha inconsciente de ignorar um aspecto da situação, mas de uma maneira conveniente a uma parte dela de se esquivar das consequências. Todos incorremos em esquecimentos, claro, mas se você sabe que esquece mais coisas que os outros, ou se seus esquecimentos recorrentes fazem você se encrencar com pessoas com quem se importa, reflita se não se trata de uma maneira de dizer "sim" enquanto suas ações dizem "não". Priya começou a tomar consciência desse padrão, e o exploramos em nossas sessões.

Priya aprendera a ser passiva com a mãe, que ela percebia que também era uma Ponte, sempre buscando harmonia. Aos cinquenta anos, a mulher ainda tinha medo de chatear os pais e continuava se comportando como uma filha obediente. Priya compreendeu que, quando criança, tentava sempre agradar aos outros, e sua mãe a incentivava a fazê-lo.

"Se eu ficava chateada por causa do que alguém havia dito, ela me dizia para ignorar, ou para oferecer a outra face, ou para ser gentil. Ela era um meme ambulante: 'Energia positiva sempre, Priya!'."

Ela ria ao me contar, porém começou a ver que aquele modelo aprendido na infância, de tolerar e agradar aos outros, a levava a ser passiva em suas amizades atuais, sempre concordando com os outros e ficando satisfeita em participar do que eles consideravam divertido. No fundo, o fato de que as pessoas a consideravam presença garantida não a deixava feliz, porém Priya nunca batia o pé ou dizia o que queria. Tampouco ficava brava, porém às vezes podia ser passivo-

-agressiva e "esquecer" que havia combinado algo, "não ver" uma ligação ou fingir que tinha pegado no sono e deixar as mensagens sem ler. Quanto mais Priya enterrava seus sentimentos autênticos em seu ponto cego e permanecia submissa, mais aquelas microexpressões de resistência se manifestavam. Sua instabilidade se tornava um problema para as pessoas que decepcionava, e embora não pudesse ser responsabilizada pelo transporte da amiga naquela noite, era responsável pelo acordo que havia feito de uma maneira não muito honesta.

Aceitar a realidade, em vez da versão editada que permitia que se sentisse impecável, foi surpreendentemente libertador para Priya, e ela se viu muito mais capaz de articular o que estava ou não disposta a fazer. Também se viu abandonada por alguns daqueles "amigos" que só gostavam dela quando se esforçava para agradá-los. O fim de uma amizade baseada em uma pessoa agradar à outra, no entanto, não é um mau resultado, e Priya agora tinha que cuidar de seus próprios limites, enquanto descobria o que queria de suas amizades no futuro.

Deixar suas necessidades de lado não preservava suas amizades, como ela esperava, e não a fazia se sentir mais segura. Na verdade, atrapalhava tudo e obrigava as outras pessoas a adivinharem o que Priya estava pensando. Aquela era uma posição precária para uma Ponte, dependente da aprovação alheia. Se você se encaixa nesse perfil, lembre-se de que dificilmente seus amigos atenderão às suas necessidades se você não estiver preparado para expressá-las. É claro que, para ser capaz de fazer isso, você tem de ser capaz de compreender suas necessidades primeiro, algo com que Pontes têm dificuldade. Há um exercício que eu uso para ajudar pacientes a se sintonizar e se comunicar com o que estão sentindo, o qual incluí na p. 140. Quando Priya o fez, chamou o sentimento de "ansiedade". Ela reconheceu que precisava de tempo para descansar e se recuperar, então mandou uma mensagem para uma amiga cancelando o que tinham planejado e abriu espaço para uma noite sozinha. No passado, Priya teria sofrido com a possibilidade de "decepcionar" alguém, ou de ser um fardo. Revelar sua vulnerabilidade foi surpreendentemente empoderador, no entanto. Priya sempre evitara dizer como realmente se sentia, e assumia a posição de vítima quando seus sentimentos extravasavam e causavam conflito. Depois que ela comunicou suas emoções verdadeiras, no entanto, a amiga ficou feliz em remarcar, porque entendeu seus sentimentos. Ela chegou a agradecer Priya pela sinceridade e disse que a recebia como um sinal de confiança e respeito.

Pontes podem ser acusadas de prometer demais e entregar de menos, ansiar por uma inclusão pacífica e temer a honestidade necessária para um pertencimento genuíno, deixar suas opções de dizer não ou renegociar caírem em seu ponto cego, culpar as circunstâncias por suas próprias falhas. Por outro lado, quando elas se recuperam de seu ponto cego, reivindicam seu direito de fazer exigências aos outros e ao mundo, não para tirar poder de quem quer que seja, mas para também deter poder, tornando-se um amigo mais autêntico e confiável.

O QUE VOCÊ NÃO ESTÁ VENDO?

SUA VULNERABILIDADE É EMPODERADORA.

Você pode usar o mesmo exercício que Priya aprendeu quando estava reivindicando seu poder e se fazer as três perguntas a seguir:

O que estou sentindo?

Talvez seja tristeza, solidão, preocupação ou indignação. Talvez você sinta alguma outra coisa. Se tiver dificuldade de nomear o sentimento, use a roda das emoções[5] da p. 141 para ter ideias.

Do que preciso?

Agora que você sabe como se sente, ou tem pelo menos uma ideia, o que te ajudaria? A companhia de um bom amigo? Tempo e espaço para si? Pode ser um momento de descanso, sair para correr ou ir a seu café preferido tomar alguma coisa enquanto lê um livro.

Como posso conseguir?

Você pode ligar para alguém e pedir ajuda? Pode dar atenção a si mesmo e sair para caminhar, ou tomar um banho relaxante? Se precisar de um dia de folga, tem como fazer acontecer?

Você não precisa resolver todos os seus problemas por conta própria; mesmo sabendo o que não estávamos vendo, precisamos do apoio dos outros. O que você precisa é assumir a responsabilidade para si, refletindo sobre como se sente, identificando do que precisa e abordando isso diretamente.

FIG. 3. A RODA DAS EMOÇÕES

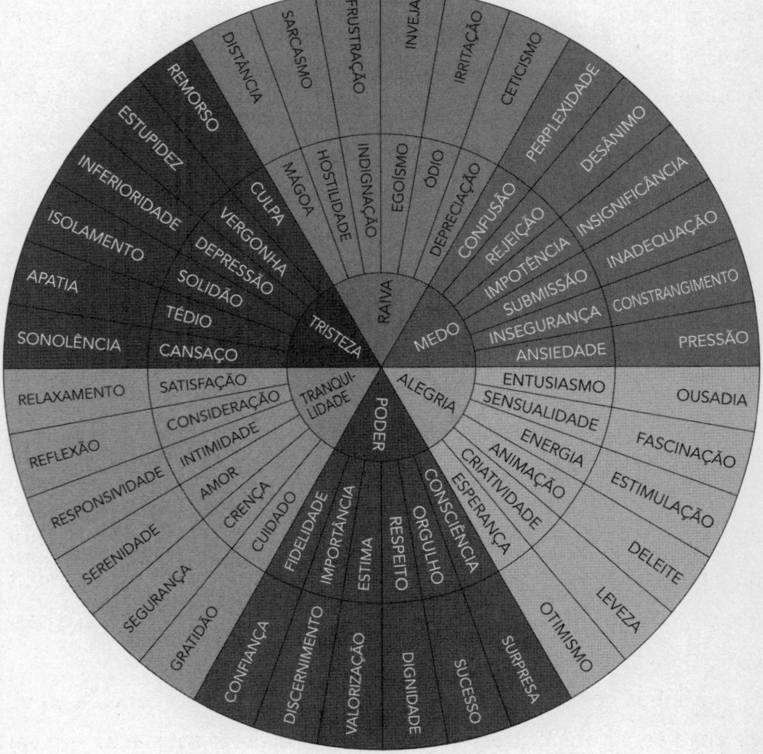

ESTUDO DE CASO

EU: PEDRA

Em vez de se afastar e permitir que outros liderem, Pedras agem de modo diferente quando se trata de poder. Elas se garantem nas amizades, concentrando sua atenção nas necessidades dos outros e florescendo no papel de ajudantes. Porque, se elas próprias não tiverem necessidades, serão imprescindíveis.

Eis como me reconheço nas amizades do passado. Quando pequena, eu me sentia muito segura com um grupo próximo de amigos um pouco mais velhos do que eu, filhos dos amigos de meus pais. Aos dezoito anos, no entanto, deixei a cidade pequena onde morava para fazer faculdade, e de repente era um peixe pequeno em uma lagoa enorme e cheia de outros peixes, que pareciam muito mais capazes e confiantes do que eu.

Como uma boa Pedra, eu me retirei da competição, evitando festas e quaisquer atividades, e passei meus anos de faculdade como observadora externa. No processo, de alguma maneira, ganhei fama de sábia e confiável, sem nunca expressar minhas necessidades ou mesmo meu verdadeiro eu, e em meus vinte e poucos anos essa se tornou a marca que eu propagandeava mesmo sem saber. Eu supria a escassez dos outros. Provia o que lhes faltava, ouvia seus problemas e os resolvia, e mergulhei nisso, devido ao status que me garantia. Eu atraía pessoas que precisavam de alguma coisa e fazia meu melhor para atender às suas necessidades, apoiando outros na busca de seus objetivos ou em suas dificuldades, sem nunca me sentir segura o bastante para compartilhar minhas próprias questões.

Minhas necessidades se perdiam em um ponto cego, e eu vivia para servir aos outros, fingindo extroversão e satisfação em ser o que precisassem que eu fosse. Não era fingimento quando eu oferecia o ombro para as pessoas chorarem, porém não se tratava de algo totalmente altruísta. Eu também ganhava algo como a solucionadora de problemas — se não podia ser aceita incondicionalmente, pelo menos podia me fazer necessária e encontrar segurança nisso, em minha função, e não em minha forma.

Pedras costumam valorizar integridade e ordem porque dependem de regras e lógica para que seu mundo seja previsível. Quando meus amigos se comportavam de maneira imoral ou imprudente, meu código de conduta era desafiado, e eu me via em conflito. Em mais de uma ocasião, eu me peguei apoiando as necessidades de pessoas que não tinham se comportado de acordo com minha bússola moral, e em vez de confrontá-las com autenticidade eu abandonava o relacionamento de maneira passiva, para evitar conflito. Laura foi um bom exemplo disso.

Ela era minha amiga literalmente desde que eu nascera. Nossas famílias gostavam de contar que havíamos nascido com apenas uma semana de diferença, na mesma ala do hospital, e, embora nossas mães não tivessem se encontrado, gostávamos da ideia de que essa coincidência nos unia. Estudávamos na mesma escola e éramos inseparáveis, até que a família dela se mudou e perdemos contato depois de trocar algumas cartas sem muita vontade. Fazia anos que eu não pensava em Laura quando ela entrou no apartamento de meu namorado, uma década depois. Agora ela morava em Londres e namorava o cara com quem meu namorado dividia o lugar. Nós nos entrosamos de novo na mesma hora, ligadas pela nova coincidência. Saíamos de casal ou sozinhas, e passávamos os domingos assistindo *Sex and the City* no sofá da casa deles. Um dia, ela me contou que estava traindo o namorado com outro membro do grupo e me pediu para guardar segredo. A bolha estourou, e sairmos os quatro juntos passou de agradável a desconfortável e falso. Eu me sentia desleal ao namorado dela e ao meu, além de pessoalmente traída por Laura, mas ela insistia que só precisava de tempo para decidir o que fazer.

Em retrospectiva, sei que eu poderia ter dito que não queria guardar aquele segredo e que suas escolhas tinham um impacto sobre todos nós. Mas não foi o que fiz. Simplesmente parei de passar o tempo na casa de meu namorado e comecei a inventar desculpas para ir embora quando ela aparecia. Deixei de responder às mensagens de Laura, e quando o namorado dela me perguntou o que acontecera, só falei que tínhamos nos desentendido. Recorri à minha habilidade de evitar emoções difíceis para cortá-la de minha vida. Vinte anos depois, não me arrependo que a amizade tenha acabado, mas não gostei de como lidei com a situação. Ignorá-la foi feio, e perdi a chance de expressar como eu me sentia. Não me permiti comunicar a ela que foi injusto ter me contato sobre a traição e que foi uma traição a todos nós atirar uma bomba daquelas no grupo. Fiz um desserviço a mim mesma deixando que minha evitação silenciasse minha integridade.

Minha jornada pela terapia, primeiro como paciente, e agora como terapeuta, expôs pontos cegos que afetavam minhas amizades e contribuiu para minha transformação em uma amiga mais genuína, que não necessariamente agrada a todos, mas que é mais equilibrada e verdadeira. Hoje, levo minhas necessidades para minhas amizades de maneira muito mais autêntica e confio que vou receber ajuda, algo que eu nunca arriscaria em meus anos de Pedra. Para chegar aqui, no entanto, tive de descobrir o que não estava vendo.

CONHECIDOS OU AMIGOS?

A falta de gentileza comigo mesma ocasionada por meu próprio ponto cego ficou aparente quando tive um *burnout* aos vinte e poucos anos, e precisei me afastar um pouco do trabalho e da vida. Eu havia acumulado tantas responsabilidades típicas das Pedras que vinha ignorando minhas próprias necessidades e limitações. O incidente com Laura devia ter servido de aviso, porém as coisas ainda pioraram antes que eu fosse forçada a confrontar a raiz do problema.

A primeira coisa que eu não estava vendo era a diferença entre "conhecidos" e "amigos". Cresci acreditando que devia ser gentil com os outros, mas só aprendi a ser gentil comigo mesma muito mais adiante na vida. Desde pequena, me ensinaram a ser "boazinha" e "simpática", e aprendi que as pessoas reagiam bem quando eu sorria ou quebrava o gelo. Na primeira escola onde estudei, ganhei dois prêmios. Um, quando tinha seis anos, por ser a melhor com a tesoura — um prêmio que meus filhos têm em alta conta ainda hoje. Outro, quando tinha oito anos, por ser a mais boazinha da classe. Ainda me lembro de como me senti quando contei aos meus pais e vi o orgulho refletido em seu rosto. A gentileza se tornou meu superpoder, e em meu primeiro trabalho como garçonete eu conseguia ganhar mais com as gorjetas do que com o salário, munida de um sorriso franco, um atendimento cuidadoso e muita animação. Um dia, enquanto acrescentava as moedas do pote de gorjetas no envelope com meu pagamento, minha chefe me perguntou como eu conseguia fazer aquilo. Apontei para o livro *101 Garnishes*, que eu tinha pegado emprestado na biblioteca e estava aberto em uma página que ensinava a fazer espirais de pepino. Ela riu. Era minha cara, me esforçar ao máximo para fazer com que todos se sentissem bem-vindos. Ser gentil era algo em que eu me saía bem, deixar as pessoas à vontade era um dom meu. Segui assim até meus trinta e poucos anos, quando finalmente me dei conta de que havia uma consequência indesejada em minha oferta generalizada de aceitação. Eu acabava sendo simpática, gentil e receptiva independentemente de querer ou não o que alguém tinha a me oferecer, e algumas de minhas amizades haviam se formado a partir de uma simpatia geral, e não de um desejo genuíno de proximidade.

Mais especificamente: eu não estava vendo o papel do consentimento nas amizades, ou seja, que elas não se formam de modo automático, e que, mesmo sendo perfeitamente aceitável ter mais de um amigo — ao contrário da expectativa para relacionamentos amorosos —, não precisamos aceitar todas as ofertas de amizade que recebemos. Eu acabava fazendo amigos quando, na verdade, só queria ser simpática, porque o pré-requisito do consentimento se perdia em meu ponto cego, e eu acreditava que agir de outra maneira seria antipático. O resultado foi uma rede cada vez maior de "amigos" que eu tentava sem sucesso apoiar e uma agenda que exigia a pergunta "Quando você está livre?", em vez de "Quando quer se encontrar?".

Pelas experiências que me são relatadas em meu atendimento clínico, sei que não estou sozinha nisso, e costumo fazer a meus pacientes a mesma pergunta que faço a mim mesma: "Qual é a diferença entre uma relação de amizade e uma relação amigável?".

É claro que grande parte disso se resume às nossas definições, e faltava uma definição de amizade mais clara e significativa para mim. Agora sei que minha ideia de amigo é alguém que quer o melhor para mim. Alguém que pensa o melhor de mim. Alguém que gosta da minha companhia, mas cuja sobrevivência não depende da minha disponibilidade. Não considero tempo uma medida de amizade, mas, quando encontro meus amigos, sempre o faço de todo o coração. Para outras pessoas, a definição pode ser diferente. Um amigo pode ser alguém com quem compartilhar os altos e baixos da vida, ou interesses em comum. Ou pode ser alguém com quem trocar ajuda prática, ou alguém capaz de animá-las e de fazê-las rir.

A faculdade não foi uma época boa para mim, mas fiz três amigas que fizeram tudo valer a pena. Bevs foi uma lufada de ar fresco — engraçada e amorosa, marrenta e caseira, com uma profundidade emocional e uma disponibilidade preciosas e raras. Alice tinha um senso de humor tão sombrio e inesperado que ser convidada a me aproximar me pareceu um raro privilégio; eu nunca havia experimentado nada como sua aceitação incondicional e sua generosidade com afeto. E Liz, minha melhor amiga, que me entendia melhor do que eu entendia a mim mesma. Ela se tornou minha maior confidente, minha torcedora mais incansável e uma fonte de apoio incondicional quando nos formamos e nos aventuramos na vida adulta. Liz foi minha madrinha de casamento e é madrinha de meus filhos. Sempre lhe digo que a vejo como muito mais do que uma amiga; ela é uma parte de mim, alguém que está presente em meu dia a dia e que consegue me entender quando ninguém mais consegue. Porque ela escreveu a respeito em seu livro *Friendaholic: Confessions of a Friendship Addict* [Friendaholic: Confissões de uma viciada em amizade],[6] sei que sua definição de amigo é alguém que parte de um lugar de generosidade e boa vontade. Ela quer o melhor para mim, sem segundas intenções. Por isso é a melhor amiga do mundo.

Cada uma dessas amizades enfrentou seus desafios, e estivemos presentes uma para a outra, de modo incondicional e consistente, o que não quer dizer que não tenha havido momentos de ruptura ou em que estivemos sobrecarregadas ou ocupadas com outras coisas. No entanto, nosso amor e nossa lealdade sempre foram ilimitados e duradouros. Para mim, é isso que define uma amizade verdadeira.

Há muito mais pessoas com quem mantenho relacionamentos amigáveis e mais cooperativos. A elas sempre ofereço uma palavra gentil, um sorriso caloroso ou apoio, quando estou em condições de fazê-lo. Essas conexões contam com a permissão de ir e vir, e reagem às mudanças de clima na vida adulta. Trata-se de colegas de trabalho, pais das crianças da escola de meus filhos, pessoas com quem interajo na internet, com quem me divirto e por quem sou grata, mas que não são fundamentais. Nosso contrato é fluido, e agora eu me apresento nesses relacionamentos como uma freelancer, acolhendo a natureza temporária deles e incentivando a outra pessoa a fazer o mesmo. Minha postura freelancer dialoga com a mutualidade da conexão. Se o contrato funciona para ambas as partes, meu envolvimento é disposto e genuíno, e se (ou talvez quando) o contrato exige renegociação, talvez seja o caso de encerrá-lo. Não há mágoas ou obrigação de prolongá-lo caso cheguemos à conclusão de que queremos coisas diferentes.

Minha rigidez de Pedra me ensinou no passado que limites eram pontos fixos e hostis de separação, mas eu não estava vendo uma perspectiva importante: a de que limites criam zonas de encontro. Na verdade, eles *são* zonas de encontro, como consegui explicar a Hannah (p. 117), em que ambas as partes se sentem seguras e respeitadas. A opção de negociar limites saudáveis como pontos de conexão, e não de divisão, ficava escondida em meu ponto cego, e eu me agarrava a uma versão desatualizada de amizade constante e eterna. Não era mais a candidata a amiga que já fora e precisava atualizar meu currículo.

CURRÍCULO DE AMIGO

Recomendo a todos os meus pacientes fazer um currículo de amigo, assim como recomendo fazer um currículo de companheiro a quem está à procura de amor, ou um currículo de mãe ou pai a quem se encontra no momento de decidir como quer assumir esse papel. Você pode até escrever seu currículo de filho adulto ou irmão, para definir o que vai oferecer e se libertar da visão idealizada de que pode fazer ou ser tudo, ou de que é hoje o que foi no passado. Em todos esses casos, trata-se de ser mais intencional sobre o que você oferece de maneira autêntica no presente e como escolhe contribuir com o relacionamento. O processo também ajuda a destacar as necessidades que talvez fiquem fora de sua alçada e que outras pessoas terão de atender, para que elas não sejam impostas a você ou usadas contra você quando falhar em atender a quaisquer que forem os objetivos a mais que surgirem.

Durante a pandemia, aproveitei para "renunciar" a uma série de amizades que tinham funcionado bem por um tempo, mas que não tinham evoluído das diferentes maneiras que ambas as partes precisavam. Depois, quando deixei a cidade onde havia morado ao longo de dez anos e onde tinha criado meus filhos pequenos, decidi que era hora de atualizar meu currículo de amiga antes de recair em meu padrão de me sentir excessivamente responsável pelos outros. Comecei sendo clara comigo mesma quanto à minha definição de amizade: um relacionamento mutuamente respeitoso, generoso e compreensivo em que cada parte quer o melhor para a outra. Também cabia a mim definir o que não me interessava: brunches infinitos e viagens em grupo nunca vão me interessar, embora eu não julgue quem goste. (P.S.: Tampouco quero que você me julgue.) Às vezes, verbalizo meus limites, porém também os comunico de maneira não verbal. Agir de modo congruente me traz conforto e deixo que isso fale por mim. Por exemplo, escolher não ir a uma festa informa que minha energia será usada em outro lugar, sem que haja necessidade de longas explicações. Se minha ausência é recebida como uma rejeição pessoal, ou desperta qualquer tipo de ansiedade na pessoa, espero que ela reflita a respeito, mas, como no caso de Karine (p. 100), não vou assumir a responsabilidade pela reação dela ou sustentar uma amizade com base na demanda por reafirmação da outra parte. Ou pelo menos não mais.

Minha versão de amizade pode ser infrequente e à distância, porém é mútua e benéfica, e não é baseada na codependência ou em um ponto de vista compartilhado. Essas amizades "simbióticas" são comuns no caso de Pedras, que priorizam as necessidades do outro em detrimento das próprias (esperando inconscientemente ter suas necessidades emocionais mais profundas atendidas em troca), e muitas vezes envolvem preencher velhas lacunas ou reproduzir dinâmicas da infância, protegendo a pessoa de um sentimento de rejeição, por exemplo, recorrendo a filtros e fantasias para evitá-lo. Elas criam as configurações para o tipo de jogo mental que esperamos de relacionamentos amorosos, e que na maioria das vezes levam a angústia e decepção.

Criar seu currículo e refletir sobre sua própria definição de amizade depois de lidar com seus pontos cegos o ajudarão a abordar todas as suas amizades com uma perspectiva mais clara do que quer dar e receber. Compartilhar seus propósitos logo de início pode ajudar a evitar que outras pessoas o recrutem para ocupar papéis nos quais não se encaixa. Não precisa ser nada formal; dividir o que você sabe sobre si como amigo pode ser parte de uma conversa cotidiana com alguém que ainda está conhecendo, ou pode acontecer mais para a frente, se for de seu interesse realizar mudanças. Se você prefere não sair à noite, pode dizer: "É ótimo sair para tomar um drinque, mas gosto de curtir um sofá depois do trabalho. E se na próxima você fosse jantar na minha casa?". Ou, se quiser experimentar algo novo, você pode dizer: "Estou procurando alguém que tope ir a um show comigo. O que acha?". Liz e eu sempre redefinimos nossas intenções à medida que nossa vida fica mais e mais movimentada e nossas prioridades nos puxam em direções diferentes. Sabemos que passar tempo juntas em grupo não é suficiente, por isso fazemos questão de combinar de nos encontrarmos sozinhas. Percebemos que a pressão de responder às mensagens de WhatsApp vinha causando um estresse desnecessário, então fizemos um pacto de nunca nos sentir obrigadas a responder (o que eu recomendo fortemente a todos que se encontram em um relacionamento tão respeitoso quanto o nosso). Sempre que nos reorganizamos, foi porque uma de nós deu o primeiro passo e disse: "Tem algo que não está funcionando para mim". É a disposição mútua que garante que a outra parte ficará feliz em ouvir isso. Se há uma maneira de melhorar nossa amizade, sou toda ouvidos. Talvez seus amigos pensem igual e fiquem agradecidos por sua sinceridade, caso continuem se prendendo a intenções que não se encaixam mais na vida de vocês.

Mesmo no caso de amizades já estabelecidas, nunca se esqueça da opção de renegociar ou encerrar um relacionamento que não funciona para você. Se você adora conversar por mensagem, mas ligações telefônicas o exaurem, deixe isso claro; se sua energia precisa ser direcionada para outro lugar no momento e você se sente incapaz de fazer planos, deixe isso claro. Esforços para preservar amizades frágeis em geral não criam um relacionamento mais seguro, só acabam levando a algo ainda mais espinhoso e sensível, construído com base em falsas promessas e versões desatualizadas dos envolvidos, que tendem a se sentir esgotados. Amizades são diferentes de casamentos no sentido de que não exigem declaração de exclusividade e permanência. Considerando como mudamos e crescemos, espera-se que o mesmo ocorra com nossas amizades — às vezes nos aproximando mais, e às vezes fazendo nossos caminhos divergirem.

Amizades não são algo que colecionamos, não precisamos do conjunto completo; para alguns, poucos amigos são mais do que suficientes. Se você é uma Pedra, pode acabar se relacionando com pessoas com buracos na autoestima, ou necessidades que não são atendidas em outros relacionamentos — pessoas cujos pais eram emocionalmente indisponíveis ou com companheiros que não prestam atenção nelas. Talvez lhe passe despercebido que se espera que você preencha esses buracos; no entanto, como no caso de qualquer vício, nenhum substituto estará à altura, e se você tem amigos "viciados" em você é pouco provável que conseguirá ser ou fazer o bastante. Pode parecer extremo pensar em um amigo carente nesses termos, porém, em minha experiência, quando um amigo tem uma necessidade em particular em seu ponto cego que aparentemente só você pode atender, trata-se de um padrão, e atendê-la se prova inútil. O importante é que ele invista em seu relacionamento consigo mesmo, e sua honestidade, ainda que não seja bem-vinda, pode ajudá-lo a fazer isso.

> **"Amizades são diferentes de casamentos no sentido de que não exigem declaração de exclusividade e permanência. Considerando como mudamos e crescemos, espera-se que o mesmo ocorra com nossas amizades — às vezes nos aproximando mais, e às vezes fazendo nossos caminhos divergirem."**

Amigos autênticos permitem que o que têm em comum se torne a base de seu relacionamento. Falo em sobreposição de conjuntos com pacientes, em traçar um círculo contendo sua própria identidade primeiro — quem você é, o que oferece, seus valores, prioridades e interesses. Quando tiver isso claro, você pode procurar por sobreposições, como demonstrado na Figura 4. Pedras (e Pontes) em geral estabelecem a amizade primeiro e depois se moldam às necessidades envolvidas, porém quando agimos de maneira mais autêntica não precisamos forçar nenhuma amizade que não surja naturalmente, e lidar com uma falta de conexão não será a única prioridade. Renegociaremos ou encerraremos amizades falsamente erguidas ou que pertencem ao passado com honestidade e autoridade para reestabelecer limites, e permitiremos que outros façam o mesmo. Na p. 155, apresento um exercício que irá ajudá-lo a estabelecer limites saudáveis em suas amizades. Às vezes, no entanto, esse processo reflexivo o levará a perceber que não há sobreposição suficiente, ou a sobreposição é excessiva, e talvez alguns amigos não sejam mais compatíveis com você.

É na sobreposição que a amizade pode existir de maneira harmoniosa, com flexibilização em ocasiões especiais, ou quando uma parte precisar, porém com cruzamentos suficientes para que seja fácil chegar a um meio-termo. Com o tempo, o conteúdo de seu círculo e do círculo de seus amigos evoluirá e a sobreposição se alterará; novas áreas de interesses em comum surgirão, se você não se agarrar ao modo como as coisas sempre foram. Em muitos casos, expressar suas preferências e renegociar as sobreposições pode ampliar a perspectiva e insuflar vida nova nas amizades, permitindo que elas cresçam com você. Em outros casos, a sobreposição encolherá ou desaparecerá, não porque você não se importa tanto, mas porque o trabalho, a família e a vida já não são os mesmos.

FIG. 4. SOBREPOSIÇÃO DAS PREFERÊNCIAS E PRIORIDADES DE UMA AMIZADE

Estamos familiarizados com o fim de relacionamentos amorosos e compreendemos que certos papéis podem se tornar redundantes no ambiente de trabalho. O fim de uma amizade, por outro lado, não parece tão aceitável, porém não se trata de um caso em que mais é melhor, ou de forçar a amizade; deveria se tratar de se sentir visto e compreendido, e de uma posição de generosidade e boa vontade mútuas. Não estou defendendo uma priorização egoísta das necessidades próprias em relação às dos outros, ou um abandono impensado. Contudo, se há amigos em sua vida que agem como se não se importassem, talvez seja porque não se importam mesmo. Não desperdice sua energia com amigos que não são amigáveis.

Precisamos nos dar permissão de encerrar uma amizade que já não faz sentido, mas às vezes parece mais que estamos entrando com um pedido de divórcio do que completando um ciclo natural da vida. Às vezes, nossos pontos cegos associados a relacionamentos amorosos podem se manifestar em nossas amizades e confundir os limites; prestar atenção em como nos comportamos com um companheiro pode nos ajudar a compreender o que mais não estamos vendo, como descobriremos no próximo capítulo.

O QUE VOCÊ NÃO ESTÁ VENDO?

A AMIZADE GENUÍNA RESIDE NA SOBREPOSIÇÃO.

A sobreposição de conjuntos é uma ferramenta bastante efetiva para auxiliar a percepção de nossos desejos e necessidades, e de como podemos usar essa consciência para nos conectar de maneira mais efetiva com nossos amigos.

Pense em uma amizade que às vezes lhe parece desafiadora, ou uma amizade que você valoriza e quer melhorar. Em um papel, desenhe dois círculos se sobrepondo, como os da Figura 4, e comece a preencher o seu, exatamente como gostaria.

Você pode gostar de tomar um café, ir ao cinema, passar o fim de semana em um spa ou passar a noite jogado no sofá, assistindo a seu reality show preferido.

Se é do tipo madrugador, talvez goste de fazer ioga de manhã e jantar cedo; ou talvez você seja notívago e sempre o último a deixar a pista de dança. Se sua semana é tomada pelo trabalho e pelos compromissos familiares, talvez prefira não receber amigos para jantar, e sim encontrá-los para almoçar fora. Talvez você se sinta restaurado por um fim de semana viajando em boa companhia, fazendo longas caminhadas ou indo a restaurantes.

Agora pense em um amigo com quem deseja ampliar sua conexão e escreva o que ele gosta de fazer no outro círculo. Procure usar o que sabe a seu respeito, ou então pergunte diretamente.

Faça isso com amigos variados e repare nas sobreposições diferentes que se formam. Essa é a beleza das amizades, afinal: podemos ter mais de um amigo, e cada um deles pode atender a necessidades diferentes.

Um amigo pode adorar pedir comida e assistir a um filme em uma noite da semana, outro amigo pode topar sair no sábado para tomar um drinque em um karaokê. Outro ainda pode não ser a escolha certa para ir correr logo cedo, mas conhece um lugar incrível que serve brunch e ficará feliz em te dar uma carona.

Veja o que descobre fazendo amizades intencionais, e não por obrigação.

5. O que não estou vendo nos relacionamentos amorosos?

Diferentes perfis abordam os relacionamentos amorosos de maneiras muito diversas. Gladiadores podem dispensar rapidamente alguém se considerarem que não atendem às suas expectativas de companheiro ideal (e ninguém nunca vai atender). Pontes correm o risco de deixar sinais de alerta claros passarem despercebidos. Pedras podem se ver presas em relacionamentos guiados pelo cérebro, em vez de pelo coração. E Oportunistas podem passar mais tempo se perguntando se a outra pessoa gosta ou não deles do que se eles mesmos gostam da outra pessoa.

Esses pontos cegos individuais afetam nossa capacidade de enxergar as coisas no início do relacionamento, tornando mais difícil encontrar um companheiro compatível, ou mesmo mantê-lo. E não só isso: nossa cultura também causa um impacto, e a sociedade como um todo tem um ponto cego em sua visão de "romance" — uma noção a que somos expostos ainda muito novos, quando nos deparamos com os primeiros contos de fadas, com seus heróis e donzelas em apuros. Tudo isso só confirma que o amor realmente é um campo de batalha, e entrar nele com os olhos fechados não é nem um pouco recomendável. Espero que este capítulo possibilite que você veja onde seus pontos cegos podem ter feito que se desviasse de seu caminho e como voltar a ele.

O AMOR É (UM PONTO) CEGO

Eu tinha acabado de completar onze anos quando minha avó, que eu amava muito, morreu. Minhas lembranças de nosso tempo juntas são preciosas: nós duas debulhando ervilhas sobre o jornal do dia anterior enquanto ouvíamos os programas de futebol no sábado à tarde; nós duas sentadas à mesa retrátil de fórmica da cozinha apertada da casa dela, eu colocando mais açúcar no cereal sem ser repreendida, ela abrindo a massa de meus biscoitos preferidos. Na mesa de cabeceira dela, sempre havia um maço de cigarros dourado e o último livro de Danielle Steel. Eram volumes bastante manuseados — com romances inebriantes entre mulheres glamorosas e bem-sucedidas e caubóis rústicos, amantes cuja vida era destroçada pela Guerra do Vietnã e todo tipo de relacionamento que se dava em meio à tragédia e, contra todas as probabilidades, sobreviviam. Quando ela morreu, eu quis ficar com eles, e os li ao longo da adolescência. Foi isso que moldou minha compreensão inicial do amor. Tratava-se de algo intenso, inevitável, definidor e, acima de tudo, romântico.

Dez anos depois, eu me via debruçada sobre as páginas da saga Crepúsculo, de Stephenie Meyer, completamente envolvida com o relacionamento impossível e irresistível entre Bella Swan, uma garota comum, e Edward Cullen, um vampiro sombrio e atraente. Quatro livros depois, fiquei tão arrasada quanto os personagens quando cheguei ao fim daquela história de amor e tive de regressar à luz clara da realidade, desacostumada com suas imperfeições e trivialidades. Eu sempre pudera me voltar para o romance, nos livros ou na tela, nos momentos em que a vida real parecia difícil demais. Era um espaço no qual podia vivenciar a intensidade de minhas próprias emoções quando eu passava por um processo de luto, e um escape das restrições da rotina cotidiana quando eu não conseguia ver o quadro mais amplo.

Romance é um conduíte emocional poderoso que nos permite acessar nossa vulnerabilidade. Não foi por acaso que eu me agarrei à ideia de romance naquele momento da vida — adolescentes em geral vivenciam o mundo através das lentes do amor, do sexo e da morte (e a saga Crepúsculo entrega os três). Enquanto passamos pela puberdade, o romance dialoga com nossa necessidade primordial de apego (ver p. 194). Essa é a época em que precisamos nos separar de nossos pais e nos voltar para nós mesmos, para nossas próprias ideologias e para nossos pares, encontrando uma nova forma de pertencimento. As histórias de amantes ficcionais nos prometem um "outro" infinitamente devotado, que está além de nossa família ou das flutuações da amizade, com um foco que beira a obsessão e alimenta nossa alma adolescente narcísica por definição. Nós nos tornamos o centro de nosso próprio universo, como fomos na primeira infância, em um processo de descoberta de como ser importantes e nos sentir vistos no mundo de modo geral, como alimentar desejos e buscar recompensa, como nos defender e afirmar.

Independentemente de nossa idade, o romance (e estou me referindo à conexão única e apaixonada entre duas pessoas, e não à noção de jantares à luz de velas e rosas vermelhas) pode tocar nosso coração e nos lembrar de que o amor e a esperança existem, e que devemos buscar sentido e conexão, para nosso próprio bem. No caso de minha avó, acho que Danielle Steel era capaz de fazer isso.

No entanto, assim como nossos relacionamentos com a família e os amigos, nossos relacionamentos amorosos ficam vulneráveis a nossos pontos cegos, talvez em uma medida ainda maior, por causa da noção de romance a que fomos expostos desde muito cedo, que pode nos levar a confundir os limites entre ficção e realidade, e a nos perder.

Há séculos, histórias de amor se desenrolam à nossa frente, nas páginas ou no palco. Narrativas envolvendo almas gêmeas que se atraem como ímãs, a sensação de que a terra sai do eixo, fogos de artifício explodindo, tudo parte do plano do universo de promover o amor verdadeiro e nos oferecer um final feliz. Se estivermos no lugar certo, na hora certa, o destino intervirá, uma química sexual nunca vista indicará que conhecemos "a pessoa certa" e nunca mais olharemos para trás. Fora do reino da ficção, o romance também é amplamente utilizado como um indicador de relacionamentos bem-sucedidos, como um barômetro do amor de alguém, no qual a devoção plena e a capacidade de adivinhar os maiores medos e desejos da outra pessoa (sem mencionar uma boa dose de entrega) apontam para a união mágica de fidelidade e permanência a que todos devemos aspirar.

A dependência do amor por parte da sociedade é perigosamente equivocada, e a ideia de que o amor verdadeiro envolve forças que estão além de nosso controle nos deixa à mercê da fantasia e, em última instância, dos pontos cegos que desenvolvemos a partir da primeira vez que ouvimos um conto de fadas. Por meio de televisão, filmes, redes sociais e revistas, fomos condicionados a acreditar em narrativas que confundem romance e amor, ou enamoramento e conexão profunda, porém não temos como saber se uma pessoa é ou não apropriada para nós quando estamos encantadas com ela. Olhos se encontrando em uma sala lotada podem sugerir potencial, mas não são motivo para apostar sua casa no sucesso do relacionamento. Quando se trata da pessoa com quem você pretende passar o resto da vida, é melhor (ainda que não seja romântico) agir com segurança.

Para alguns, a evolução emocional decorrente de quando damos um passo para trás para avaliar melhor só vem quando um relacionamento está em perigo e é preciso buscar ajuda, porém muitos de meus pacientes em relacionamentos felizes também colhem os benefícios da compreensão dos pontos cegos que os influenciam. O processo não levará necessariamente ao fim do relacionamento (embora às vezes essa seja a melhor solução), e contribui para que você se conecte e desfrute mais dele. Pontos cegos românticos afetam a todos nós, e precisamos procurar o amor com os olhos bem abertos, em vez de tapados por fatores ambientais que estão fora de nosso controle, em uma sociedade ocidental que atribui valor até a nosso status romântico.

Existem inúmeras maneiras pelas quais nosso cérebro pode distorcer nossa realidade romântica por conta de pontos cegos formados principalmente pelo condicionamento social, mas agravados por nossas experiências pessoais. Seria difícil listar todos, mas vou me esforçar para abordar os mais comuns que identifico nos relacionamentos amorosos. Primeiro, consideraremos os pontos cegos que levamos como indivíduos para essas relações; e então, no capítulo seguinte, consideraremos como o pareamento de perfis se dá nesse âmbito. Espero que você reconheça um pouco de si ou de um companheiro, no passado ou no presente, em uma das histórias que vou contar, que utilize os conselhos oferecidos para identificar os pontos cegos que se mantêm e desafie seus padrões de pensamento a ponto de enxergar o caminho à frente com mais clareza. Meu objetivo é que você, como todos os pacientes sobre os quais lerá, receba as informações necessárias para reconhecer melhor o que quer em um relacionamento amoroso e os passos que pode dar para conseguir.

Se você já se encontra em um relacionamento no momento, pode aplicar "em tempo real" o que aprender aos pontos cegos que possam estar o impedindo de vivenciar o amor que compartilha com a outra pessoa de maneira mais integral, livre e autêntica. Se você é solteiro e procura alguém, pode usar o que aprender para refletir a respeito de relacionamentos passados e vê-los de uma perspectiva diferente, para que o término leve a um aprendizado e aponte para um início melhor no futuro.

Há um tema mais amplo que aparece em todos os pontos cegos românticos. Ele se manifesta em nossa escolha de um companheiro e explica por que o ditado "os opostos se atraem" não está totalmente errado.

POR QUE OS OPOSTOS SE ATRAEM

Inconscientemente, talvez já saibamos o que não estamos vendo quando se trata de relacionamentos amorosos. Muitas vezes, é uma peça do quebra-cabeça sem a qual vivemos até agora — uma revelação, uma permissão ou uma abordagem que nos atrai em outra pessoa e que podemos aprender e incorporar à nossa caixa de ferramentas da vida. Pode ser autorização para descansar, se você nunca faltava na escola porque estava doente, ou para ser bem-sucedido, se você vem de uma família que não permitia que ninguém se sobressaísse. Talvez você queira finalmente se sentir apoiado, ou incentivado, ou aprender que é digno de amor. Essas permissões ou crenças podem vir da validação de um parceiro romântico que dê o exemplo de uma maneira diferente de ser. O mero fato de que um companheiro sabe o que quer e é obstinado em suas decisões pode atrair alguém que está acostumado a agradar aos outros e dar a eles o que querem, alguém cujo ponto cego o impede de reconhecer suas próprias necessidades. Alguém que cresceu com pais que não se mostravam emocionalmente disponíveis pode se sentir atraído por uma pessoa alinhada com seus próprios sentimentos e capaz de expressar vulnerabilidade. Assim, os opostos se atraem, e a soma é potencialmente maior do que as partes; podemos nos aproveitar das diferenças no outro para romper correntes antigas e nos libertar. Desafiar o que sabemos (e não sabemos) para criar um espaço com menos pontos cegos e maior consciência nos permite receber bem as permissões e possibilidades que a outra pessoa representa e retribuir com as nossas. Longe de levar a um relacionamento de codependência[1] (no qual cada parte depende da outra para sua sobrevivência psicológica), essa união de recursos apoia o crescimento mútuo. Pontos cegos nos ajudam a sobreviver, porém é preenchendo as lacunas uns dos outros que prosperamos.

Ou, pelo menos, é o que acontece nos filmes.

Na verdade, nem sempre os pontos cegos com que chegamos a um primeiro encontro se revelam, e nem sempre nos recuperamos deles por meio de relacionamentos generosos e abertos. Com frequência, a faísca de esperança que as diferenças no companheiro representam é apagada pelo banho de água fria de nosso condicionamento, e continuamos reafirmando nossas velhas crenças, discutindo quem está "certo". Queremos que a outra parte aceite nosso ponto cego e o adote também. O Natal deve ser de determinada maneira, é assim que se dirige direito, há um único jeito de lavar a louça. Resistimos e com o tempo nos ressentimos do desafio que a outra pessoa representa à nossa estrutura. Os casais que atendo em geral chegam entrincheirados em suas posições iniciais e comprometidos com os pontos cegos que lhes dizem que o companheiro na verdade é um preguiçoso, e não uma pessoa tranquila; um arrogante, e não alguém com confiança; ou que sua vulnerabilidade não passa de carência. Sem uma curiosidade consciente em relação a nossos pontos cegos e os pontos cegos do companheiro, qualquer conversa sobre mudança é reduzida a um cabo de guerra que só um pode vencer. Isso muitas vezes explode quando um casal passa por um momento de estresse, quando famílias ou grupos de amigos se misturam, ou quando os eventos da vida exigem que se chegue a um meio-termo. Atritos relacionados a dinheiro, valores, como morar juntos ou educar os filhos criam problemas maiores se nossos pontos cegos não forem descobertos. Talvez isso pareça uma sentença de morte, mas na verdade tem o potencial de levar à construção de um relacionamento em que ambas as partes estão dispostas a trabalhar.

“Opostos se atraem, e a soma é potencialmente maior do que as partes; podemos nos aproveitar das diferenças no outro para romper correntes antigas e nos libertar.”

PROCURANDO PELA “PESSOA CERTA”

Alguns anos atrás, eu realizava sessões de terapia em grupo com alguns pacientes que achavam que não davam sorte no amor. Alguns estavam em relacionamentos em declínio, e outros ainda procuravam "a pessoa certa". A ideia de que há uma única pessoa que é perfeita para nós e que ela está nos esperando em algum lugar é uma das maiores armadilhas em que caímos como resultado do que a mídia nos oferece.

Na verdade, trata-se de nosso primeiro ponto cego: a ideia de que a pessoa certa existe. E foi Luella que chamou minha atenção para isso.

ESTUDO DE CASO

LUELLA: GLADIADORA

Já fazia seis anos que Luella estava solteira, depois de um divórcio doloroso. Ela continuou conhecendo pessoas a maior parte desse tempo, mas não havia encontrado o que estava procurando e recorreu à terapia atrás de ajuda. Seus amigos estavam todos casados e tendo filhos, e ela sabia que queria aquilo também, mas já começava a se perguntar se seria uma opção para ela. Seu medo de um futuro incerto a levou a me procurar, para entender melhor o que estava acontecendo e por que continuava solteira. Luella me disse que havia tentado todos os aplicativos de relacionamento e aceitado conhecer amigos de amigos. Ela até deixara que sua mãe a apresentasse a filhos de vizinhos, o que levara a uma situação muito desconfortável no churrasco durante uma festa de verão realizada na vizinhança. Havia sempre algo de errado com a pessoa, e Luella contava rindo sobre seus sapatos sem cadarços pavorosos ou seu gosto musical duvidoso. Ela aceitava sair para jantar, mas quando entrava no táxi, ao voltar, já estava entrando nos aplicativos e deslizando para a esquerda ou para a direita.

Às vezes, até havia um segundo encontro, ou um terceiro, porém ela estava sempre à procura de sinais de imperfeição, e um emoji errado em uma mensagem era motivo para dispensa imediata. Luella queria um conto de fadas — queria romance.

Ela crescera lendo Jane Austen e assistindo a comédias românticas dos anos 1990, e as informações culturais e sociais que recebia sugeriam que sua alma gêmea se encontrava em algum lugar — era apenas uma questão de beijar sapos o suficiente. Fazia quarenta anos que os pais estavam juntos, e ainda eram devotados um ao outro. Luella queria aquela estabilidade, porém esperar pela pessoa certa a impedia de conhecer uma pessoa boa o bastante, não um prêmio de consolação, mas alguém real.

Luella era uma Gladiadora, uma filha única que havia crescido com pais que a adoravam e lhe garantiam que qualquer homem teria sorte de ficar com ela. Quando o marido a trocou pela melhor amiga dela, o mundo de Luella foi virado de cabeça para baixo, e sua autoconfiança foi destruída. Ela se viu envolta em sentimentos confusos e dolorosos de luto e traição. Como uma verdadeira Gladiadora, no entanto, encontrou uma maneira de evitá-los: mantendo as pessoas à distância ou as descartando, garantindo que os encontros dessem errado antes mesmo de chegar ao prato principal. À medida que começou a se entender melhor, na terapia em grupo, Luella se deu conta de que havia escondido sua vulnerabilidade em um ponto cego e buscado uma falsa proteção rejeitando os outros antes que pudesse ser rejeitada. Reivindicando sua vulnerabilidade, ela pôde rasgar sua lista de exigências absurdas e definir um novo norte para seus relacionamentos: o que Luella procurava era alguém imperfeito e real, em quem pudesse confiar.

Não fazia muito tempo que ela estava no grupo terapêutico quando conheceu alguém no trabalho, e os dois começaram a sair. Luella ficou surpresa com a rapidez com que se apaixonou. "Ele não é exatamente meu tipo, e não chega nem perto de atender a todos os itens da minha lista, mas tem algo de especial. E faz com que eu me sinta a pessoa mais importante do mundo." Meses se passaram, e o relacionamento se manteve.

"A gente não fica mais só se admirando: agora olhamos na mesma direção. Talvez isso seja até mais importante", ela contou. "Eu nunca diria isso na frente dele, mas até acho fofo quando ele canta junto o 'yatch rock' que está tocando no rádio do carro!"

Antes, Luella se preocupava tanto com perfeição que perdia de vista o que a fazia se sentir bem.

Depois de mais algumas semanas de trabalho, descobrimos que seus outros relacionamentos, antes de se casar e depois do divórcio, davam indícios do que ela não estava vendo. Luella levou a uma sessão uma lista que tinha feito, com nomes à esquerda e uma qualidade à direita, o que a atraíra em cada pessoa. Não se tratava de uma lista longa — ela havia incluído apenas um punhado de relacionamentos mais significativos —, porém revelava muito.

"Então, Chris era bonzinho; Paul era atencioso; Mark era aventureiro; Tom era divertido; Mark 2, meu ex, me conquistou pela indisponibilidade. De alguma maneira, quanto mais ele se fazia de difícil, mais interessada eu ficava! E agora tem o Adam, que eu chamaria de autêntico."

Luella ficou surpresa, assim como todos nós, que seus relacionamentos anteriores ao casamento haviam sido com homens bons, que se preocupavam com ela. Ao compreender o que a atraía antes de seu divórcio doloroso, ela percebeu que autocompaixão era algo que lhe faltava desde então. Às vezes, ela era sua maior crítica, estabelecendo padrões absurdos no trabalho e estendendo suas expectativas elevadas aos outros. Os homens que havia elencado antes de seu marido tinham contribuído com a brandura e a empatia de que ela precisava na época e que desde então lhe faltara, e agora entendia o porquê. Luella contou ao grupo que, na infância, era alvo de demandas imensas. Sentia que precisava estar à altura da imagem que os pais tinham dela, de menina de ouro, perfeita, bem-sucedida, que superava todas as expectativas. Era filha única, e lhe diziam que podia fazer o que quisesse, porém os elogios não serviam apenas de incentivo, mas como uma fonte de pressão constante. Sua opção de cometer erros, falhar ou ser apenas "boa o bastante" ficou relegada a um ponto cego.

Na época, Luella desconhecia seu ponto cego, de modo que, quando aqueles homens lhe ofereciam uma aceitação com que não estava familiarizada, ela se entediava e os rejeitava, acreditando que a narrativa deles não se encaixava com a sua. Com o tempo, ela começou a achar que se divertir era algo frívolo, e a confundir brandura com fraqueza. Então Luella conheceu o ex-marido, por intermédio de alguém que os dois conheciam, alguém que parecia absolutamente desinteressado. Todos brincavam com o fato de que ela correra atrás até que ele cedera e aceitara convidá-la para jantar. Seu ponto cego, o qual escondia a realidade de que já era boa o bastante, foi reforçado pelo trabalho duro que precisava realizar para garantir o afeto do marido, e quando ele finalmente passou a ser amoroso com ela, Luella ficou encantada. Sentiu que havia encontrado um igual, quando na verdade só tinha encontrado um narcisista. Em retrospectiva, ela compreendia que a indisponibilidade se revelara irresistível para uma garota que havia buscado o inatingível a vida toda. Quando o marido cometeu a traição (com a única outra pessoa em quem Luella confiava), isso só serviu para reforçar sua crença de que não podia confiar em ninguém, muito menos em si mesma e em seu próprio julgamento. Ela terceirizou seu futuro a uma fada madrinha fantasiosa e se certificou de nunca mais se permitir ser vulnerável de novo. Voltou a procurar perfeição e a sentir que havia algo faltando, mas pelo menos aquilo lhe era familiar.

Ao lado do nome de Adam, o homem com quem estava saindo agora, Luella havia escrito "autenticidade". Ele se entregava de todo o coração, sem se envergonhar ou se desculpar, inclusive quando cantava o refrão de uma música da Cher, e ela o amava por isso. Ele era a peça que faltava, a peça que dizia que Luella podia ser ela mesma e tentar alcançar os agudos também, sem medo de julgamento, porque era boa o bastante a despeito disso.

Ela vinha buscando essa qualidade complementar, porém não tinha como recebê-la de outra pessoa até que a aceitasse em si mesma. Gladiadores muitas vezes se utilizam de filtros para se defender de qualquer ameaça à maneira como se veem, ou projetam suas próprias vulnerabilidades nos outros. Eles podem ter dificuldade de enxergar isso, e, o mais importante, abraçar o que não estão vendo, para entrar em toda a sua integridade em seus relacionamentos e desfrutar de uma conexão mais profunda.

Luella ficara esperando pela pessoa certa. Se você tem feito isso, talvez também conte com um ponto cego que o deixe na defensiva. Um ponto cego que diz que a vida será maravilhosa quando você conhecer sua alma gêmea e que faz com que você se agarre ao pensamento mágico em vez de aceitar a realidade das imperfeições de uma pessoa (e as suas). Minha experiência me diz que "a pessoa certa" não existe, mas pode haver muitas "pessoas certas", que seriam ótimos companheiros, se pararmos de buscar perfeição e trabalharmos com o real para dar início a um relacionamento que pode vir a se tornar algo especial, ou ser um degrau importante para um relacionamento especial futuro. Muitas vezes, ficamos tentados a julgar as pessoas em pontos que não são importantes, ou esperar que tudo se defina para se arriscar no amor, mas só aumentamos as chances de fracasso quando nos agarramos a algo que não existe, e nossos pontos cegos podem fazer com que olhemos para os lugares errados. Fique atento ao que você pode não estar vendo e descubra se *essa* pessoa pode vir a ser alguém especial para você, capaz de oferecer algo de que precisa, ou, se não for o caso, se ela pode pelo menos apontar a direção certa a seguir.

O QUE VOCÊ NÃO ESTÁ VENDO?

PROCURE PELA PEÇA QUE FALTA NO SEU QUEBRA-CABEÇA.

Faça uma lista de relacionamentos que foram significativos para você e anote a qualidade ou as qualidades que motivaram sua atração inicial pela outra pessoa, como Luella fez.

Concentre-se nos relacionamentos de que se lembra com carinho e reflita se lhe ofereceram algo de que você precisava, mas que na época seu ponto cego escondeu. Eles faziam com que você se sentisse importante ou seguro, ou lhe davam uma sensação de liberdade e espontaneidade com a qual não estava familiarizado?

Em relação aos que foram insatisfatórios ou prejudiciais: eles reforçavam algo de negativo que você já acreditava ser verdade? Talvez você se sentisse inseguro ou inadequado, ou seus sentimentos fossem invalidados e suas necessidades, ignoradas. Um ponto cego pode ter sido criado, portanto procure desafiar sua percepção.

Se você está solteiro no momento, suas observações podem contribuir com futuros encontros, dando mais clareza ao que você busca agora. Se está feliz em um relacionamento, você pode refletir sobre o que o atraiu na pessoa de início e questionar se você se permite desfrutar das permissões que ela representa. Se você está em um relacionamento que sabe que não funciona, identifique a qualidade que o atraiu de início na pessoa e veja se ela te mantém preso em uma dinâmica que na verdade se baseia em um ponto cego.

ESTUDO DE CASO
IYANNA: PONTE

Iyanna tinha o problema oposto de Luella, em se tratando das questões do coração: suas expectativas não eram elevadas o bastante. Como a obra-prima *BoJack Horseman*, série de animação da Netflix, disse uma vez: "Quando você olha para alguém com olhar positivo, os pontos negativos parecem só pontos". Certamente era o caso com Iyanna.

Ela começou a terapia porque um relacionamento havia terminado de maneira dramática, com uma visita da polícia, que procurava seu namorado por suspeita de fraude. Iyanna colocava seu relacionamento acima do respeito próprio e continuou defendendo o cara mesmo quando descobriu sobre os cartões de crédito que ele havia pedido e os empréstimos que havia feito em seu nome. Ao longo de nossas conversas, ela dava desculpas para o mau comportamento frequente dele, e eu logo me dei conta de que Iyanna era uma Ponte. E de que ela tinha um ponto cego profundamente arraigado, que escondia todas as suas dúvidas e preocupações, acobertando a verdade e a forçando a sobreviver no modo "pensamento positivo".

À medida que foi se dando conta do que não estava vendo e ligando os pontos sozinha, Iyanna se lembrou de várias ocasiões em que se recusou a ver problemas que estavam bem à sua frente, permanecendo em relacionamentos tóxicos ao longo de meses, ou mesmo anos, sem nunca questioná-los.

"Minhas amigas sempre acabavam lavando as mãos", ela me contou uma semana. "Olhando para trás, devia ser muito frustrante me ver aceitando os caras de volta depois que tinham me traído ou desrespeitado."

Estávamos começando a chegar a algum lugar, com esse reconhecimento de que ela aceitar ser maltratada pelos homens devia incomodar suas amigas, porém Iyanna ainda não reconhecia o quanto ela mesma se incomodava, o que era um sinal de que eu ainda tinha muito trabalho pela frente.

Ao longo das sessões seguintes, ela explorou seu ponto cego relacionado ao "pensamento positivo" — o fato de que passava por cima de detalhes desconfortáveis e justificava ações injustas com desculpas elaboradas e absurdas. Quando eu desafiava algumas de suas afirmações, ela contornava as realidades desagradáveis de seu último relacionamento, mascarando o fedor da ganância e do logro com um toque generoso de odorizador de ambientes emocional. "Ele só estava tentando dar uma vida melhor para a gente", ela dizia. Ou: "Acho que ele nem sabia o que estava fazendo".

"Não estou tão segura disso", eu respondia. "E acho que você merece mais. Só não sei se você concorda."

Iyanna tinha um ponto cego dos mais profundos, relacionado a valor próprio. Como exploramos na p. 35, quando abordamos a profundidade dos pontos cegos, não era que ela não reconhecesse que o comportamento de seu ex-namorado era nocivo, tampouco era uma questão de não ser capaz de ver *opções* de mudar sua situação — Iyanna caía na armadilha de minimizar a *importância* das ações dele. Ela não conseguia ver a escolha dele de cometer fraude como algo fora do normal, ou mesmo reconhecer que havia um problema naquilo. Na verdade, ela só encarara o fato de que ele havia feito algo de errado — cometido um crime de fato — quando ele fora preso. Seu ponto cego em torno da *existência* de um problema nas profundezas de sua consciência indicava que seria bastante difícil desmantelá-lo na terapia. E, como fizemos no início deste livro, precisávamos olhar para trás para compreender como ele havia se formado.

Depois de anos priorizando os outros, o valor próprio de Iyanna havia desaparecido em um ponto cego, e ela sustentava a crença de que não merecia coisa melhor. Sua família imigrara para o país quando ela era pequena, e a adaptação fora difícil. Qualquer ambição em

Iyanna havia sido sufocada pela insistência na ideia de que era preciso ser grato e nunca reclamar. Ela fora condicionada a ficar quieta e se sentir satisfeita. Isso criou um ponto cego que a levava a aceitar ser mal atendida em uma loja, se submeter a condições injustas no trabalho ou ser maltratada pelos homens, ignorando sempre que o mundo a tratava mal. Sua maneira de lidar com aquela incongruência era pintar as situações de maneira positiva e um tanto disfuncional.

À medida que Iyanna refletia sobre sua infância e seus relacionamentos anteriores, a Ponte nela queria tapar os buracos com frases prontas e justificativas. No entanto, com o grupo e comigo reagindo a suas experiências cada um a partir de seu perfil, ela começou a ouvir uma verdade alternativa, que dizia que merecia coisa melhor e que tinha todo o direito de ficar brava. Essa é a beleza da terapia em grupo: ela fornece uma oportunidade de alguém como Iyanna se ver e se ouvir como é visto e ouvido pelos outros, com diferentes pontos cegos e diferentes trajetórias de vida. Sem sua experiência subjetiva filtrando os resultados, ela conseguia chegar muito mais perto da verdade objetiva.

Iyanna se permitiu ficar brava com o ex e a maneira como ele havia se aproveitado dela. Por mais que compreendesse os desafios enfrentados por sua família, também tinha raiva deles por não a terem protegido mais, ou a ensinado a se proteger melhor. Iyanna tinha pena de sua versão mais nova, cuja verdade era negada quando deixava os outros desconfortáveis, e se sentiu inspirada a agir em benefício próprio, voltando para a faculdade para estudar jornalismo.

Fazer as pazes com seu ponto cego e a raiva que escondia era desafiador, porém revelava outras opções. Ela podia continuar sendo positiva, desde que estabelecesse alguns limites logo de início em seus relacionamentos futuros. Ela podia ser grata e ainda se queixar, se necessário. Ela podia dizer não para o amor, o que significava que, pela primeira vez, podia dizer sim de verdade.

Uma vez, no início de um ano, comecei a frequentar uma academia perto de onde morava. Conheci alguém lá e começamos a sair. Minha primeira impressão foi de que ele era confiante e carismático, porém também demonstrava uma vulnerabilidade com que eu me identificava. Ele me contou que os pais haviam se mudado para o exterior, deixando-o sozinho para dar sequência a seus estudos, mas que ele nunca se sentira em casa e tivera uma infância difícil. Aos dezesseis, abandonara a escola com poucas qualificações e ainda menos amigos, e encontrara um trabalho de escriturário em um escritório de advocacia, para decepção dos pais. Ele era uma pessoa muito desconfiada, o que se manifestava em todas as áreas de sua vida — reagia muito mal a críticas no trabalho e com frequência se desentendia por conta de coisas sem importância. Sabia-se que ele comprava briga com desconhecidos na rua se achasse que o tinham olhado de um jeito esquisito. Ele se mostrou bastante paranoico quanto ao nosso relacionamento, o que não chega a ser surpresa, e nada que eu dissesse ou fizesse o convencia de minha fidelidade. Depois de meses tentando apoiá-lo e apaziguar sua insegurança, mal vendo meus amigos por medo de chateá-lo e nunca mencionando o temperamento dele quando os encontrava, eu me envolvi em uma discussão acalorada com ele do lado de fora da estação de metrô, e ouvi que eu estava "louca", que era tudo coisa da minha cabeça e que eu precisava de ajuda.

Acreditei nele, por conta de meu ponto cego, e fui à terapia para ver o que precisava fazer quanto ao diagnóstico que meu namorado me dera. Ao contrário de Iyanna, eu sabia que havia um problema, e sabia que era um problemaço, porém não conseguia ver a saída — as *opções* de mudança passavam despercebidas em meu Exame de Vista Psicológico (p. 37). Ao longo das sessões, eu me dei conta de que fora sua vulnerabilidade que me atraíra, incluindo o fato de que ele parecia ferido, algo que me envergonho de assumir agora. Na época, faltava-me o vocabulário necessário, porém se eu fosse capaz de mapear o que sei hoje sobre pontos cegos, diria que se tratava de minha parte Pedra entrando em ação. Eu não era boa em lidar com minhas emoções, mas sentia alguma coisa quando entrava em contato com as emoções dos outros (foi isso que me levou a ser terapeuta, embora eu fique feliz em dizer que essa motivação logo foi confrontada e substituída por algo menos grandioso e, francamente, mais sustentável). Na época, meus sentimentos e minhas necessidades ficavam relegados a um ponto cego, dos quais eu precisava de fato cuidar primeiro, em vez de ajudar os outros a cuidar dos deles. Mencionei anteriormente que podemos assumir perfis distintos em momentos diferentes da vida, ou em resposta a relacionamentos diferentes, e nesse caso minha força de Pedra fora derrotada. Continuei ignorando meus sentimentos, porém minha preocupação com minhas necessidades fazia com que eu agisse de maneira passiva e submissa, e eu basicamente me comportava mais como uma Ponte. A Óptica (p. 60) nos diz que, quando vivenciamos uma mistura de Pedra e Ponte e somos alvo de pressão, o resultado é retraimento; e foi exatamente assim em meu caso. Fui ficando cada vez mais dócil e submissa, às vezes um pouco temerosa — não é de admirar que até minha melhor amiga tenha tentado interferir para me tirar do estado de congelamento em que eu me encontrava. Digo "até" porque Liz e eu sempre tivemos um acordo tácito de respeitar as escolhas de vida da outra *e* estar presente para recolher os cacos, sem julgar, caso as coisas dessem errado. Assim, ela estava pondo nossa amizade em risco quando insistiu que eu não voltasse para o cara depois de uma de nossas brigas, cada vez piores.

Não segui seu conselho, mas também não consegui amenizar a paranoia dele com meu bom comportamento. Eu só estava alimentando a fera a cada mensagem me explicando, a cada noite que eu atravessava Londres só para reassegurá-lo de que eu não estava com outra pessoa. Ele foi ficando cada vez mais dependente do álcool e de outras substâncias, e sua paranoia só aumentou. Se antes eu o via como uma vítima impotente, agora ele não me parecia mais tão vulnerável; quanto mais eu atendia às suas exigências, mais o valentão que eu tinha começado a ver se revelava. Com a perspectiva que adquiri por meio da abordagem dos pontos cegos, sou capaz de reconhecer que o que me atraíra fora a aparência de uma Ponte, a vulnerabilidade infantil que me levou a oferecer apoio e cuidado, e o que eu não vira fora o Gladiador por baixo, que precisava lutar contra mim para sua própria sobrevivência. Ao concordar com suas demandas cada vez mais caóticas e exigentes (isso foi muito antes da existência das chamadas de vídeo, e uma vez ele pediu que eu tirasse uma foto de mim mesma assistindo à novela ao vivo na televisão, como prova de que estava em casa), eu possibilitava a manutenção daquele comportamento, e a terapeuta me confrontou quanto a minhas intenções.

"Se você se importa com ele tanto quanto diz, não vai aceitá-lo dessa maneira", ela disse, depois de eu passar algumas semanas o defendendo. "Ao permitir que ele continue agindo assim, você não o está ajudando: só está piorando as coisas."

Ui. Eu, o arquétipo da Pedra, sempre com a nobre intenção de empregar minha força a serviço dos pobres e necessitados, só estava piorando as coisas? Era motivo o bastante para que eu parasse. Foi o melhor conselho sobre relacionamentos que recebi, e logo depois terminei com ele.

Iyanna conseguiu reconhecer que seu ponto cego a fazia recorrer ao pensamento positivo e impedia que as pessoas respondessem por suas próprias ações. Ela sufocava seus sentimentos vendo tudo pelo lado bom. Já eu fora levada pelo meu otimismo a acreditar que não queria abrir mão do meu relacionamento, que poderia salvar o cara de si próprio.

"Ao permitir que a pessoa continue agindo assim, você não a está ajudando" é uma frase que uso com muitos pacientes que se esforçam para amar alguém com intensidade o suficiente para que o outro deixe de beber, ou que ficam pisando sempre em ovos para evitar uma discussão abusiva.

"Senão por você, pela outra pessoa", completo. Porque, se você estiver recorrendo ao pensamento positivo, então é parte do problema.

O QUE VOCÊ NÃO ESTÁ VENDO?

AO PROTEGER AS PESSOAS DOS SENTIMENTOS DELAS, VOCÊ SE TORNA PARTE DO PROBLEMA.

Talvez você tenha uma tendência ao pensamento positivo e procure ver o melhor nas pessoas com quem se relaciona romanticamente. É importante ser generoso e ter boa vontade em um relacionamento, usando de empatia e compaixão para compreender e aceitar as pessoas que amamos. No entanto, isso não deve vir a ser um custo para você. Se você anda varrendo as coisas para debaixo do tapete ou dando desculpas para o mau comportamento, esse ponto cego não apenas te impede de reconhecer seus direitos e suas necessidades como também pode estar permitindo que a outra pessoa continue se comportando de maneiras que provavelmente não servem a ela também.

Se você é motivado pelo desejo de ajudar os outros, ou de tornar as coisas melhores, liberte-se por meio da consciência de que seu ponto cego talvez esteja piorando as coisas. O que você talvez pense que seria deixar a outra pessoa na mão na verdade pode ser o choque de realidade de que ela precisa. É possível que, quando você parar de aceitar o mau comportamento, ela pare de se comportar mal. Se você quer de verdade que ela se sinta mais segura, estabeleça um limite em que a outra pessoa possa acreditar (não que ela vá te agradecer a princípio).

Por exemplo, se você vai sair à noite e não quer a responsabilidade de ter que ficar mandando mensagem o tempo todo, comunique o que o outro deve esperar, mesmo que seja nenhuma mensagem até a manhã seguinte. Pode parecer cruel, se você sabe que a pessoa se sente insegura, porém é melhor do que ficar mandando mensagens com ressentimento ou esquecer no meio da noite. O outro pode precisar lidar com o desconforto para compreender o que realmente busca e começar sua jornada de descoberta de seus próprios pontos cegos.

ESTUDO DE CASO
VINNIE: PEDRA

Quando se juntou a nosso grupo terapêutico, Vinnie contou que, embora fosse gay e já tivesse cinquenta anos, nunca havia ficado com um homem. Ele havia saído com mulheres na época de seus vinte e poucos anos, sabendo que não estava sendo honesto consigo mesmo, porém nunca conseguira contar a ninguém, muito menos agir a respeito.

Vinnie revelou que sua família não era do tipo sentimental. Ele e os irmãos haviam sido criados para pensar, e não sentir, resolvendo os problemas através da lógica e tomando decisões racionais. Sempre que as coisas davam errado para ele, os pais o deixavam sozinho para "se acalmar". Ele só podia se juntar a eles depois que recuperava o controle sobre suas emoções. Então os pais conversavam com o filho e o ajudavam a encontrar uma solução.

Não houve espaço para sentimentos nem mesmo quando o meio-irmão dele se matou, aos 28 anos. Os pais se ocuparam da burocracia e mandaram Vinnie para a casa dos avós.

"Eu tinha dez anos", Vinnie contou ao grupo. "Meu irmão era filho do primeiro casamento do meu pai, e muito mais velho. Ele não morava com a gente e já tinha sua própria família. O mais estranho foi que, depois da sua morte, meus pais acolheram a esposa e o filho dele em casa, enquanto eu fui mandado para os meus avós. Passei meses lá, chegaram até a me matricular em outra escola, depois vieram me buscar e fim da história. Era como se nada tivesse acontecido. Nunca mais falamos a respeito."

"Você se lembra de como se sentiu na época?", perguntei.

Vinnie pareceu ter dez anos outra vez enquanto refletia. "Confuso", acabou respondendo. "Eu me senti muito confuso."

Ele fora condicionado a não vivenciar seus sentimentos, e como resultado não os compreendia mais e não confiava no que queriam dizer. Vinnie se descrevia bastante como "confuso". As sessões sempre começavam com os membros do grupo compartilhando seus sentimentos, e ele ficava só olhando, como se estivesse ouvindo uma língua extraterrestre. Para ele, sentimentos eram apenas o caos que as pessoas reprimiam para voltar a um lugar de ordem e objetividade, para "se acalmar" e se tornar aceitáveis, para se sentir seguras de novo. Decisões deviam ser tomadas com a cabeça, e não com o coração, e de maneira prática, e não passional. Sua desconsideração pelos sentimentos não afetava apenas seus relacionamentos: Vinnie tinha um emprego no banco com o qual não se sentia realizado, atendendo clientes com quem não se importava.

Um dia, ele contou para o grupo que seu maior medo era descobrir que até então estivera equivocado quanto à sua sexualidade. O pior cenário possível não era o rompimento com a família quando saísse do armário, mas a extinção de qualquer esperança de felicidade que lhe restasse. Sem tentar, ele nunca teria como se decepcionar. Era como um bem precioso, mantido na embalagem original, imaculado, do qual Vinnie não podia desfrutar, porém tampouco tinha como deixá-lo na mão; era tudo que ele imaginava que fosse, nunca se permitindo descobrir o contrário. Seu maior medo era descobrir que ele não conhecia sua própria cabeça, ou melhor, que não conhecia o próprio coração. Vinnie fora condicionado a confiar em seu cérebro, no entanto quem ele amava não podia ser embasado em dados. Não havia nenhum parâmetro que o assegurasse em sua decisão de amar alguém; tinha que ser uma questão de descoberta. A única informação que valia a pena saber era que vinha de seus sentidos e de sua intuição. Desvendando seu ponto cego e entrando em contato com seus sentimentos, Vinnie poderia dar um descanso para seu cérebro e deixar que seu coração se manifestasse.

O ponto cego de Vinnie, como costuma acontecer com as Pedras, escondia os verdadeiros desejos de seu coração e fazia com que ele dependesse demais do racional, criando uma tendência a recorrer à lógica ou ao pragmatismo sempre que uma situação exigia inteligência emocional. As tentativas de uma Pedra de manter a calma e o controle afastam aqueles que ela ama e a impedem de se sentir vista, mesmo quando a vulnerabilidade escondida em seu ponto cego teria sido bem-recebida. Não é fácil mudar um hábito de uma vida toda, e isso nunca acontece da noite para o dia, porém a melhor maneira de promover uma mudança é de forma gradual, e dentro de uma janela de tolerância que permita que aprendamos em segurança. Vinnie encontrou um modo de reconhecer pouco a pouco o que não estava vendo, usando uma técnica que chamo de *decisão vs. descoberta*, para treinar seu cérebro a reconhecer suas emoções e para se acostumar a sentir outra vez. Se você sabe que tende a confiar mais em sua cabeça que no coração, experimente esse método e descubra o que não estava vendo.

MODELO DECISÃO VS. DESCOBERTA

Se você aprendeu que não pode cometer erros ou ter um impacto em quem quer que seja que perturbe ou cause inconveniência (mesmo estando em seu direito de fazê-lo), talvez acabe se tornando um "tomador de decisões". A maioria de meus pacientes (não apenas Pedras) reconhece esse padrão de pensamento em si. Como expliquei no início deste livro, nosso cérebro está condicionado a fazer com que nos comportemos de maneiras específicas e previsíveis, para preservar nossa visão da realidade, e não permite que mudemos de ideia tão facilmente. Isso faz com que nos agarremos a nossas decisões originais e nos adequemos a elas, usando pontos cegos para mascarar quaisquer contradições. Por exemplo, podemos ignorar o fato de que estamos em um relacionamento que não nos satisfaz se isso não se encaixa com a decisão que tomamos de nos acomodar em nome da segurança, da família e da conformidade, ou porque nossa posição social percebida está intimamente relacionada ao status de nosso relacionamento. Podemos ignorar o fato de que estamos insatisfeitos no trabalho porque tomamos uma decisão da qual não queremos nos afastar por conta de salário, status ou perspectiva. Barramos as informações que nos chegam da mente emocional, ignorando-as ou nos culpando até que os sentimentos começam a extravasar e paramos de dormir e de comer, e sentimos um aperto no peito, vontade de chorar, falta de ar e tontura, ou bebemos demais, ou trabalhamos demais. Esses são todos sintomas de ansiedade, e foram o que motivou Vinnie a buscar terapia. Por meio deles, nosso corpo tenta nos dizer que nossa mente emocional tem algo a expressar. É uma última tentativa de nos fazer reconhecer que talvez não esteja tudo bem, mesmo que a abordagem pelas decisões tomadas indique que as coisas permaneçam iguais.

Sinais de nossa mente emocional que não são sentidos, ou que são descartados por conta de uma abordagem da vida baseada em decisões, se manifestam como sintomas de ansiedade, e Pedras e Pontes com frequência dependem de maneira excessiva disso. Ambos os perfis usam a mente racional para determinar quais comportamentos são aceitáveis, quais regras devem ser seguidas e como evitar decepcionar quem quer que seja. Quando descobrem que suas decisões beneficiam os outros, mas não a elas, ignoram o impacto pessoal e escondem suas próprias necessidades em um ponto cego; atêm-se a ser o que os outros querem ou uma versão de si que gostariam de ser. Com a mente emocional amordaçada, seu corpo transmite ansiedade enquanto a pessoa procura em vão o próximo passo perfeito. Há, no entanto, uma alternativa mais libertadora e instrutiva.

O antídoto é a abordagem pela "descoberta". Ela vem mais naturalmente a indivíduos que foram criados com liberdade de errar e maior tolerância à mudança, porém pode ser aprendida por qualquer pessoa, e nos possibilita fazer escolhas caso a caso e baseadas nos conhecimentos que temos no momento. Essa abordagem não exige prever o que só podemos descobrir no futuro. Ela aceita que as coisas mudarão e nossas necessidades evoluirão, e não nos prende a um estado permanente e imutável, que nos amarrará a compromissos, feitos anteriormente (em alguns casos, ainda na infância), de ser obedientes, plácidos, confiáveis ou consistentes. A abordagem da descoberta recorre à nossa mente *sábia*,[2] um conceito da terapia comportamental dialética que mistura a mente racional (movida pela lógica) e a mente emocional (movida pelos sentimentos). O resultado é flexível, tolerante e responsável. Para que funcione, devemos entender nossos sentimentos como uma fonte rica de dados que pode nos ajudar a alcançar o melhor dos cenários em qualquer momento dado. Para desvendar um ponto cego e recuperar nossos sentimentos e necessidades mais autênticos, precisamos decidir menos e descobrir mais. Isso pode significar superar a filosofia da "mente sobre a matéria", caso você se desligue em situações pouco saudáveis, ou confiar mais em seu instinto quando se trata de correr riscos calculados.

Talvez você seja uma Pedra e descubra que não se dedica muito aos sentimentos, preferindo se entorpecer ou se ocupar nos momentos difíceis. Talvez você conheça uma Pedra que não sabe o que fazer com seus sentimentos quando eles vêm, e tenta ignorá-los ou descartá-los como "irracionais". Há sempre um motivo para nossos sentimentos, mesmo que não saibamos qual é, e invalidá-los não faz com que desapareçam: só torna mais difícil agir. Sem nossos sentimentos, não sabemos o que fazer. Desligamos a mente emocional e procuramos nos apoiar na mente racional. Não conseguimos sentir, então precisamos pensar; usamos a cabeça, e não o coração, e tomamos decisões cognitivas quanto ao que fazer, o que comer, onde morar, quem namorar e onde trabalhar, baseadas no que sabíamos no passado e no que podemos prever para o futuro. Se você se identifica com isso, talvez se utilize da abordagem pela "decisão" e possa se beneficiar de um pouco mais de "descoberta".

Planeje seu próximo passo agora e veja o que descobre quando chegar lá. Talvez isso envolva estabelecer um limite para sua família, e você descubra que se sente mais livre; talvez você diga a alguém como realmente está e se sinta visto. Permita que as descobertas guiem seu próximo passo e descubra o que não estava vendo ao longo do processo. Como alguém que atendo observou: "Às vezes, o próximo passo só fica claro quando você levanta o pé".

Tentar lidar com os relacionamentos raciocinando, em vez de sentindo, cria um ponto cego comum entre Pedras como Vinnie, para quem os sentimentos não surgem naturalmente. Passo a passo, descoberta a descoberta, ele encontrou uma maneira de contar aos amigos que era gay (o que muitos disseram que já sabiam) e derrubar a crença de que seus sentimentos não eram dignos de confiança. Vinnie deixou o grupo terapêutico com uma experiência de aceitação incondicional e pronto para ser honesto consigo mesmo e com as pessoas à sua volta.

Se você sabe que é um "tomador de decisões", procure se conectar com sua mente emocional e verifique quais informações descobre com o exercício a seguir.

O QUE VOCÊ NÃO ESTÁ VENDO?

DESCUBRA SUA VIDA, EM VEZ DE DECIDI-LA.

Reflita sobre uma situação ou um relacionamento que vem te incomodando e procure por sinais, sintomas e informações em seu corpo. Talvez você esteja acumulando tensão nos músculos, na testa, no maxilar ou nos punhos. Se sua língua está pressionada contra o céu da boca, relaxe-a; se seus ombros estiverem erguidos, baixe-os. Verifique se você consegue se sintonizar com os sinais de seu corpo para compreender o que sente e o que, na situação, não está funcionando para você.

Agora, com base nessas informações, qual seria a próxima coisa certa a fazer? Não precisa ser a coisa certa para sempre, só no momento.

Você gostaria de estabelecer um limite? De pedir ajuda? De derrubar uma expectativa? De ocupar algum espaço?

Se você ainda não sabe, experimente dar um passo em qualquer direção — qualquer mudança pode te oferecer uma nova perspectiva.

Quando você der esse passo, e quando fizer a próxima coisa certa, olhe em volta e verifique como a situação se encontra.

Você quer voltar e experimentar outra tática, ou está mais perto daquilo de que precisava?

Com base na resposta anterior, qual é a próxima coisa certa a fazer?

Dê mais um passo e olhe em volta.

Você está descobrindo o que fazer, em vez de decidindo.

A abordagem da descoberta consiste em realizar testes abertos, curiosos, temporários. Envolve realizar pequenos movimentos — dar um único passo em qualquer direção e voltar. Permitir-se avaliar suas opções e alternativas e deixar que a descoberta te oriente em uma viagem sem destino predeterminado.

ESTUDO DE CASO

JARED: OPORTUNISTA

Jared tinha o perfil Oportunista e era o único homem no grupo terapêutico naquele momento. Até pouco antes, estava em um relacionamento com uma Pedra, o que significava que precisara lidar com sentimentos em nome dos dois.

Seu casamento terminou, mas ele não buscou terapia porque queria voltar a namorar, e sim porque queria aprender mais sobre si mesmo, com o intuito de compreender por que as coisas haviam dado errado e, com sorte, ser capaz de construir um relacionamento positivo com sua esposa no futuro, ainda que apenas como pais de seus filhos.

Nas sessões, ele era sempre caloroso, afável e muito educado, e ficava satisfeito em ser alvo das provocações gentis das mulheres. Sua tendência a autodepreciação e sua prontidão a atender as necessidades do grupo nos ajudaram a identificar seus pontos cegos rapidamente: o desejo de manter os outros felizes às custas de suas próprias necessidades.

Jared era sempre o primeiro a chegar e arrumava as cadeiras antes que o restante do grupo chegasse. Havia um acordo tácito de que era ele quem se levantava para fechar a cortina se o sol incomodasse alguém, e quando chegava a hora do intervalo Jared ficava segurando a porta e dizendo "Depois de você" enquanto as mulheres saíam uma a uma para a sala onde ficava o café.

Ele aprendeu sobre seu ponto cego por meio das interações com as mulheres que conheceu no grupo, tanto com as que o consideravam "presa fácil" quanto as que o viam como um cachorrinho com quem brincar, mas que não devia ser levado a sério. Elas faziam seus comentários com amor, porém ainda era difícil para Jared ouvir que os comportamentos com que pretendera agradar à esposa na verdade talvez a incomodassem.

Jared era um Oportunista, acostumado a sobreviver com restos emocionais ou obtendo uma sensação mínima de valor próprio com base no prazer alheio. Não era justo que Jared vinculasse sua felicidade, e a dos dois como casal, à da esposa. Ele precisava aprender a parar de brincar ou de tentar animá-la e abrir espaço para que ela às vezes se sentisse estressada e triste. E não era saudável que ele se traísse emocionalmente, procurando consolo na satisfação da esposa, em vez de buscar satisfação própria. Jared precisava aprender maneiras diferentes de se regular nos momentos difíceis, em vez de buscar a reafirmação de pessoas que talvez não tivessem como fornecer aquilo no momento ou precisassem elas mesmas de reafirmação.

O pai de Jared podia ser violento, e ele havia sido alvo de seu mau temperamento com frequência, para que as irmãs mais novas não o fossem. Ele havia sido ensinado a evitar o conflito e absorver os golpes em uma tentativa de proteger a si mesmo e às pessoas com quem se importava. No processo, um ponto cego tinha se formado, e Jared diminuía a importância de suas próprias reações. Agora, seu rosto se contraía sempre que alguém do grupo contava uma experiência dolorosa; ouvir os relatos o ajudava a perceber quão intolerante havia sido com o sofrimento dos outros e explicava por que se esforçava tanto para melhorar o clima. Era uma tarefa impossível, no entanto: ele se prendia no trem das emoções alheias e se encarregava de mantê-lo nos trilhos.

À medida que o grupo lhe ofereceu aceitação incondicional, com cada pessoa passando a se levantar para fechar a cortina caso a luz a incomodasse e abrindo espaço para as necessidades dele também, Jared aprendeu que só podia se responsabilizar por sua própria felicidade. Ele podia deixar que cada um se responsabilizasse por si, e, nesse processo, podia se tornar o apoio que desejava ser.

Em nossas sessões, Jared refletiu sobre seu relacionamento com responsabilidade e influência, e eu ensinei a ele uma maneira de recuperar ambos de forma equilibrada e se afastar do ponto cego que lhe dizia que ele precisava cuidar das necessidades dos outros em detrimento das suas.

ALTA RESPONSABILIDADE + BAIXA INFLUÊNCIA = ESTRESSE

Uso um modelo com pacientes como Jared para ilustrar um ponto cego que ocasiona uma sensação exagerada de responsabilidade. Em um papel, desenho dois eixos verticais: "responsabilidade" e "influência". Depois, falo sobre o que acontece quando assumimos mais responsabilidade pela situação do que temos influência sobre ela, ou quando investimos de maneira desproporcional em um resultado que não temos como controlar, e dou a isso a definição de "estresse" (Figura 5).

Jared sentia um alto nível de responsabilidade pelo bem-estar de todos à sua volta, fardo que assumira desde muito novo. Agora, como na época, ele descobria que tinha pouca influência sobre o que acontecia, ou seja, que não era capaz de consertar tudo para todos. No grupo, ele podia fechar a

FIG. 5. RELAÇÃO ESTRESSANTE ENTRE RESPONSABILIDADE E INFLUÊNCIA

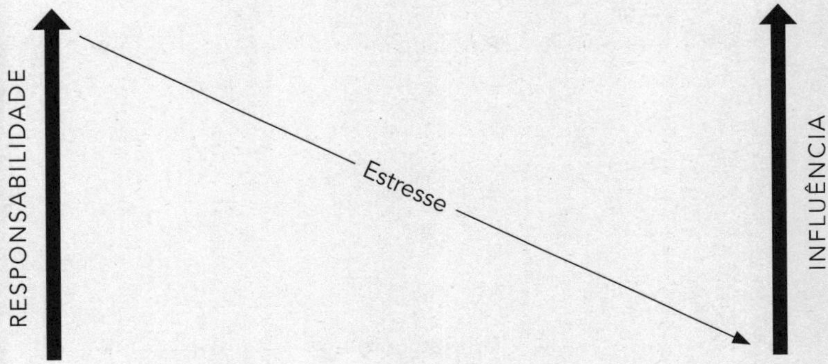

cortina quando o sol incomodava alguém, porém não era capaz de controlar o clima ou de proteger as pessoas dos sentimentos dolorosos que são parte inevitável da vida. Era seu relacionamento com a responsabilidade que ia ter de mudar.

Tanto reduzir sua responsabilidade quanto aumentar sua influência pode trazer mais equilíbrio à situação. As linhas tracejadas mostram posições mais sustentáveis e menos estressantes em qualquer ponto no qual os dois eixos se alinhem (Figura 6). Se você diminui sua responsabilidade, não significa que não se importa; só significa que conhece seus limites e está agindo com base nos fatos, não em um ponto cego baseado no otimismo irracional ou no medo. Com frequência, realizo esse trabalho com pais de adolescentes, que permanecem responsáveis pelos cuidados dos filhos, mas não contam mais com o mesmo controle sobre as escolhas deles ou mesmo com a capacidade de mantê-los em segurança, e precisam aprender o que priorizar e do que abrir mão. Falo mais a respeito no exercício na p. 191.

FIG. 6. RELAÇÃO SEM ESTRESSE ENTRE RESPONSABILIDADE E INFLUÊNCIA

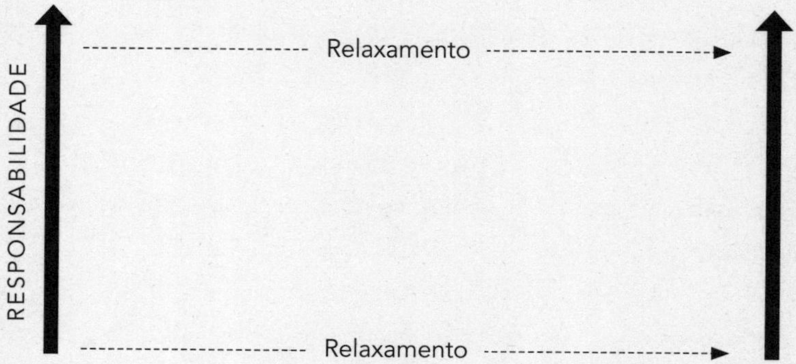

Como Oportunista, Jared sempre seria suscetível a se encarregar do trabalho emocional dos outros, porém precisaria aprender a equilibrar a responsabilidade que assumia e o poder ou o controle que tinha sobre o resultado, se quisesse construir uma parceria entre iguais no futuro. Se você é um Oportunista embarcando em um novo relacionamento, talvez precise fazer o mesmo: não assumir a responsabilidade por como a outra pessoa se sente, o que você não tem como controlar. Oportunistas muitas vezes se perdem no mundo do namoro ao se concentrar mais no que a outra pessoa gosta do que no fato de eles mesmos gostarem ou não da outra pessoa. Responsabilize-se por suas próprias necessidades, que estão no seu controle.

Descubra o que você não está vendo por meio do exercício a seguir.

O QUE VOCÊ NÃO ESTÁ VENDO?

RESPONSABILIDADE VS. INFLUÊNCIA.

Pense em algo que te incomoda. Pode ser sua relação com seu companheiro, como no caso de Jared, e talvez isso se manifeste com você tentando (sem sucesso) resolver os problemas da outra pessoa ou se sentindo na obrigação de aceitar as coisas como a família dela prefere. Este é um ótimo modelo para usar em outras áreas da vida, por exemplo se seu incômodo está relacionado a tensões nas amizades ou no trabalho. Talvez um amigo sempre peça seu conselho e nunca o siga, ou talvez você tenha metas no trabalho impossíveis de atingir no prazo estabelecido.

Agora, monte um gráfico responsabilidade vs. influência para a situação em questão.

Os dois lados estão alinhados? Ou sua responsabilidade pela situação é maior do que sua influência?

Se for o caso, como Jared, você só tem duas opções.

A primeira é aumentar sua influência: pedir um espaço maior nas decisões e se impor com mais firmeza, assumindo um controle que corresponda ao seu nível de responsabilidade sobre o resultado. Fale à pessoa com quem se relaciona do que você precisa, pergunte a um amigo o que espera de você ou renegocie um prazo no trabalho.

A outra opção é reduzir sua sensação de responsabilidade, diminuir seu investimento no resultado e aprender a acompanhar outras pessoas em suas dificuldades ou aceitar que as coisas às vezes dão errado. Aceite que a pessoa com quem se relaciona está triste e precisa que você a ouça, e não que você tente resolver a situação;

conserve sua energia em uma amizade que exige demais de você; faça o possível no trabalho, sem procurar atender a expectativas irreais.

Experimente as duas opções e verifique qual te leva a um lugar que parece mais administrável, então colha os frutos de uma relação mais equilibrada.

6. O que não estamos vendo como casal?

Até aqui, consideramos os relacionamentos românticos da posição do indivíduo e como os pontos cegos que ele leva consigo para esse âmbito podem afetar sua escolha de um companheiro e causar problemas mais à frente. Vimos que Pedras podem abordar o amor de maneira excessivamente lógica, que Gladiadores podem perder de vista o que importa, que Oportunistas podem depender demais de seus encantos e que Pontes evitam conflitos a qualquer custo. Esses pontos cegos uma hora levarão a relacionamentos que carecem de autenticidade, que fazem com que nos sintamos empacados e que não nos satisfazem. Neste capítulo, exploraremos como essas questões de relacionamento podem se manifestar. Se você está solteiro, pode usar este capítulo para refletir sobre a dinâmica de seus relacionamentos passados ou aprender o que procurar no futuro. Se você é parte de um casal, procure descobrir a combinação de pontos cegos que podem estar criando juntos. Isso pode explicar por que seu relacionamento causa preocupação no momento e o que precisa ser mudado, ou, caso se trate de um relacionamento saudável, você pode descobrir algo que lhe passava despercebido e que pode ajudá-lo a crescer e tornar a relação mais satisfatória para ambas as partes.

Pessoas com perfis diferentes deixarão de ver coisas diferentes, e a união que criam será uma combinação dos pontos cegos de dois indivíduos, a qual tem o potencial tanto de preencher algumas lacunas como de criar novas áreas de dificuldades ocultas. Ao longo da última década, trabalhei com centenas de pessoas trazendo diferentes problemas para a terapia, como infidelidade, dificuldade de comunicação e objetivos de vida diferentes. Comecei a pesquisar as questões que surgiam a cada pareamento para poder ajudar melhor esses casais a ver o que não viam coletivamente, e a identificar se o relacionamento tinha potencial de evoluir e se transformar em algo novo e curativo ou se apenas reproduzia crenças limitantes antigas sobre a própria pessoa e a outra.

Apresentarei aqui as técnicas que ajudaram as pessoas retratadas nos estudos de caso, que trabalharam seus pontos cegos comigo. Você pode usá-las com seu companheiro, para resolver algum atrito ou simplesmente para ver seu relacionamento mais de perto, com o intuito de fortalecê-lo ainda mais. Se você quiser melhorar continuamente a conexão, aprender um sobre o outro é uma ótima ideia, mesmo em um relacionamento feliz.

ESTILOS DE APEGO

Como você se comporta como membro de um casal e como vocês se comportam juntos depende do estilo de "apego" de cada um. A teoria do apego teve início nos anos 1950, com John Bowlby, que desenvolveu a visão de que os humanos formam uma maneira específica de se relacionar com outros humanos com base no modo como cuidavam deles na infância. Bowlby percebeu que as pessoas tinham um apego "seguro" ou "inseguro".[1] Ou suas necessidades eram atendidas de forma consistente e elas continuavam esperando o mesmo ao longo da vida, ou não eram, e seus relacionamentos futuros, românticos ou não, eram moldados por essa imprevisibilidade ou negligência inicial. Em 1979, com a experiência "Situação Estranha",[2] Mary Ainsworth passou a defender a existência de três estilos de apego, em vez de dois: o "seguro", o "inseguro-evitativo" e o "inseguro-ambivalente". Um quarto estilo foi acrescentado por Mary Main e Judith Solomon em 1986: o "desorganizado".[3]

Quando eu estava estudando para ser terapeuta, minha supervisora clínica me contou uma história que envolvia três ratos. Mais para a frente, descobri que vinha de um texto que Colby Pearce escreveu para o livro *A Short Introduction to Attachment and Attachment Disorder* [Breve introdução ao apego e ao transtorno de apego], mas na época ela me contou sua própria versão da história, e foi a descrição mais clara da teoria do apego que ouvi na vida, por isso vou reproduzi-la aqui.

"Cada rato tem uma máquina que fornece queijo", minha supervisora começou, "mas a experiência de um para o outro varia muito, e o que aconteceu no passado os ensina a esperar algo do futuro."

Quando o primeiro rato, que depois eu viria a descobrir que era o do "apego seguro", apertava o botão da máquina, sempre saía queijo. Portanto, se ele queria queijo, era só apertar o botão para obtê-lo. Quando o rato não precisava de queijo, não apertava o botão e não obtinha queijo. Tratava-se de um sistema absolutamente previsível, o que significava que o rato podia cuidar de sua vida com a segurança de saber que sempre haveria comida disponível quando ficasse com fome.

O segundo rato tinha uma experiência diferente. Quando precisava de queijo, apertava o botão e *às vezes* obtinha queijo. Às vezes, apertava o botão e não obtinha queijo. Outras vezes ainda, o queijo vinha sem que o rato apertasse o botão; ou ele não apertava o botão, e o queijo não vinha. A máquina ofertava queijo ou não de maneira aleatória — o rato não tinha nenhum controle sobre receber comida quando precisava. Ele não tinha escolha além de se manter próximo da máquina e apertar o botão, armazenando o queijo sempre que ofertado, para se prevenir nos tempos de vacas magras, quando a máquina não fornecia nada. Ele não podia tocar a vida, porque precisava ficar apertando o botão, em virtude daquela fonte pouco confiável de comida. Esse é o rato do "apego ambivalente", e mais para a frente na vida, sob pressão, pode ser um companheiro carente, passivo ou pegajoso — em geral, Pontes e Oportunistas.

O terceiro rato aprendeu que, independentemente do que fizesse, a máquina nunca oferecia queijo. Quando ele apertava o botão, nada acontecia; quando não apertava o botão, nada acontecia também. Simplesmente não havia fornecimento de comida — ou a máquina estava vazia ou só não estava liberando o queijo. Esse rato tinha de se conformar com a falta de comida e encontrar uma maneira de viver assim. Então fazia a única coisa que podia: ignorava a sensação de fome. Ele mantinha distância da máquina de queijo original e de outras com que pudesse se deparar em sua jornada, porque se aproximar de uma máquina de queijo despertava a sensação dolorosa de necessidade e se tornava insuportável. Era mais fácil virar as costas para o queijo e fingir que ele nunca tinha existido, ou então encontrar alguma substância da qual se alimentar ou outra necessidade a satisfazer. Esse é o rato do "apego evitativo", e pode vir a se tornar um companheiro que prioriza o cuidado do outro ou que parece desprovido de emoções ou distante — o que é típico de Pedras e Gladiadores.

Minha supervisora encerrou a história por aí, mas depois li o texto de Pearce por conta própria e encontrei uma quarta descrição, a do rato "desorganizado". Em meu entendimento, tratava-se de um rato que tinha medo da máquina de queijo; ela não era apenas pouco confiável ou indisponível, mas também perigosa, chegando a emitir choques doloridos caso o rato desse um passo errado (ou caso não desse). Esse é o indivíduo que cresceu com medo do apego e podendo demonstrar um ou todos os comportamentos dos outros estilos de apego inseguros, acompanhando de perto a máquina de queijo, mas sem confiar nela, porque podia cada hora responder de um jeito. Essa é uma versão particularmente traumatizada de qualquer um dos perfis.

Idealmente, o relacionamento com um companheiro partiria de uma posição de segurança, porém, mesmo que de fato tenhamos um estilo de apego amplamente seguro, em geral noto vislumbres de algo mais nos casais com que trabalho — em uma espécie de ressaca inconsciente de um aspecto da criação que receberam, ou como resposta a um trauma passado na vida que aparece sob estresse e causa problemas se a pessoa ignora o que não está vendo.

Em minha experiência clínica, os casais que mais me procuram atrás de ajuda são Pedra ou Gladiador (perfis mais evitativos) e Oportunista ou Ponte (perfis mais ambivalentes). Relacionamentos entre pessoas com diferentes estilos de apego têm enorme potencial — as de estilo ambivalente podem demonstrar disponibilidade emocional e oferecer às de estilo evitativo uma permissão para ser vulnerável que nunca experimentaram. E as de estilo evitativo podem demonstrar resiliência e um domínio de si que as de estilo ambivalente nunca desenvolveram, deixando-as à mercê da aprovação dos outros.

No entanto, as coisas nem sempre funcionam de maneira tão harmoniosa, e neste capítulo mostrarei como as parcerias ambivalente/evitativo podem se desfazer. As histórias oferecerão um vislumbre de como o choque de estilos de apego pode levar as pessoas à terapia, e como o atrito pode ser superado no relacionamento com ambas as partes descobrindo seus pontos cegos e aprendendo a se tornar seu próprio fornecedor de queijo, o que, por sua vez, permite que o compartilhem com generosidade, em uma parceria com mais apoio e amor mútuo.

UM RELACIONAMENTO DURADOURO NEM SEMPRE É BEM-SUCEDIDO

Parcerias ambivalente/evitativo podem ser as mais *comuns*, porém você talvez fique surpreso ao saber que as mais *duradouras* são muitas vezes aquelas entre o terceiro tipo de rato, que aprende a viver sem queijo.

Nosso rato evitativo, que concluiu que a máquina de queijo era uma fraude e ele ficaria melhor longe dela, sobreviveu ignorando por completo a sensação de fome. Portanto, pessoas assim podem formar relacionamentos duradouros entre si, com níveis relativamente baixos de divórcio, furtando-se de apresentar necessidades emocionais. O que, é claro, não equivale a dizer que esses são os relacionamentos mais bem-sucedidos. Só que esses relacionamentos dificilmente terminam.

A supressão das próprias necessidades e expectativas baixas em relação aos outros contribuem para uma aliança pouco exigente e livre de conflitos, pois não há pelo que brigar. Os pontos cegos se alinham — o que as pessoas realmente querem ou desejam de um relacionamento é tirado do foco, e atende-se às questões práticas da parceria. Insensíveis à possibilidade de conexão íntima, essas pessoas põem um pé na frente do outro, como se andassem às cegas.

Às vezes, acontece algo que perturba o status quo. Pode ser uma mudança repentina nas circunstâncias, uma crise de meia-idade, ou o tique-taque cada vez mais alto do relógio biológico, como foi o caso de Birgitta. Ela e seu companheiro, Charlie, procuraram terapia quando a postura dela em relação à maternidade começou a mudar. Birgitta havia se deparado com um ponto cego que vinha escondendo uma variedade de sentimentos por um longo tempo e agora aparecia na periferia de sua visão, exigindo atenção.

Há algumas combinações de pontos cegos que vejo com mais frequência na terapia de casal, e essa é a primeira que vamos considerar. Quando você começar a se perguntar sobre seus próprios pontos cegos no que se refere a relacionamentos amorosos, procure se voltar para além de seu relacionamento atual e dos melhores que já teve. Pense nos dias ruins de relacionamentos bons, ou em relacionamentos do passado que parecem disfuncionais. Veja se a história do casal a seguir pode lançar luz sobre tais situações e revelar o que mais pode estar acontecendo.

ESTUDO DE CASO
BIRGITTA E CHARLIE: PEDRA E PEDRA

Quando duas Pedras procuram a terapia (algo incomum, considerando que ambos evitam seus sentimentos), a questão pode envolver um custo irrecuperável relacional — a versão para os relacionamentos da falácia do custo irrecuperável, um princípio econômico que prevê que as pessoas se mantenham em um empreendimento prejudicial por conta do investimento prévio de recursos. Mesmo que um parceiro se conscientize dos problemas, a tendência é ignorá-lo. "Estamos juntos há tanto tempo. Queremos mesmo deixar tudo para trás e recomeçar?", a pessoa pensa.

Se você se encontra em um relacionamento que não está funcionando (ou é capaz de identificar um relacionamento que se prolongou demais), fique atento aos pontos cegos que fazem com que continue investindo na manutenção das coisas tal como estão. Esse é o ponto cego do custo irrecuperável, e podemos nos manter ano após ano em um arranjo que não nos serve mais ou com o qual concordamos quando não nos conhecíamos tão bem. O fim de um relacionamento equivocado não é um resultado ruim, e o relacionamento infeliz em que você se encontra agora pode estar ocupando o espaço de outro que funcionaria muito melhor para você. Com a terapia, Birgitta e Charlie queriam descobrir se era o momento de encerrar o relacionamento, ou apenas de encerrar a versão a que ambos vinham se agarrando.

Charlie me disse que se sentia traído por Birgitta, como se o despertar recente dela à necessidade de se tornar mãe ferisse o contrato entre eles. De certa maneira, ele tinha razão, porém o contrato se baseava em experiências passadas, tinha seus pontos cegos e fora assinado no escuro.

Birgitta tinha uma relação complicada com a mãe. Quando criança, era uma boa nadadora, e a mãe a incentivava a treinar muito e ter o melhor desempenho possível. Sem a opção de pegar mais leve ou ter um dia de folga, ela passou a maior parte de uma década acordando ainda de madrugada para nadar antes de ir para escola, abrindo mão de suas noites e dos fins de semana para se classificar nos campeonatos regionais e depois nos nacionais, com o intuito de um dia competir em uma Olimpíada.

"Aos dezessete anos, tive uma lesão", Birgitta me contou. "Perdi quase a temporada inteira e ganhei peso. Um dia, acordei e tomei uma decisão. 'Chega, não vou mais nadar.' Simples assim. Foi como se tivesse tirado um peso enorme dos ombros."

Birgitta havia aberto mão de sua infância para trilhar o caminho que a mãe havia estabelecido para ela, e agora queria ter algo para si. Queria passar o tempo depois da escola com os amigos, e os sábados também. A mãe, no entanto, ficou furiosa. "Ela me disse que eu estava jogando meu futuro no lixo, que ia me arrepender da decisão de largar a natação." A relação entre as duas sempre fora complicada, e quando ela parou de nadar a mãe se afastou, voltando sua atenção para a filha mais nova e concentrando os recursos e o tempo da família no potencial da menina na piscina. Birgitta ficou magoada, mas não tinha a quem recorrer, então enterrou seus sentimentos de rejeição e seu ressentimento. Ela conheceu Charlie pouco tempo depois e logo agarrou a chance de se mudar de casa, para ficar tão distante da mãe quanto possível. Vinte anos depois, continuava feliz no casamento, porém se pegara desejando algo que nunca esperara: um bebê.

O medo de ser uma péssima mãe, como a dela havia sido para ela, ficara escondido em seu ponto cego. Birgitta se convencera de que tinha mais talento para ser a tia divertida, quando na verdade receava fracassar na criação de um filho.

"Eu tinha medo de não saber como amar a criança", ela me disse em uma sessão logo no início do tratamento. "Não porque não sei amar. Eu amo Charlie, claro. Mas esse é um tipo de amor seguro. Um amor adulto, cerebral. Entende?"

Foi duro para Charlie ouvir como ela se sentia, principalmente porque os dois haviam construído uma excelente vida juntos, com uma boa carreira, viagens de férias e uma agenda social animada. Birgitta sempre havia dito que filhos não estavam em seus planos, que seria o caos, que restringiriam a liberdade de que agora desfrutava. No entanto, Charlie não podia negar que algo mudara entre os dois, e nos limites da consciência dela começava a surgir um desejo com que ele não estava familiarizado e do qual não tinha certeza de que poderia fazer parte.

"Finalmente temos dinheiro e tempo", ele disse, quando perguntei como se sentia. "Quero viajar e decidir sair para jantar em cima da hora. Nossos amigos com filhos estão sempre estressados, sobrecarregados, brigando. Não quero trabalhar mais vinte anos pra pagar escola e faculdade. Eu estava começando a pensar em reduzir minha jornada de trabalho, talvez até me aposentar mais cedo."

Não se tratava de um tema que os dois haviam discutido, porém eles não discutiam a maior parte das coisas, ou pelo menos as coisas importantes. Birgitta ficou surpresa quando soube que Charlie estava pensando em trabalhar menos. Enquanto ele explicava suas motivações, descobrimos que, em seu ponto cego, havia um desejo de voltar no tempo e recuperar a própria infância — brincar de uma maneira que não fora capaz antes. Aquilo era novidade para Birgitta, que não sabia muita coisa sobre a família de Charlie, além do fato de que ele evitava vê-los, porém em terapia ele foi capaz de explicar melhor seu passado, e ela, de escutá-lo.

Charlie tinha seus motivos para ser uma Pedra. Os pais haviam se divorciado quando ele estava para fazer treze anos, e Charlie se lembrava da mãe recrutando-o para montar a cama nova que ela havia comprado no dia do aniversário dele.

"'Ainda bem que tenho você', ela me disse. 'É o novo homem da casa!' Na época, nem me importei. Acho que até fiquei feliz por poder ajudar. Ela parecia triste o tempo todo, e cansada. Cansada em um nível inacreditável. Minha mãe dormia e dormia, mas mal conseguia manter os olhos abertos. Então comecei a fazer tudo em casa. Comprar comida, cozinhar, lavar a roupa. Eu fazia tudo."

Charlie tinha precisado crescer antes da hora, tornando-se um provedor e fonte infinita de apoio prático. Agora, ele não queria assumir o papel de pai, porque mal havia tido a oportunidade de ser criança. Por meio de nossas conversas, ele compreendeu que o cansaço da mãe talvez indicasse algo mais complicado do que parecia na época.

"Sabe, Charlie, pelo que você me contou a respeito dela, fico com a impressão de que sua mãe lidou com uma depressão", comentei.

Charlie achou que aquilo fazia sentido.

"Eu nunca tinha pensado nisso", ele falou. "Achei que fosse só exaustão, por tudo que estava acontecendo. Então eu tentava aliviar a carga dela. Mas você tem razão. Claro que ela estava deprimida. Agora eu vejo isso."

"E você tinha só treze anos", lembrei a ele. "Não poderia assumir tudo sozinho. Ela precisava de ajuda, mas você precisava de uma mãe."

O ressentimento de Charlie por sempre ter cuidado de todo mundo, assim como pelo abandono emocional que sofrera quando a mãe mergulhara em uma depressão após o divórcio, tinha ficado escondido em um ponto cego. Para completar, ele acabou chegando à conclusão de que também tinha medo.

"Acho que fico preocupado de perder Birgitta também. Ela é minha melhor amiga e o amor da minha vida. Se tivermos um filho, isso vai mudar. Sinto muito se estou sendo egoísta, mas não sei se consigo lidar com isso."

Os dois nunca se sentavam no sofá durante as sessões, preferindo ocupar as poltronas do consultório, mas depois que Charlie revelou seus medos mais profundos Birgitta se levantou, se sentou no colo dele e o abraçou, então o consolou enquanto ele chorava.

Charlie e Birgitta são um exemplo de casal com apego evitativo com um bom potencial de reparar muitos erros no passado um do outro. Por meio da terapia e da oportunidade de ter uma conversa real com o apoio de uma guia e testemunha, eles atingiram uma sinceridade e uma disponibilidade emocionais um com o outro que não haviam tido a vida toda.

Com a exploração de seus sentimentos mais profundos e a compreensão de seus pontos cegos, os dois passaram a se amar ainda mais e a ter conversas mais honestas. Embora ainda não tivessem chegado a uma conclusão sobre ter ou não um filho, os dois encerraram sua jornada terapêutica muito mais preparados para tomar uma decisão de maneira mutuamente respeitosa e cuidadosa. Eles não estavam juntos por conta de um suposto dano irrecuperável; estavam juntos para descobrir o que acontecia quando expressavam suas necessidades autênticas. Em nossa última sessão, Charlie me contou que os dois estavam pensando em adotar um cachorro. Eles brincaram que seria um bebê peludo, mas eu acho que se tratava de um primeiro passo para ambos, na direção de dar e receber um amor que vinha mais do coração que da cabeça — sem condições, sem contratos e sem pontos cegos.

ENCURTANDO A DISTÂNCIA

A supervisora que me contou a história dos ratos também compartilhou uma teoria comigo. Ela acreditava que, para desenvolvermos um apego mais seguro, precisamos primeiro experimentar a sensação dos outros estilos de apego, para aprender com eles e crescer. Ela dizia que uma pessoa com apego evitativo, como Charlie ou Birgitta, precisa voltar a sentir necessidade de conexão e a vivenciar seus sentimentos, incluindo os dolorosos, para se tornar mais ambivalente por um tempo, no caminho para a segurança. Nesse sentido, Birgitta abriu o caminho ao deixar a segurança relativa de sua evitação e reconhecer seus sentimentos e desejos, mesmo correndo o risco de que Charlie os rejeitasse. Ela se permitiu desejar mais do que a segurança limitada dos muros que havia construído ao seu redor; o que desejava era a segurança da intimidade emocional. E quando Charlie entendeu que sua relutância vinha de um desejo sufocado havia muito tempo, passou a se permitir sentir e compreender sua própria necessidade de cuidado.

Isso também funciona no sentido inverso, se um parceiro for mais ambivalente. Ele pode encontrar maior segurança recorrendo à evitação, canalizando sua habilidade de amar os outros e aprendendo a amar a si, buscando conforto em um relacionamento de confiança consigo mesmo e em sua conexão com os outros.

Quando uma pessoa se conscientiza de que suas necessidades mudaram, ou de que o parceiro está se comportando de maneira que não fazia parte do acordo original, isso muitas vezes leva o casal a procurar terapia. Pode ser assustador para a parte que percebe a mudança na situação primeiro, e por um tempo ela pode negar seus sentimentos e tentar ser feliz com as coisas tais como são, ou tais como eram.

"É certamente um risco", digo aos pacientes quando eles se perguntam se devem levantar a questão com a outra pessoa. "Se você revirar isso, se revelar seu ponto cego, a distância entre os dois provavelmente vai se alargar a princípio, o que será desconfortável. Mas talvez não dure muito, pois quem pode dizer que é uma obra concluída?"

Talvez expondo a distância você incentive a outra pessoa a examinar a situação, revelar seu ponto cego e identificar o que não estava vendo. Já vi distâncias se fechando por completo com ambas as partes assumindo o risco de se tornar seu eu mais pleno e verdadeiro, e conectando-se com base em uma consciência e uma compreensão emocional mais profundas.

RUPTURA E REPARAÇÃO

O atrito entre duas pedras cria uma faísca. No entanto, nossas Pedras costumam evitar atrito, o que em geral impede a conexão, limita a energia e reprime o potencial. Pedras podem deixar passar a experiência do atrito saudável no relacionamento; elas não se arriscam a provocar rupturas, por isso nunca descobrem o poder criativo e regenerador da reparação.

Tanto Charlie como Birgitta se sentiam empacados, ainda que de maneira diferente. Ao desafiar o status quo, ela ajudou Charlie a ver que em seu ponto cego havia um desejo de vivenciar uma liberdade e um egoísmo que ele não tinha experimentado na infância. Birgitta descobriu que tinha medo de fracassar, por isso seu ponto cego se assegurava de que nunca tentasse. A ruptura que começou quando procuraram tratamento terapêutico se tornou uma revelação inesperada de verdades enterradas havia muito tempo e da possibilidade de um futuro mais feliz, juntos ou separados.

Se você enxerga algo que precisa mudar em seu relacionamento, lembre-se de que a vida não tem a ver com evitar a ruptura, mas com se manter aberto à possibilidade de reparação.

O QUE VOCÊ NÃO ESTÁ VENDO?

MAIS OU MENOS.

Se você é uma Pedra, ou se está em um relacionamento com uma, procure experimentar pequenas rupturas. Tente fazer uma verificação regularmente com seu parceiro, levantando as seguintes perguntas:

- O que você gostaria que a gente começasse a fazer ou fizesse mais?
- O que você gostaria que a gente parasse de fazer ou fizesse menos?
- O que você gostaria que a gente continuasse fazendo?

Agora responda a essas mesmas perguntas e compare as respostas.

- Talvez você ouça que seu companheiro quer que vocês comecem a se revezar para organizar encontros, parem de discutir as tarefas da casa na hora de dormir e continuem fazendo caminhadas nos fins de semana.
- Talvez você queira que ambos comecem a planejar uma viagem, parem de ir para a cama separados à noite e continuem jantando juntos sempre que possível.

As respostas não precisam ser iguais; na verdade, é melhor se vocês tiverem mais opções com que lidar. Não se trata de buscar consenso: há energia no atrito. Se vocês discordam, é hora de negociar, de maneira aberta e livre do ponto cego em que tropeçariam mais para a frente.

Diga a seu companheiro como você se sente e responda aos sentimentos dele, evitando a armadilha de um relacionamento duradouro, mas pouco satisfatório.

> Se você perceber que o relacionamento não suporta um pouco de atrito, talvez precise abandonar a ideia de custo irrecuperável para abrir mão dele.

> **“Se você enxerga algo que precisa mudar em seu relacionamento, lembre-se de que a vida não tem a ver com evitar a ruptura, mas com se manter aberto à possibilidade de reparação.”**

ESTUDO DE CASO

JAYDEN E POLLY: OPORTUNISTA E OPORTUNISTA

Outro perfil que desfruta da própria companhia é o Oportunista. Tendo se virado como podia na vida, o Oportunista adora encontrar um cúmplice que ainda por cima não cobrará nada dele.

Se é verdade que malandro não cai em papo de malandro, Jayden e Polly são a exceção que confirma a regra.

Aos olhos do mundo, eles pareciam ter tudo. Eram pais de duas adolescentes lindas, aproveitavam-se de sua renda elevada para viajar e se presentear, tinham hobbies caros e não viam problema em fazer um financiamento quando queriam trocar o carro ou hipotecar a casa para financiar seu estilo de vida dispendioso.

Os dois começaram a terapia no começo de janeiro, após um Natal de constatações dolorosas.

"Num minuto, estávamos sentados em volta da árvore, abrindo presentes. As meninas estavam distraídas e tudo corria bem. Então elas foram para a sala de TV, ligar o karaokê novo, e trocamos um olhar, não foi?", Polly perguntou, olhando para Jayden.

"É", ele respondeu, parecendo preocupado. "Bom, a gente não tinha nada pra dizer um ao outro."

"Nada." Polly voltou a se virar para mim. "Foi aí que a gente percebeu. Fazia anos que a gente não tinha nada pra dizer um ao outro. A gente foi seguindo o fluxo, dia a dia, e nenhum dos dois está feliz. Temos tudo que parece preencher os requisitos de uma vida plena, mas são só coisas. Não tem nada abaixo da superfície, nada que nos mantenha juntos. Não sei, acho que estamos aqui porque não sabemos o que fazer agora."

Para compreender o relacionamento dos dois, eu tinha de compreender seus pontos cegos. Pedi que cada um deles me dissesse o que já sabia e o que poderia não estar vendo.

Não demorou muito para que eu percebesse que Jayden era um Oportunista. Ele havia praticamente se criado sozinho e cuidado dos irmãos mais novos enquanto os pais tocavam o negócio da família. Quando saiu da escola, utilizou seu charme para conseguir um estágio em uma empresa de engenharia. Vinte anos depois, havia subido na escada corporativa e se tornado diretor de vendas. Agora, negociava contratos importantes e recebia comissão.

Ele tinha conhecido Polly na empresa. Ela começara como assistente pessoal do chefe dele, mas assumira mais responsabilidades e passara a apoiar mais funcionários do alto escalão, então engravidara e parara de trabalhar. Quando Polly me contou sobre sua infância, eu soube que as habilidades interpessoais e a loquacidade que haviam contribuído para seu sucesso profissional estavam mais relacionados com tática do que com talento. Ela aprendera a ler as pessoas quando era pequena e sabia mantê-las felizes. Polly também era uma Oportunista, filha única de mãe solo com a qual tinha um relacionamento que descreveu mais como de "melhores amigas" do que de mãe e filha, mais de companheirismo do que de cuidado.

À medida que nos contou mais sobre sua infância e suas dificuldades de adaptação à escola, Jayden percebeu que havia escondido a dor de se sentir deixado de fora em um ponto cego — o que agora impactava a criação de suas filhas.

"O dinheiro era sempre contado na minha família, e eu me irritava de ver como os outros tinham tudo, sabe? Tênis legais, video games e tal. Quando minhas filhas nasceram, eu jurei que seria diferente. Queria garantir que nada faltasse, que elas não precisariam ficar esperando no ponto de ônibus só com um casaco vagabundo de segunda mão. Acho que nem fiz essa relação de que é tudo porque não quero que elas se sintam de fora, como eu me sentia."

Não eram apenas as filhas que Jayden protegia daquele sentimento, mas o menino que tinha sido também. Ele justificava sua necessidade de roupas de marca pela posição que ocupava e gostava de surpreender as filhas indo buscá-las com um carro novo. Jayden me disse que queria que elas tivessem tudo do bom e do melhor, mas acabou percebendo que, ao mesmo tempo, tentava recompensar seu eu mais jovem.

Polly tinha um ponto cego parecido, derivado da falta de atenção materna em sua infância e da maneira como o amor era demonstrado por meio de idas ao shopping e presentes materiais. Agora, quando ela ficava chateada, se presenteava com um "agradinho". Polly dizia a si mesma que trabalhava duro e merecia ter prazer na vida. Gastava o dinheiro que não tinha fazendo unhas de acrílico e extensão de cílios, para acompanhar suas conhecidas.

Jayden e Polly compartilhavam um apego principalmente ambivalente e uma necessidade de atenção, porém não conseguiam satisfazer essa necessidade com coisas materiais. Por meio da terapia, eles reconheceram que vinham enganando um ao outro, focados em realizar seus desejos sem compreender suas necessidades. Como eram muito parecidos, quando um propunha uma compra, o outro concordava, dizendo "Claro, você merece!", em troca de permissão implícita para uma indulgência recíproca. Os dois se diziam isso tendo dinheiro no banco ou não. Não havia um adulto naquele relacionamento; ambos eram como crianças à solta em uma loja de doces, loucas por uma dose de açúcar para mascarar o gosto amargo da própria infância.

Suas decisões eram tomadas a partir do ponto cego da permissão imprudente, com um dando ao outro a liberdade que buscava para si. Seus pontos cegos relacionados ao que queriam mascaravam suas verdadeiras necessidades — o que Jayden realmente queria era se sentir bem-vindo e incluído, enquanto Polly precisava saber que se importavam com ela. Ambos tinham permissão para satisfazer seus desejos materiais, mas isso reforçava suas crenças centrais de inadequação, algo que não poderia ser apaziguado com compras.

Depois de vários meses, Polly e Jayden chegaram à decisão de dar um fim ao seu relacionamento. A separação foi complicada, por causa das dívidas que haviam acumulado. Não ajudou em nada o fato de que, em meio ao tratamento, Polly descobriu mensagens no celular do marido que provavam que ele a estava traindo com uma mulher muito mais nova da contabilidade.

Os dois continuaram comparecendo às sessões, e juntos encararam o fato de que sua tentativa de dar tudo às filhas só se estendia a roupas de marca e aparelhos eletrônicos. A ficha de Polly caiu quando ela se viu marcando "noites das meninas" com as filhas adolescentes.

"Meu Deus, estou me aproveitando das meninas!", ela disse. "Me sinto só, e em vez de fazer amigos atrapalho o fim de semana delas e faço com que se responsabilizem por mim."

Quando a nova namorada de Jayden se viu pagando a conta do telefone dele pelo terceiro mês seguido, sempre com a promessa dele de que pagaria de volta quando recebesse sua comissão, ela entendeu tudo e deu um fim ao relacionamento.

Jayden e Polly continuaram usando a terapia para trabalhar seu novo relacionamento como pais separados e aprender a dizer a verdade a si mesmos e um ao outro. Oportunistas muitas vezes se utilizam de manipulação e chantagem emocional para coagir a outra pessoa, mesmo depois do divórcio, porém Jayden e Polly queriam construir um relacionamento baseado na honestidade e em uma responsabilidade cuidadosa pelo futuro das filhas, e pelo deles próprios.

Aprender a criar filhos juntos estando separados não é uma tarefa fácil, e eu tiro meu chapéu para os casais que se comprometem a desenvolver as ferramentas de comunicação necessárias para trabalhar de maneira construtiva e manter a presença na vida das crianças para além de questões como custódia ou quem compra os sapatos que serão usados na escola.

O QUE VOCÊ NÃO ESTÁ VENDO?

QUANDO VOCÊ... EU ACHO QUE... E SINTO...

Ensinei a Jayden e Polly uma maneira de manter a comunicação construtiva e autêntica, que alterou a constituição de seu relacionamento. Simplificando, precisamos manter a atenção no problema, e não na pessoa. Isso pode soar assim: "*Quando você... eu acho que... e sinto...*".

Eis alguns exemplos de como podemos unir esses três pontos em uma comunicação mais clara, aberta e responsável:

> "*Quando você* muda os planos e não me avisa, *eu acho que* não está valorizando meu tempo *e sinto* mágoa."

> "*Quando você* fica mexendo no celular no meio de uma conversa, *eu acho que* não está me ouvindo e *sinto* que não sou importante."

"*Quando você* não responde minhas mensagens, *eu acho que* está me ignorando *e sinto* raiva."

Inserindo a parte do "eu acho que" — a interpretação dos eventos —, traduzo meus sentimentos para a outra pessoa e recebo mais aceitação em troca, porque é claro que, se a interpretação estivesse correta, se a conclusão a que meu cérebro chegou fosse acertada, faria todo o sentido me sentir daquela maneira.

No entanto, *não* estou supondo que esse seja o caso. Estou expondo à outra pessoa meu funcionamento interno. E, no processo, provavelmente revelo meu ponto cego — talvez outras pessoas não tenham valorizado meu tempo no passado, talvez ninguém me ouvisse, talvez eu esteja acostumada a ser ignorada. Ao compartilhar minha interpretação, eu abandono as trincheiras e me uno à outra pessoa para que possamos considerar juntas o problema e as ações e interpretações que nos fizeram chegar aonde estamos.

Esse tipo de comunicação não conflituosa ajudou Jayden e Polly a baixar a guarda e trabalhar juntos para organizar a confusão e recalibrar seu comportamento na busca de um objetivo compartilhado: um relacionamento saudável com as filhas. Você não precisa ser um Oportunista, ou estar à beira do divórcio, como Jayden e Polly, para colher os benefícios de uma comunicação menos acelerada, que revela seu funcionamento interno e traz à tona o que não estava vendo.

ESTUDO DE CASO

EDDIE E KIERAN: PEDRA E OPORTUNISTA

Pedra e Oportunista é um pareamento que vejo com mais frequência na terapia. Trata-se de um daqueles combos evitativo/ambivalente em que há enorme potencial de troca de habilidades e permissões, desde que ambos os lados estejam dispostos.

A princípio, a Pedra parece sólida, estável e segura, e o Oportunista parece sociável e brincalhão. Sem consciência, a solidez da Pedra começa a se assemelhar mais com rigidez e imobilidade, e o Oportunista pode passar meses ou mesmo anos tentando persuadi-la, pressioná-la e até coagi-la a relaxar. Chega uma hora em que o Oportunista precisa encarar o fato de que só consegue ir até certo ponto.

Eddie vinha de uma família conservadora e pudica que ficou chocada quando ele contou que era gay. Tratava-se de uma família de Pedras, que escondia seus sentimentos, se é que sentia alguma coisa, e Eddie se contentou em viver discretamente, sem perturbar ou expor ninguém a situações que o deixassem desconfortável. Seu companheiro, Kieran, era um Oportunista. Ele vinha de uma família grande, dominada pelo pai. Sua infância fora feliz, porém como o mais novo de quatro filhos Kieran precisava se esforçar para receber atenção. Como resultado, ele se tornara espalhafatoso e gregário, extrovertido e divertido, o que lhe rendera o posto de preferido da mãe — "Não que eu tenha um preferido", ele dizia, imitando-a, então ria.

Fazia quatro anos que Kieran e Eddie estavam juntos quando procuraram terapia por conta de questões relacionadas a comprometimento.

"Não entendo!", Kieran me disse. "Eu organizo cada viagem, cada Natal, cada festa. Ele diz que quer ir, mas nem parece. Quero que a gente se case, mas Eddie diz que não é pra ele. Fico pensando que o problema não é o casamento: sou eu."

Eddie ficou ouvindo Kieran, parecendo desconfortável em sua poltrona. Quando chegou sua vez, ele falou: "Não sei o que você quer que eu diga, Kieran. Estou feliz com o estado das coisas. Não sei por que mudar".

Se Kieran fosse honesto consigo mesmo, saberia que não era a situação que ele queria mudar, e sim Eddie. Quando tinham ficado juntos, ele achava que seria capaz de fazê-lo relaxar um pouco. Sempre conseguira moldar seus relacionamentos para obter o que queria com seu charme, a começar por sua mãe. Só que Eddie não queria mudar, ou não estava pronto para mudar, e ao longo de nossas sessões Kieran chegou à conclusão de que seu ponto cego o levara a desperdiçar quatro anos tentando transformar Eddie em alguém que ele não era.

Com frequência, me perguntam se acredito que as pessoas podem mudar, e minha resposta é sempre sim. Eu não poderia fazer meu trabalho se não acreditasse que mudar é possível, porém é primordial que haja desejo de mudar. Oportunistas muitas vezes tomam decisões com base em como esperam que as coisas *se desenrolem*, quer a outra pessoa concorde ou não. É provável que isso tenha funcionado para eles no passado, como no caso de Kieran, e muitas Pedras ficariam gratas em receber permissão para relaxar e se divertir, em ter suas necessidades emocionais e físicas atendidas no contexto de um relacionamento amoroso de confiança. No entanto, a menos que esse seja um objetivo mútuo, estabelecido de maneira consciente, não passa de um tiro no escuro, que, no caso de Kieran, errou o alvo.

PERMISSÃO, E NÃO PERSUASÃO

Kieran e Eddie decidiram não ficar juntos e encerrar a terapia, porém ambos saíram com uma lição valiosa relacionada aos pontos cegos que traziam para o relacionamento, mesmo sem saber. Fiquei pensando se eles não teriam encontrado um caminho se recorressem mais à permissão do que à persuasão.

Arrastar Eddie como uma mula relutante só criou resistência, e fez com que ele se afastasse. Quando sentiu a distância de Eddie, Kieran entrou em pânico e tentou compensar, bombardeando-o com presentes e gestos de amor.

Tudo isso pareceu manipulador para Eddie, que ficou com a impressão de que não seria aceito tal como era e reforçou a vergonha que carregava desde a infância, por ter saído do armário em uma família que não o aprovava e ter sido alvo de bullying na escola por ser diferente. O que o atraíra em Kieran fora o que o outro representava: alguém confiante e popular, extrovertido e espontâneo. Se Kieran tivesse contribuído para o relacionamento com *permissão*, continuando a ser o espírito livre e sedento por diversão que era, Eddie talvez tivesse conseguido relaxar as regras que seguia, criando algo que atenderia às necessidades de ambos. Kieran tinha boas intenções, porém agira de maneira equivocada, enquanto tentar evitar a dor do término havia feito com que Eddie se mantivesse em um relacionamento cujas partes queriam coisas diferentes.

O QUE VOCÊ NÃO ESTÁ VENDO?

SIRVA DE EXEMPLO.

Se você quer que a outra pessoa mude, verifique o que acontece quando opta pela permissão. Em vez da abordagem "faça o que eu digo", experimente a abordagem "faça como eu faço". Se a outra pessoa vir como você lida com situações que ela talvez considere ameaçadoras, vai se sentir mais segura para experimentar. E, se ela não tinha permissão para se comportar de certa maneira no passado, ou se isso não era incentivado em seu lar de infância, seu exemplo a reassegurará de que o contexto mudou e agora ela é livre para atualizar as regras.

Pergunte a si mesmo: O que você gostaria que a outra pessoa fizesse diferente? O que você pode fazer para servir de exemplo desse comportamento?

Se você quer que a outra pessoa pegue mais leve consigo mesma, pegue mais leve consigo mesmo. Cancele planos e se dê uma folga ao fim de uma semana corrida.

Se você quer que ela seja mais ambiciosa, dê rédeas à sua ambição. Inscreva-se em um curso que te inspire ou comemore seu sucesso no trabalho com um jantar especial quando chegar em casa.

Se você quer que ela seja mais confiante, mostre sua confiança. Corra o risco de falar em eventos sociais, ou se arrisque em um novo hobby.

Em vez *persuadi-la*, sirva de exemplo. Você ficará impressionado ao ver como a *permissão* pode ser eficiente em incentivar outras pessoas a desvendar seus pontos cegos.

ESTUDO DE CASO
MARIANNE E ROD: PEDRA E PONTE

Como polos opostos de dois ímãs, Pedra e Ponte podem criar uma conexão bastante forte, pelo menos de início. Muitas vezes, suas forças e seus pontos cegos se opõem, de modo que elas se encaixam com facilidade, complementando as expectativas e os comportamentos uma da outra. Uma Pedra talvez espere estar no comando, e uma Ponte talvez esteja acostumada a seguir instruções. Uma Pedra pode parecer desprovida de emoções, e uma Ponte pode não expressar suas necessidades. Por um tempo, isso cria um relacionamento que flui tranquilamente, com pouco atrito, porém as coisas podem mudar quando uma parte passa, ou as duas partes passam, por uma transição na vida, que pode ser a síndrome do ninho vazio, uma mudança de carreira, um problema de saúde ou a menopausa.

Conheci Marianne quando ela entrou para o grupo terapêutico. Marianne se importava com o bem-estar dos outros e compartilhava a responsabilidade de organizar o grupo. Enquanto Jared, o Oportunista do capítulo anterior, fazia o mesmo de uma posição de subserviência, Marianne assumia o papel de matriarca do grupo, como uma típica Pedra.

Quando os outros conversavam, era comum que ela interferisse para oferecer conselhos ou soluções, em uma tentativa de ajudar. Quando chegava sua vez de falar, reclamava do marido e de tudo que ele havia feito para irritá-la naquele dia. Ela se queixava de falta de intimidade, da indisponibilidade emocional dele, da percepção de que nunca demonstrava afeto, fazia elogios ou comprava flores. Os dois tinham criado o hábito de assistir à TV separados à noite, e Marianne nem conseguia se lembrar da última vez em que haviam feito sexo.

Alguém do grupo comentou que Marianne tratava o marido mais como uma criança do que como um companheiro. Que ela parecia a mãe dele, e não a esposa. Então ela se deu conta de que tinha transformado o homem independente com quem se casara em uma sombra que usava as roupas que ela comprava e esquentava qualquer que fosse a comida que ela havia comprado aquela semana. Chegamos à conclusão de que não era de terapia em grupo que ela precisava, e sim terapia de casal. Na vez seguinte que nos vimos, ela estava com Rod.

Abri a porta para os dois, e ele entrou atrás de Marianne, pegou o casaco dela e o pendurou, depois se sentou ao seu lado e ficou aguardando que eu falasse. Como costumo fazer, comecei perguntando se podiam chegar a uma definição compartilhada do problema. Marianne foi a primeira a falar: "Sinto que sou mãe dele, e não companheira. Sou responsável por todas as decisões e por todo o planejamento. Quero mais equilíbrio no relacionamento, agora que nossos filhos saíram de casa. Quero que seja um relacionamento entre iguais, como se eu tivesse um marido, e não um passarinho gordo que nunca saiu do ninho!".

"E quanto a você, Rod? Qual você acha que é o problema?", perguntei.

"Ela estar claramente infeliz comigo", ele disse, baixo.

A resignação do marido diante do fato de que Marianne o acusava de ser um inútil fazia com que ela se sentisse ainda mais sozinha. No entanto, Marianne tinha um ponto cego envolvendo controle: as coisas não iam mudar a menos que ela soltasse as rédeas e oferecesse ao marido uma chance de se colocar.

Marianne agia com base em um ponto cego que havia desenvolvido na infância. Sua vulnerabilidade e autossuficiência forçada haviam criado um estilo de apego evitativo. Ela nos contou que estudara em um internato e só podia ligar para casa uma vez por semana. Lembrava-se de cravar as unhas na palma da mão enquanto ouvia a mãe falando, esforçando-se para não chorar quando ouvia ao fundo os irmãos mais novos se preparando para jantar. Como a boa Pedra que fora ensinada a ser, ela endurecera, mantendo a exposição emocional o mais breve possível e se debruçando sobre as obrigações escolares para esquecer a saudade de casa.

Desesperada por conexão e cuidado, Marianne sobrevivera tornando-se capaz e prática. Sem se dar conta, acabara se casando com um homem que permitiria que ela permanecesse assim.

O ponto cego de Rod, conforme descobrimos, o levava a se curvar à autoridade. Sua potência e masculinidade se perdiam em um ponto cego por conta de um pai que sempre dizia que ele não era bom o bastante, o que depois fora reforçado pela zombaria dos professores na aula de educação física.

"Eu tentava ser o primeiro a me trocar depois da aula", ele nos contou. "Assim podia fugir antes que os outros meninos chegassem, mas não era rápido o bastante e os encontrava esperando por mim. Eles..." Mesmo sem que Rod concluísse a frase, Marianne e eu compreendemos que o bullying que ele sofrera, tanto nas mãos dos professores quanto dos alunos, o havia levado a fugir ou se esconder sempre que se sentia ameaçado por aqueles que detinham mais poder.

Marianne era enérgica, porém só porque precisara ser. Com o nascimento dos filhos, ela assumira a criação deles e a gestão da casa, enquanto Rod continuava trabalhando como funcionário público. Então as crianças entraram na escola e ela voltou a trabalhar fora, porém o resto permaneceu igual: Marianne continuou administrando a casa, pagando as contas, cozinhando e limpando, cuidando de tudo que se referia às crianças e da agenda da família. De alguma maneira, o marido tinha se misturado às outras tarefas, sendo levado para o cesto de roupa suja transbordante da vida. Tratado como algo entre uma criança e um subordinado, ele se recolheu em sua caverna e passou a se comportar cada vez mais como o adolescente exasperado que ela retratava. Em alguns aspectos, aquilo era bom para Rod: ele ficara fora do radar de Marianne todo aquele tempo, sem se encrencar. No entanto, para se recuperar do ponto cego que escondia suas necessidades, Rod precisava descobrir que não ia se encrencar pelo puro fato de se tornar visível. Para sair da posição de vítima, ele precisava descobrir seu poder e ganhar respeito.

Por outro lado, Marianne queria um marido com quem pudesse contar. Agora que os filhos haviam crescido e saído de casa, era hora de reconhecer as necessidades emocionais antes negadas por um ponto cego de resiliência e descobrir se o marido tinha a capacidade e a inclinação de uma parceria emocional e prática. Àquela altura, eles não tinham nada a perder, e tudo a ganhar.

Pedras como Marianne muitas vezes assumem o papel de mãe ou pai nos relacionamentos amorosos — tomando as decisões, controlando as finanças, acumulando as responsabilidades na casa, no trabalho e na família. Elas o fazem porque são boas nisso, e provavelmente sempre fizeram, o que não significa que suas próprias necessidades devam sumir de vista no processo.

Pontes, como Rod, são excelentes companheiros em vários sentidos, complementando o foco e o estoicismo das Pedras ao se disporem a ser passageiros na vida, seguros no banco de trás, enquanto as Pedras se mantêm ao volante. Assim, as Pontes também esquecem suas próprias necessidades, aceitando o relacionamento tal como é oferecido e priorizando paz a preferência, muitas vezes a partir de um estilo de apego mais ambivalente, que busca agradar aos outros e garantir seu lugar.

Esse relacionamento simbiótico pode ser visto em toda parte na natureza, entre criaturas que aliam seus recursos. Quando funciona bem, chamamos de "mutualismo"[4] — uma mão lava a outra. No entanto, quando a compulsão toma conta, ou seja, quando o padrão se torna limitante, falamos em "codependência".[5] Cada parte depende da outra para sintetizar algo que ainda não aprendeu a sintetizar sozinha, e abre-se terreno para a abnegação e o ressentimento.

Muitos casais com esse tipo de combinação apresentam um potencial enorme, mas ambas as partes precisam compreender e assimilar o que a outra tem a oferecer. Pontes podem aprender a ser mais assertivas e decididas, e a tolerar atrito em nome do autocontrole; Pedras podem aprender a contribuir com uma energia mais relaxada, alegre e cooperativa para o relacionamento, com boa vontade e diplomacia. Integrando esses dois lados, vocês estarão no caminho certo.

Entre Pedras e Pontes que procuram terapia, em geral há um desequilíbrio de poder e responsabilidade, por causa dos pontos cegos coletivos operando, porém com uma renegociação as coisas podem melhorar enormemente para todos os envolvidos. Pedras não querem se sentir sempre responsáveis, e Pontes não gostam de se sentir impotentes. Nesse sentido, uma mudança beneficiaria a ambos.

O QUE VOCÊ NÃO ESTÁ VENDO?

VOCÊS PODEM SER MAIS DO QUE A SOMA DE SUAS PARTES.

Se você está em um relacionamento como o deles, entre uma Pedra e uma Ponte, anime-se. Essa é uma bela oportunidade de mudar e crescer, com ambos identificando seus pontos cegos e passando a entender o que não estavam vendo.

Se você é a Pedra...

Pergunte a si mesmo: Que sentimento quer evitar? O que está escondido em seu ponto cego? Um medo de ser criticado ou julgado, de fracassar ou decepcionar as pessoas? Talvez tenham lhe dito que pedir ajuda era sinal de fraqueza ou motivo de vergonha, por isso você busca independência.

Quando você compreender o que há por trás de seu senso de responsabilidade, descobrirá o que não estava vendo. Entender por que você evita depender dos outros o ajudará a perceber por que se utilizou do controle para se manter seguro no passado e por que a vulnerabilidade típica de uma Ponte pode ser o caminho para uma conexão mais gratificante e íntima no futuro.

Se você é a Ponte...

Que sentimentos ou crenças seu ponto cego esconde? A crença de que você não é merecedor ou de que não tem permissão de causar um impacto na vida de outra pessoa? Talvez você esteja agindo com base no medo do abandono.

Seu ponto cego também escondeu uma verdade: de que você tem o direito de estar aqui e de fazer exigências ao mundo tanto quanto qualquer outra pessoa, e se você começar a se defender e a construir a resiliência típica da Pedra (que te apoiará melhor do que qualquer tentativa de reafirmação), nunca mais ficará só.

ATIVO OU PASSIVO?

Marianne tinha o hábito de diminuir a relevância de suas próprias necessidades e assumir a responsabilidade pelas de todos os outros porque ainda não havia aprendido que ela era importante e merecedora de apoio também. Seu marido se resignava ao fato de que era ela quem mandava, pois era mais fácil do que comprar briga, visto que seu ponto cego escondia seu direito a uma opinião.

Usamos um diagrama que desenvolvi e chamei de Moldura (Figura 7) para identificar o que Marianne e Rod tinham em comum e como poderiam apoiar um ao outro na recuperação de seus pontos cegos.

Idealmente, seríamos capazes de abordar o conflito de uma posição de *perspectiva*, no meio, com um foco compartilhado em si e nos outros, e a capacidade de se envolver de maneira apropriada — sem fazer mais do que nossa cota e sem nos abster da responsabilidade. No entanto, nossos pontos cegos atrapalham esse processo, e cada perfil tem uma tendência a exagerar em certa direção.

O eixo horizontal da Moldura mostra como nos envolvemos em conflitos. Se somos mais passivos, como Pontes e Pedras tendem a ser, *evitamos* discussão ou discordância —

FIG. 7. A MOLDURA MOSTRA COMO OS PONTOS CEGOS AFETAM NOSSA ABORDAGEM DO CONFLITO

podemos recuar ou aceitar o ponto de vista da outra pessoa rápido demais, ou podemos adotar uma atitude indiferente, bater o pé ou enfiar a cabeça num buraco e torcer para que passe. Se somos mais ativos, como Oportunistas e Gladiadores, nos *inclinamos* ao conflito — podemos discutir e insistir em nosso ponto de vista, ou tentar persuadir a outra pessoa a mudar de ideia; o drama nos agita de tal maneira que não conseguimos sossegar.

O eixo vertical mostra se somos mais ou menos focados nas emoções durante um conflito. Se você é uma Pedra ou um Gladiador, seu ponto cego pode limitar sua empatia e sua disponibilidade emocional quando se sente ameaçado — você se protege do conflito com um *foco menor nas emoções.* Você pode recuar caso se sinta desconfortável ou até repensar sua própria necessidade de lógica e controle. Se você é um Oportunista ou uma Ponte, em geral tem um *foco maior nas emoções* e se mantém em segurança regulando os sentimentos da outra pessoa, a ponto de suas próprias necessidades se perderem em um ponto cego.

Uma *Pedra*, como Marianne, costuma ser autossuficiente e pode ser teimosa no conflito. Sua indisposição a se envolver emocionalmente fazia Marianne fugir de discussões difíceis e assim parecer rígida e desinteressada.

Uma *Ponte*, como Rod, não se concentra em suas próprias necessidades. Na verdade, a única necessidade de Rod era que Marianne ficasse bem e a paz fosse restaurada, porém ele não assumia um papel ativo na solução do problema — também fugindo do conflito, mas na esperança de que ele chegasse ao fim.

Os outros perfis completam o modelo: *Oportunistas* não são capazes de ignorar um problema no relacionamento, porque se sentem atraídos por ele, mas isso não significa que vão abordá-lo de maneira direta. Às vezes, isso acontece internamente, e seu envolvimento parece racionalização excessiva ou ansiedade, com um foco nas reações dos outros. Na ausência de confiança em si mesmos, eles se esforçam para chegar a um acordo ou ser perdoados.

Gladiadores também se envolvem ativamente, atraídos pelo conflito em caso de divergência de opiniões, porém são mais egocêntricos e se utilizam de uma abordagem mais bombástica, que no entanto pode não provocar impacto em outras pessoas.

No meio da figura encontra-se a posição de perspectiva, com a habilidade de se estender e flexionar na direção de cada quadrante conforme apropriado para cada situação, porém sempre mantendo o contato com os quatro e considerando todas as opções. Dessa posição, podemos nos envolver com o conflito sem ser arrastados para eles ou afastados para longe, e conseguimos manter a consciência de nossos sentimentos e necessidades, assim como dos sentimentos e necessidades dos outros.

Ajudo casais a se situar na Moldura e a trabalhar rumo ao seu centro, como fiz com Marianne e Rod.

Para ganhar perspectiva, Marianne teve de aprender a tolerar a tensão e demonstrar empatia por Rod; a perspectiva veio para Rod quando ele passou a se envolver de maneira mais ativa e a dar mais atenção a suas próprias necessidades. Seus pontos cegos escondiam a possibilidade de um conflito seguro e produtivo, então ambos preferiam evitá-lo, mesmo infelizes e sentindo que não eram ouvidos. Por isso, eu tive de intervir.

"Temos alguns pontos em comum, então vocês dois vão receber a mesma lição de casa esta semana", eu disse. "Dizer um ao outro como se sentem."

Os dois riram, por motivos diferentes: fazia tempo que Marianne não permitia que seus sentimentos tivessem voz, e fazia ainda mais tempo que Rod não dizia nada.

"Acho que nem sei como fazer isso!", ele comentou.

"Vocês podem se ajudar", insisti. "Marianne vai te ajudar a falar, e você vai ajudá-la a sentir."

Eles foram embora munidos da chave para os pontos cegos um do outro. Senti uma mudança quando eles chegaram na semana seguinte e se sentaram lado a lado no sofá. Quem falou primeiro foi Rod, enquanto Marianne tomava um gole do café que comprara no caminho. "Bom dia, Emma. Como você está?"

Marianne tinha necessidades, e Rod tinha uma voz. Aquilo era ótimo.

O QUE VOCÊ NÃO ESTÁ VENDO?

ENCONTREM O MEIO-TERMO.

Você pode usar esse conceito para compreender seu próprio relacionamento e traçar a rota rumo a uma perspectiva melhor quando houver algo a discutir.

Identifique que posição você ocupa na Moldura. Você costuma assumir um papel ativo nas discussões, ou em geral as evita? Você se concentra em si, ou no ponto de vista da outra pessoa?

Agora faça o mesmo com seu companheiro ou com qualquer outra pessoa com quem entre em conflito.

Note se você se situa entre dois perfis, ou bem no meio de um, ou ainda no canto extremo de um quadrante, por conta de um ponto cego profundamente arraigado.

E quanto a seu companheiro?

O objetivo de ambos deve ser rumar para o centro, talvez se concentrando menos nos outros e mais em si, ou o contrário. Talvez se envolvendo de maneira mais ativa, caso congele diante do conflito, ou dispendendo menos energia, caso tenda a insistir em seu ponto de vista e precise compartilhar a responsabilidade da resolução com a outra parte.

Escolha algo em que trabalhar da próxima vez que houver conflito e verifique se consegue contribuir com um pouco mais de perspectiva.

ESTUDO DE CASO

ZOYA E FRANK: OPORTUNISTA E GLADIADOR

É claro que os casais não começam terapia apenas quando há problemas. Às vezes, eles fazem isso apenas porque querem se entender melhor, como Zoya e Frank. Eles formavam um casal bastante compatível. Frank era ambicioso e obstinado, e seu trabalho duro e suas expectativas elevadas garantiam a segurança financeira e a vida confortável da família. Zoya contribuía usando sua empatia para manter as conexões da família e construindo redes sociais fortes. Agora que a filha deles havia entrado na escola, era Zoya quem participava dos grupos de WhatsApp e ia tomar um cafezinho com os pais depois que todos deixavam as crianças na escola. Em uma dessas ocasiões, surgiu o tema da terapia de casal, que havia ajudado outra mãe a revigorar seu relacionamento. Zoya foi para casa e convenceu Frank de que ambos podiam se beneficiar de apoio na comunicação. Ela me mandou um e-mail explicando: "Formamos uma excelente equipe quando se trata dos aspectos práticos da vida, mas nos últimos cinco anos nos concentramos no trabalho e na nossa filha, e agora que ela começou a escola parece uma boa oportunidade de voltarmos a nos concentrar em nós".

Quando conheci os dois, pude observar seu trabalho em equipe em primeira mão. Enquanto Frank usava o celular para pagar a sessão, Zoya anotava na agenda a próxima data. Ela se encarregava da parte da conversa despretensiosa e ele mandava os e-mails envolvendo logística. Cada um tinha seu papel, e o executava bem.

Zoya me contou mais sobre si em nossa segunda sessão.

"Minha família chegou ao Reino Unido quando eu era criança, e acho que minhas primeiras lembranças envolvem a sensação de ser diferente. Eu era a única de pele parda na escola, e tive dificuldade de me encaixar e fazer amigos."

Havia uma menina em sua classe que era particularmente confiante, e Zoya se aproximou dela, assumindo uma posição de popularidade por associação, o que apontava para um estilo de apego mais ambivalente. Pessoas com perfil Oportunista, como Zoya, em geral têm uma percepção elevada do que os outros pensam e sentem — é um superpoder que utilizam para avaliar o ambiente e se adequar às condições. A menina de quem ela se aproximou parecia ser uma Gladiadora — exigente e mandona —, e Zoya se utilizou daquela aliança para se manter segura. Agora, ela era casada com um Gladiador, um funcionário de banco que Zoya disse que a lembrava de diferentes maneiras daquela primeira amiga que fizera na escola.

O relacionamento de Zoya e Frank era forte, e na maior parte do tempo eles remavam na mesma direção. Mas também dava para ver que ambos tinham muito a aprender, porque, embora se aproveitassem de seus pontos fortes individuais, ainda não aproveitavam plenamente o que cada um poderia oferecer ao outro. Um Gladiador pode mostrar a uma Oportunista como manifestar necessidades e atendê-las, e uma Oportunista pode mostrar a um Gladiador como permitir que os outros o apoiem caso a situação peça.

Pontos cegos podem impedir um casal de somar seus recursos e ainda aumentam enormemente as possibilidades de mal-entendidos. Um Oportunista pode se apresentar como o que quer que a outra pessoa deseje ver, vendendo-se como aquilo que ela está procurando, porém o tiro pode sair pela culatra, como Zoya descobriu quando discutiu com Frank sobre o desequilíbrio no cuidado da filha.

"Faço tudo pela nossa filha, mas quando quero sair uma noite, pra encontrar amigas, ele pega no meu pé!", Zoya declarou uma semana, procurando apoio em mim.

Aquele era um padrão dela, que costumava se esforçar ao máximo e depois se ressentir e se surpreender quando seu pedido de um tempo para si mesma era contestado.

"Parece que você estava esperando outra coisa", comentei. "O que exatamente?"

"Bom, que a gente dividisse a responsabilidade pela nossa filha. Afinal, somos seus pais!", Zoya respondeu.

Eu me virei para Frank e perguntei: "Você pensa o mesmo?".

"Só pra registrar", ele começou, "eu não 'peguei no seu pé'. Só fiquei surpreso. Você sempre dá o banho. É uma coisa que você já disse que queria fazer, que gosta de fazer. Não entendi direito qual é o problema."

Sem perceber, Zoya havia feito com que Frank esperasse que sempre estaria em casa para dar banho na filha. Como um Gladiador, ele raramente fazia algo que não queria fazer e supunha que o mesmo ocorresse com Zoya, então quando ela havia deixado o emprego para cuidar da filha, ele imaginara que se tratasse de uma escolha. Agora, Frank estava bravo porque Zoya parecia estar mudando de ideia, e o que fora oferecido como um investimento no lar de repente parecia um adiantamento para demandas futuras.

A raiva dele era clara, porém parecia estar mascarando outra coisa, por isso perguntei:

"O que mais está acontecendo do seu lado, Frank?"

"Eu me sinto manipulado e pego de surpresa", ele disse.

Frank compartilhou algumas experiências de infância. Descreveu o pai como um "homem fraco", que tirara uma licença por doença e gastava o dinheiro que recebia em apostas, enquanto a mãe de Frank se matava de trabalhar para pagar as contas. Ter pais emocionalmente indisponíveis e que não atendiam às suas necessidades o levara a desenvolver um estilo de apego mais evitativo e explicava por que a sensação de estar sendo manipulado o deixava desconfortável.

A mãe de Frank morrera logo depois que ele completara dezoito anos, levando-o a encontrar um trabalho rapidamente e sair de casa. Frank me disse que teve prazer em bater a porta na cara do pai quando ele apareceu pedindo dinheiro. Frank tinha raiva do pai — e da mãe, por tê-lo aguentado —, e seu desprezo pela fraqueza se tornou a força motriz que o levou para bem longe do conjunto habitacional onde havia crescido.

Agora, a discussão com a esposa fazia com que se sentisse fraco, e os pontos cegos de ambos geravam caos. O ponto cego de Frank escondia sua capacidade de confiar nas pessoas e fazia com que ele se sentisse traído pelo que percebia como uma manipulação de Zoya e irritado consigo mesmo por aceitar as ofertas da esposa sem questionar; o ponto cego de Zoya escondia sua opção de negociar abertamente com Frank e ser honesta em relação ao que queria.

Dei a eles o mesmo conselho que dou a todos os casais Oportunista/Gladiador, e envolve a história de Davi e Golias (editada para fins terapêuticos).

Davi era um Oportunista, à primeira vista mais fraco, porém contando com muito mais truques na manga do que Golias, que era um Gladiador e dependia de sua força bruta. Todos sabemos como isso terminou. Quando Oportunistas e Gladiadores entram em um embate, os Gladiadores costumam ser surpreendidos com a vitória dos Oportunistas.

A coisa não muda muito de figura quando Oportunistas e Gladiadores formam um casal, motivo pelo qual Oportunistas como Zoya têm a responsabilidade de não manipular os Gladiadores que amam com manobras que reforçam seus problemas prévios de confiança.

Conscientes disso, Zoya e Frank poderiam atender a algumas das necessidades do passado. Zoya poderia se espelhar em Frank para ser mais direta e assertiva, e Frank poderia demonstrar mais empatia na segurança de seu relacionamento com Zoya.

Como vimos na Moldura (Figura 7), com frequência temos pontos em comum com nossos companheiros, e esse é um bom lugar de onde começar a se recuperar dos pontos cegos. Zoya e Frank se envolviam ativamente nas discussões, porém Frank se agarrava à sua opinião e Zoya se esforçava para fazê-lo mudar de ideia. Ela precisava ter um ponto de vista próprio, e ele precisava de empatia. Ambos tinham de aprender a se responsabilizar um pelo outro, não puxando as cordinhas ou preparando terreno para assegurar sua vitória lá na frente, como um Oportunista faria, mas a partir de empatia e cuidado genuínos.

ESCALA DE EMPATIA

Realizamos um exercício que chamo de Escala de Empatia, uma excelente maneira de aumentar a empatia, que você pode experimentar em seu próprio relacionamento. Peço a uma pessoa do casal que comece a descrever, do ponto de vista da outra parte, como imagina que ela se sinta sobre uma questão ou um aspecto do relacionamento em particular.

Eis um exemplo com o casal Jake e Clare.

EU: Jake, você pode se pôr no lugar de Clare e descrever como ela se sente em relação à louça acumulada na pia?

JAKE: Ela sente irritação, porque eu trabalho em casa e, quando ela chega, a cozinha está uma bagunça, as coisas do meu almoço estão espalhadas, e ela merece chegar em casa e encontrá-la como a deixou, não quer ter de arrumar a cozinha assim que chega.

Em seguida, geralmente peço à pessoa cujos sentimentos foram descritos para apontar, em uma escala de 1 a 10, quão perto o companheiro chegou de compreender seu ponto de vista.

EU: Ótimo. Obrigada, Jake. Agora, Clare, em uma escala de 1 a 10, quanto a descrição de Jake foi precisa?

CLARE: Sete.

Depois de ter ouvido que o companheiro a entende pelo menos um pouco, podemos perguntar à pessoa o que seria necessário para subir na escala de empatia.

EU: Certo. E o que seria necessário para chegar a 8?

Trabalhando de maneira colaborativa, em geral a seguir se ouve um acréscimo construtivo e razoável ao resumo prévio do companheiro. Quando a pessoa não precisa começar se explicando do zero, fica mais fácil validar e completar a compreensão já existente do companheiro, às vezes desvendando um ponto cego que expõe a verdadeira raiz das emoções envolvidas.

CLARE: Eu não fico irritada. Fico mais triste. Porque, muito embora ele saiba que isso é importante para mim, não reserva cinco minutos do horário do almoço para limpar a cozinha, então eu fico pensando que não valho cinco minutos do tempo dele, e sentindo que não importo para ele, ou para qualquer outra pessoa. Isso me deixa triste.

Agora Jake compreende que Clare não o está perseguindo, e sim protegendo a si mesma da sensação de que não é importante escondida em seu ponto cego. Quando revertemos o exercício e pedimos que Clare empatize com Jake (pulando os detalhes), descobrimos que o ponto cego de Jake esconde uma insegurança em relação a decepcionar a quem quer que seja, o que faz com que ele diga sim para todo mundo e fique sem tempo para as pessoas que realmente importam.

Ponha isso em prática em seu próprio relacionamento, quando precisar abordar uma questão grande ou pequena. Comece demonstrando empatia pelo companheiro, depois peça que ele dê uma nota para seu resumo e descubra o que falta para a nota subir um ponto. Depois inverta os papéis. Você pode se surpreender usando a Escala da Empatia para descobrir o que não está vendo.

No caso de Frank e Zoya, ela foi a primeira a falar, descrevendo o que percebia como frustração por parte de Frank quando ela se "esquecia" de dizer que combinara de sair. Ele lhe deu nota 8. Quando perguntei o que faltava para o 9, Frank disse: "Zoya perceber que eu quero que ambos digamos o que queremos de cara. Quero que ela seja honesta sobre como se sente, em vez despejar tudo em cima de mim no último minuto". Frank e Zoya queriam a mesma coisa: que ela dissesse o que queria e que ele soubesse o que esperar. Foi uma revelação para ambos.

O QUE VOCÊ NÃO ESTÁ VENDO?

INVISTA EM SEU RELACIONAMENTO E PROMOVA MELHORIAS PARA TODOS.

Se você é Oportunista, é um desafio comunicar suas necessidades diretamente e assumir o risco de que elas às vezes sejam negadas, ou pelo menos renegociadas. Para deixar claro: o objetivo não é você conseguir o que deseja, e sim ser honesto quanto ao que está pedindo. Você perceberá que as pessoas reagem melhor quando não se sentem coagidas, e aprenderá a ajudar a si mesmo, o que te liberará da opção insatisfatória entre duvidar e se ressentir. Talvez tenham lhe dito no passado que seus sentimentos e suas necessidades não eram bem-vindos, então você aprendeu a fazer com que parte deles fosse atendida por meio de seu charme ou de manipulação. O problema provavelmente não era você ser "um pouco demais", e sim os outros não terem dado conta e criado um jeito de manejar suas demandas te envergonhando, em vez de estabelecendo limites. Quando você contribui para seu relacionamento atual, pense que se trata de um investimento, e não de um simples pagamento.

Se você é um Gladiador, seu desafio é não apenas se responsabilizar por suas próprias necessidades, mas também considerar as de seu companheiro. Seu ponto cego pode te convencer de que não há o bastante para todos, ou de que os bonzinhos acabam se dando mal, porém existe a opção de fazer o bolo crescer antes de pegar seu pedaço, investir no futuro e confiar que a pessoa com quem você divide a vida fará o mesmo por você.

ESTUDO DE CASO

ANDREW E CIARA: GLADIADOR E PONTE

Esta é uma combinação de pontos cegos que identifico imediatamente quando me deparo com ela no consultório — na verdade, em geral é a sensação de desconforto que evoca em mim que me chama a atenção para aquilo com que vou ter de lidar. Não se trata de uma união nociva por si só, porém ela pode apresentar uma tensão problemática entre poder e impotência. Não poder como o da Pedra, que se concentra no poder sobre si mesmo, talvez com uma propensão a regras que mantenham tudo dentro dos conformes. Estamos falando do poder que Gladiadores são capazes de exercer sobre os outros, ou à custa dos outros, cujos danos colaterais são desprezados sob a ideia de que os fins justificam os meios.

O problema muitas vezes surge quando um Gladiador conhece uma Ponte disposta a abrir mão de seu poder em nome da relação, como um peixe-piloto que se sente seguro nadando no rastro de um tubarão, mesmo sem chegar a ser um igual e estando sempre a um movimento errado dos dentes afiados do outro. Embora na teoria se trate de um caso de mutualismo, não conta com o companheirismo confortável de outras relações simbióticas. Além disso, diferentemente do Oportunista, a Ponte se encontra na posição vulnerável de buscar a paz às custas da autopreservação, enquanto o Gladiador procura obter o máximo possível.

Andrew e Ciara se encontravam em crise. A melhor amiga dela, que acompanhava tudo de fora, aproveitou um momento em que os dois estavam dando um tempo para sugerir que Ciara falasse com um profissional.

Ciara era uma Ponte, do tipo que faria qualquer coisa por qualquer pessoa. Quando descreveu sua família "tranquila" e comentou que a mãe brincava que a porta deles devia ser giratória, considerando a quantidade de adolescentes que entrava e saía na hora das refeições, ficou fácil adivinhar a quem ela puxara. Ciara vivera em um lar feliz, fizera faculdade e começara a trabalhar em uma organização beneficente, em Londres. Ela conheceu Andrew quando saiu uma noite. Ele era confiante e charmoso, e deixou seu interesse por Ciara bastante claro pela maneira como a observava de fora da pista de dança e pelo modo como levou a mão às costas dela quando se aproximou para perguntar seu nome. As amigas de Ciara acharam romântica a insistência dele, pedindo seu número ao fim da noite e acompanhando-a até o táxi para se certificar de que ela ficaria bem. Essa percepção social perigosa de romantismo convenceu Ciara de que intensidade equivalia a integridade, e fez com que ela se esquecesse de que ser objeto do afeto de alguém só pode terminar em objetificação. Quando Ciara me contou a história daquela noite, chegou a se perguntar se ele não a acompanhara até o táxi para saber seu endereço e ficou apreensiva pela moça inocente que era na época.

De início, tudo correu bem, segundo ela me contou em nossa primeira sessão. Ciara nunca havia recebido tanta atenção, e os dois passavam tanto tempo juntos que ela mal via as amigas. Quando o contrato de aluguel do apartamento dele estava para chegar ao fim, Andrew a convenceu de que ele deveria ir morar com ela, e aproveitou a oportunidade para revirar o guarda-roupa de Ciara e fazer uma limpa nos pertences dela. "Não tem por que ter tudo em dobro", ele disse, enquanto enchia sacolas para doação. Quando os dois discutiam, Andrew colocava a culpa de tudo que fazia de errado em sua infância, mencionando dificuldades que Ciara não conseguia entender muito bem, uma vez que sempre tivera uma vida privilegiada. Depois de prendê-la na cama ou quebrar um copo, Andrew dizia que era porque ela o provocara na frente de seus amigos, porque o diminuía, porque o tratava como lixo.

Ciara se sentia mal pelo que ele dizia que ela havia feito, e se sentia culpada por conta de seus privilégios e por não ser mais compreensiva. Andrew afirmava, e a Ponte nela sempre concordava, que Ciara detinha todo o poder na relação, enquanto a ele restavam apenas as migalhas de afeto que ela lançava. Andrew usava seu vitimismo como uma arma, e em nossas sessões Ciara começou a se dar conta de que vinha sofrendo manipulação emocional e psicológica. Ele a usava para conseguir o que queria, e os sentimentos dela não passavam de um dano colateral.

Depois de algumas semanas, Ciara confessou para mim que ainda sentia que tinha o dever de cuidar de Andrew e era assolada pela culpa, porque ele ameaçara se matar quando ela dissera que precisava de mais tempo para pensar. "Me sinto péssima dizendo isso, porque sei que ele precisa de ajuda", Ciara me falou. "Andrew diz que tenho de apoiá-lo, porque o apartamento é meu e tenho um emprego, enquanto ele enfrenta dificuldades, mas às vezes me sinto mais como uma marionete do que como uma pessoa."

"O que você está sentindo não é culpa", eu disse, da maneira mais direta possível. "É raiva que direcionou contra si mesma."

"Mas não sou uma pessoa raivosa!", ela se defendeu.

"Eu também não, mas agora estou furiosa", eu disse.

Embora a raiva que eu sentia não fosse minha, e sim uma reação à notável ausência de raiva em Ciara, escolhi externá-la como maneira de intervir. Ver a raiva que eu expressava em seu nome ajudou Ciara a entender que não tinha motivo nenhum para se sentir mal: quem tinha motivos era Andrew.

Com o tempo, Ciara se deu conta de que seu ponto cego escondia a sensação de que devia pôr os outros antes de si mesma, a qual carregava desde a infância, tendo sido sempre elogiada pelos pais por sua bondade e paciência com as irmãs, gêmeas três anos mais novas do que ela. Ciara me contou que a mãe fazia com que ela se sentisse mal se não quisesse dividir os brinquedos, ou dizia que as irmãs a amavam muito para fazer com que ela interrompesse o que estava fazendo para ir brincar com as duas. Em retrospectiva, Ciara continuava brava com a mãe por fazer com que se sentisse culpada quando só queria brincar sozinha, e por lhe ensinar que ser "boazinha" envolvia ceder e deixar que os outros tivessem o que queriam.

Ciara havia crescido se sentindo mal por ter algo que outra pessoa queria ou não tinha, e a maneira mais fácil de se livrar do sentimento era entregar o que quer que fosse. Ela percebia que aquilo havia contribuído parcialmente para que acabasse trabalhando em instituições de caridade. Ciara tinha um estilo de apego mais evitativo, portanto ficava desconfortável com ambiguidade e se distanciava de sua própria vulnerabilidade. No entanto, com nossas conversas, passou a entender que o poder não era dela, a menina que tinha tudo; era daqueles que não mediam esforços em sua ganância de conseguir o que quisessem. Ciara não estava acostumada a se sentir poderosa, e seu padrão era dividir e apoiar; assim, ficava magoada quando Andrew a acusava de ser arrogante e se sentir superior. Ciara havia se esforçado muito para não ser as coisas que ele dizia que ela era, porém no processo abrira mão de seu direito à autopreservação. Em seu ponto cego, ficava a realidade alternativa de que Ciara, como qualquer outra pessoa, tinha direito a poder, autonomia e integridade. Privilégios não a tornavam automaticamente mimada ou egoísta, e não a obrigavam a ficar em dívida com homens como Andrew.

Imagino que, no ponto cego dele, se encontravam a fúria e o medo que sentia em relação à mãe (os breves detalhes que Ciara sabia envolviam abuso físico e emocional), e a sensação profunda de insegurança e abandono que deve ter surgido em consequência. Se ele tivesse participado das sessões, conseguiríamos dar mais atenção ao seu trauma e direcioná-lo a algo mais saudável e seguro. No entanto, em vez de encarar seus próprios pontos cegos e buscar ajuda para se recuperar, Andrew sobrecarregava o trabalho duro e o sucesso de Ciara, como um parasita se alimentando de seu hospedeiro, enquanto o ponto cego dela a persuadira de que ser "privilegiada" implicava dever algo a ele. Isso a impedia de enxergar o modo como Andrew minava sua independência e confiança. Ao fim, Ciara se deu conta de que tirar aquele cara de sua vida não seria um ato de crueldade, mas de autopreservação, e terminou de vez com ele.

O QUE VOCÊ NÃO ESTÁ VENDO?

A RAIVA É DE EXTREMA IMPORTÂNCIA PARA A AUTOPRESERVAÇÃO.

Se você já se sentiu como Ciara, pare o que está fazendo agora e tente identificar o que não estava vendo.

Não era amor, era culpa, e depois que a culpa passa você se dá conta de que não resta nada. Não havia um relacionamento.

Se alguém usou ou abusou de você, a reação correta não é compreender ou sentir pena, mas sentir raiva. Raiva é um sentimento saudável que surge quando algo precisa mudar, porém muitas vezes Pontes aprendem a sobreviver sem ela, mergulhando na culpa, na vergonha ou na decepção, se foram levadas a acreditar que a raiva é algo ruim, sem sentido ou prejudicial. Quando sentida de maneira proporcional, com consciência e responsabilidade, a raiva não é nada disso. Ela é importantíssima para a autopreservação e indica quando alguém está ultrapassando um limite ou pisando em nossos calos psicológicos. Sem ela, podemos nos ver em situações perigosas, então, se a permissão para sentir raiva está escondida em seu ponto cego, imploro que a recupere agora e a mantenha sempre à mão. Será sua nova melhor amiga, e sugiro que nunca se separe dela.

TOQUES DIFERENTES PARA PESSOAS DIFERENTES

Mencionei anteriormente que nem sempre apresentamos o mesmo ponto cego em todos os nossos relacionamentos. Crescemos aprendendo a nos adaptar a pessoas diferentes e encontrando maneiras de cooperar. Olhando para meus filhos, eu me maravilho de ver como se utilizam de partes distintas de sua personalidade comigo, uns com os outros, com os professores e com os amigos. É natural reagirmos de acordo com cada situação; só podemos esperar fazer isso de maneira consciente, e não inconsciente ou por reflexo.

Atendi uma pessoa que tinha terminado um relacionamento e estava voltando a sair. Ela reconhecia que perfis diferentes eram capazes de despertar diferentes perfis seus. Seu ex era uma Pedra, e sua indisponibilidade emocional e rotina rígida despertavam a Ponte nela. Minha paciente simplesmente aceitava os planos dele para o fim de semana e guardava seus sentimentos para si. Agora que estava solteira, conseguia enxergar como havia se retraído e como sua extroversão habitual tinha sido contida por ele. Ela começou a sair com um cara que era determinado e expansivo, ambicioso e desafiador. Tratava-se de um Gladiador, e o nível elevado de energia dele oferecia a ela a oportunidade de voltar a ser mais ativa; as exigências dele em relação ao mundo davam a ela permissão para ter necessidades próprias. O cara a ajudou a recuperar uma versão de si que ela reconhecia de antes do ex, um ponto de partida melhor a partir do qual pedir o que queria agora.

Tive um paciente que fez o exato oposto. Em seu primeiro casamento, com uma Pedra firme e emocionalmente indisponível, o Oportunista nele se esforçara para conseguir o que queria, por meio de manipulação e enganação. Ele saía à noite e só voltava a aparecer dois dias depois, dizendo que a bateria do celular havia acabado, ou que tinha perdido a carteira. Ou então ele comprava tacos de golfe novos, apesar de estarem sem dinheiro, e dizia à esposa que havia ganhado no trabalho. Depois do divórcio, ele achava que queria alguém mais espontâneo e afetuoso, e começou a sair com uma Gladiadora assertiva e exigente. Por causa da personalidade forte dela, ele perdeu a voz e assumiu a posição de Ponte, deixando suas próprias necessidades de lado em nome da paz. O relacionamento não foi para a frente, porém o ajudou a perceber que a esposa talvez tivesse sido a companheira ideal, caso ele houvesse expressado o fato de que precisava de mais dela no âmbito emocional.

Esses pacientes desenvolveram pontos cegos que podiam se adaptar às pessoas em volta deles por conta de experiências de infância com adultos inconsistentes que determinavam o tom do relacionamento. Ambos reagiam às lembranças que haviam alimentado pontos cegos e se transformado em previsões. Na terapia, eles tomaram consciência disso, e a usaram para se recuperar de seus pontos cegos de conformidade e evitação, compreendendo a importância de uma comunicação honesta. Todos podemos ser mais felizes em nossos relacionamentos amorosos ganhando um pouco de perspectiva; mesmo quando achamos que se trata de amor verdadeiro, pode haver mais fatores envolvidos do que percebemos à primeira vista. Desde que esteja aberto a ouvir a verdade, você também pode ter uma vida romântica mais feliz e plena.

Romance real não tem nada a ver com o que se vê nos livros de Danielle Steel ou com o que a sociedade nos ensina — sentimentalismo, flores e coraçõezinhos. Trata-se do ato honesto, autêntico e às vezes incrivelmente desafiador de amar uma pessoa o bastante para mostrar a ela quem você realmente é e permitir que ela faça o mesmo, sem a influência de pontos cegos e com a disposição a trabalhar em prol de uma vida mais feliz juntos.

O QUE VOCÊ NÃO ESTÁ VENDO?

INTERFERÊNCIAS EMOCIONAIS.

Se, como Ciara, você sofre com alguma interferência no sinal dos seus sentimentos, talvez se sinta culpado mesmo não tendo feito nada de errado, ou triste quando alguém te decepciona.

Não se trata de um sentimento real, e sim de um reflexo de um ponto cego que prejudica sua compreensão; portanto, reserve-se um momento para ir além das ondulações familiares da frustração, da pressão e da ansiedade com que está acostumado e explorar o que há por baixo.

Procure se fazer a seguinte pergunta: "Se eu estivesse bravo agora, por que motivo seria?".

Fique atento à resposta.

Caso ouça de si mesmo que há alguém ou alguma coisa gerando um sentimento de raiva em você, é porque há algo que precisa mudar.

Concentre-se nisso e lembre-se de que às vezes a mudança não envolve fazer com que outra pessoa se comporte de maneira diferente, ou concorde com seu ponto de vista, mas convencer a si mesmo a agir de acordo com sua própria verdade e ter fé em seu julgamento. Em vez de tentar mudar a opinião que a outra pessoa tem de você, comece mudando a sua própria.

7. O que não estou vendo no trabalho?

Se você trabalha com Pedras, está cercado de pessoas capazes e resilientes que assumem muitas responsabilidades, mas que apresentam uma tendência ao esgotamento. Sem carregar o fardo do ego, Pontes se saem muito bem trabalhando em equipe e entregam excelentes resultados, porém lhes falta confiança em suas próprias habilidades. Oportunistas sempre buscam o meio-termo e se saem bem na diplomacia, contribuindo para a construção de relações de trabalho eficientes, porém às vezes se esquecem de se fazer ouvir. Gladiadores são ótimos empreendedores e líderes, por outro lado têm dificuldade de agregar pessoas e aceitar opiniões diferentes.

Talvez este livro o tenha atraído porque algo no trabalho vem parecendo difícil, ou porque você sente que está enfrentando os mesmos problemas repetidamente. Você pode estar vivenciando conflitos frequentes com colegas ou se sentindo desvalorizado pela chefia. Pode estar estressado e sofrendo muita pressão, ou talvez se pegue procrastinando quando deveria se concentrar na tarefa em mãos. Pontos cegos no trabalho podem afetar nossa saúde mental, promovendo ansiedade e sentimentos de inadequação e sobrecarga. Desvendando-os, talvez você descubra o caminho que quer seguir na carreira, parando de se sabotar e atingindo seu pleno potencial, ou rejeitando obrigações que nem são suas.

O MUNDO DO TRABALHO

Trabalho com algumas empresas bastante conscientes, que reconhecem a importância da saúde mental e a tornam uma prioridade.

Essas empresas oferecem sessões comigo com o intuito de eliminar as barreiras à obtenção de apoio à saúde mental; em empresas com funcionários mais jovens, para muitos esse é o primeiro contato com um atendimento terapêutico. Eles podem falar do que quiserem nas sessões, mas às vezes começam com um dilema com que se defrontam na empresa — eles podem não estar dando conta da carga de trabalho, ou podem andar se desentendendo com alguém da equipe, ou ainda podem estar tentando fazer progressos sem sucesso. Em geral, não entramos em detalhes do trabalho, mas falamos sobre a voz familiar da autocrítica, ou sua ansiedade subjacente, e com frequência abordamos pontos cegos. Os funcionários começam a entender que o que percebem como falta de autonomia, falta de apoio do restante da equipe, tratamento injusto ou síndrome do impostor (ver p. 264) na verdade é resultado de pontos cegos que já existiam, tendo sido muitas vezes aprendidos em sua primeira experiência em uma organização mais ampla: a escola.

O que você ouviu a seu próprio respeito na época pode ainda desempenhar um papel em sua carreira, e o que lhe disseram sobre sucesso talvez se encontre bastante desatualizado. Suas primeiras experiências com pares, regras, estrutura e autoridade podem impactar como você se sente no mercado de trabalho. Saímos de instituições educacionais e somos levados a tomar decisões relacionadas à carreira antes mesmo que o cérebro humano atinja a maturidade, por volta dos 25 anos,[1] de acordo com pesquisas da área da neurociência (embora isso possa variar entre homens e mulheres, e individualmente). Outras pesquisas mostraram que, embora na teoria nosso cérebro ainda não tenha atingido a maturidade aos vinte e poucos anos, ele atinge o "auge" em determinadas tarefas em diferentes idades — no caso da compreensão das emoções alheias, por exemplo, aos quarenta ou cinquenta anos,[2] o que significa que nossas suposições sobre as reações dos outros precisarão de uma boa dose de atenção consciente por um longo tempo, se não quisermos ser vítima de nossos pontos cegos e chegar a conclusões erradas.

Regras escolares desatualizadas, currículos padronizados e horários muito controlados obrigam muitos de nós a deixar a individualidade de lado e renunciar à autonomia para sobreviver à fábrica de provas, e, se nosso estilo de aprendizagem não se encaixa com o sistema educacional convencional, teremos de esconder que somos diferentes, nos mascarar, improvisar ou nos rebelar.

Existem escolas que compreendem a importância da educação além dos livros e dos resultados das provas, e tive o prazer de trabalhar como voluntária em uma delas — uma escola de educação primária cujos professores trabalhavam incansavelmente para atender às necessidades individuais das crianças, muitas vezes com recursos limitados e enfrentando expectativas impossíveis. Durante a pandemia de covid-19, pude ver a equipe se encapotando para continuar a oferecer às crianças o melhor possível no auge do inverno, com todas as portas e janelas abertas para garantir a ventilação, sem poder fazer um intervalo ou oferecer ajuda aos colegas. Ainda assim, eles as recebiam em um espaço seguro e acolhedor, muitas delas com dificuldade de lidar com os impactos da pandemia na vida em casa. Embora a maioria das crianças que passaram por esse período certamente desenvolveu pontos cegos que talvez só venham a se manifestar daqui a alguns anos, os alunos dessa escola pelo menos não desenvolverão a crença de que eles não importam, de modo que ela não poderá acompanhá-los no mercado de trabalho. A coordenadora da escola se assegurou disso ao se postar diariamente no portão, fizesse sol ou chuva, para acenar e sorrir para cada um que chegava, independentemente do que teria pela frente mais tarde.

LEVE SUA VERSÃO ADULTA PARA O TRABALHO

Agora que nossos filhos estão tendo sua própria experiência na escola, meu marido e eu muitas vezes refletimos sobre quão diferentes as coisas foram para nós, trinta anos atrás. A diretora da escola dele se preocupava mais com as regras do que com o bem-estar dos alunos. "Paletó, camisa, gravata! Paletó, camisa, gravata!", era a frase mais comum daquela que deveria inspirar mentes jovens. Minha professora do primário deslizava uma régua de madeira por nossas costas quando não aprovava nossa postura. Como resultado, meu marido e eu compreendemos de maneira muito diferente nossa posição no mundo e criamos expectativas muito distintas em relação à autoridade. Na época, meu marido era um Oportunista e trilhava o caminho de rebeldia na escola, botando a camisa para fora da calça quando não havia ninguém vendo. Já eu, uma Pedra, aprendi a ignorar meu desconforto e me sentar sempre com as costas eretas. E quanto a você? O que sua escola o ensinou sobre quem você era e o que devia ser? Talvez você ainda siga essas instruções iniciais, ou se rebele contra elas, quando vai trabalhar. Se for o caso, faça um esforço para levar sua versão adulta para o trabalho, deixando as adaptações da infância fora do escritório.

Estratégias de enfrentamento da infância formarão alguns dos primeiros pontos cegos que levamos conosco para o mundo do trabalho. Trabalhos diferentes podem oferecer novas experiências e um novo potencial para preencher lacunas do passado com um currículo mais e mais longo no que se refere a percepção e responsabilização pessoal. No entanto, se não temos consciência de nossos pontos cegos e das lacunas que precisamos preencher, muitas vezes nos pegamos indo de mal a pior, criando novas adaptações para lidar com a dificuldade — agindo menos como um adulto com autonomia e mais como um cameleão corporativo.

ORIENTAÇÃO VOCACIONAL

A orientação vocacional na escola costuma ser limitada, e a minha me encaminhava para uma vida como fazendeira ou optometrista, provavelmente porque eu gostava de animais e usava óculos. Um professor disse que eu daria uma ótima advogada (o que hoje entendo que significava que eu gostava de argumentar), por isso entrei em direito, porém tudo me parecia mais um teste de memória do que uma vocação. Mudei para inglês depois do primeiro ano e consegui um emprego na Procter & Gamble quando me formei, vendendo perfume para lojas de departamento. É evidente que não segui uma trajetória intencional, ficando à mercê de meus pontos cegos.

A autossuficiência da Pedra não se encaixava bem com as vendedoras muito mais velhas e experientes da equipe, que não se impressionavam com aquela jovem de 21 anos de aparência confiante e que tinha resposta para tudo. Não que elas não fossem legais comigo, mas deixavam claro que não éramos pares, e quase literalmente murchei quando a gerente me informou que minhas colegas achavam meu tom condescendente e desdenhoso. Pedras com frequência são mal interpretadas, com o desapego que desenvolvemos como mecanismo de defesa sendo visto como arrogância ou impressão de superioridade. A devolutiva abalou minha confiança, e eu me recolhi à minha concha. Em retrospectiva, percebo que me aproximei de uma Ponte, tentando atingir as metas de venda impossíveis estabelecidas para mim e levando para o lado pessoal quando não conseguia. Eu era jovem e não estava preparada para os altos e baixos do ramo. Não tinha a perspectiva necessária para sobreviver à tempestade. Isso acabou representando meu fim, e após um colapso aos vinte e poucos anos (que depois compreendi que na verdade fora uma revelação), procurei ajuda e desvendei um ponto cego importantíssimo relacionado a uma submissão que levava a uma pressão por desempenho. Meu objetivo oficial era recuperar minha confiança, mas logo me dei conta de que a casca grossa que me protegera no passado não passava da cicatriz formada por uma régua de madeira pressionada contra minhas costas.

Endurecer e manter uma distância segura havia me protegido na escola e na faculdade, porém isso não estava mais funcionando, e mantendo a cabeça baixa eu corria o risco de desaparecer. Meus sentimentos e minhas necessidades se perderam em um ponto cego e não desempenhavam mais um papel em minhas escolhas. Faltava-me integridade e propósito no trabalho, e eu tomei a decisão de levar minha experiência com vendas e marketing para o terceiro setor, no qual passei muitos anos felizes, arrecadando fundos para a pesquisa do câncer. Tive a sorte de contar com uma chefe fantástica, cuja paixão e cuja perspectiva, além de suas habilidades profissionais, me ajudaram a tirar minha motivação e minha autonomia do ponto cego em que se encontravam. A equipe com que eu trabalhava também era ótima, de modo que aprendi a confiar nos outros. E foi lá que conheci o homem que viria a ser meu marido. Depois de anos crescendo a partir de uma base segura, eu me encontrava em posição de correr um risco calculado, e pedi demissão para me tornar terapeuta.

A JORNADA DA AUTODESCOBERTA

Conheci pessoas incríveis enquanto estudava para ser psicoterapeuta, todas em jornadas parecidas de autodescoberta. Acho que, se o grupo tivesse sido avaliado logo de início, muitas Pedras seriam identificadas — pessoas que ainda não aceitavam totalmente a própria vulnerabilidade, mas que desejavam ajudar os outros; pessoas que ainda não eram capazes de lidar com seus próprios sentimentos, mas que podiam oferecer um espaço para que os outros dividissem os seus.

Nesse momento de minha carreira, eu já havia me reconectado o bastante com meus sentimentos para reconhecer a importância de que meu trabalho tivesse propósito e causasse um impacto, e uma necessidade de fazer algo mais significativo do que vender perfume para me sustentar. No entanto, quando comecei na profissão de terapeuta, ainda me limitava ao sacrifício pessoal do repertório da Pedra. Não que eu soubesse que se tratava disso na época — descobrir o que eu não estava vendo não fez parte da minha formação, e eu tive que desenvolver minha própria teoria para compreender o impacto de meus pontos cegos. Levaria anos para que a ficha caísse e eu finalmente compreendesse a importância das informações que ficavam relegadas a um ponto cego que escondia minhas vulnerabilidades para fortalecer minha armadura.

Foi a pandemia que me levou ao limite e me forçou a encarar minhas tendências de Pedra. Já fazia dez anos que eu atendia pacientes presencialmente quando a covid-19 confinou todos nós em casa por longos períodos de lockdown e nos deixou com medo do contato próximo por meses ou anos. Meu trabalho cara a cara foi interrompido da noite para o dia e eu me vi no Zoom, oferecendo sessões virtuais a pacientes que de repente se encontravam entocados no quarto de hóspedes, para ter alguma privacidade com as crianças em casa, ou dentro do carro estacionado na frente de casa, enrolados em cobertores e munidos de bolsas de água quente para se proteger do frio. Os problemas dos pacientes só se agravavam com o lockdown: estamos falando de mulheres que sofriam violência doméstica e passaram a ficar trancadas com o marido em casa o dia todo; jovens solitários de vinte e poucos anos que antes se distraíam com uma vida social agitada e se viram obrigados a encarar sua realidade sóbrios; donos de negócios cuja fonte de renda minguava diante de seus olhos; funcionários que haviam sido dispensados; pais que precisavam educar os filhos em casa; pacientes com câncer cujo tratamento precisara ser interrompido; maridos insatisfeitos com o fim de seus casos extraconjugais; filhos amorosos cujas mães idosas se encontravam em casas de repouso que não permitiam visitas. Tratou-se de um colapso social e cultural em uma escala sem precedentes, e eu assistia a tudo da primeira fileira, sem qualquer sinal de esperança no horizonte. A pandemia também representou problemas em minha própria vida, que precisavam ser deixados de lado enquanto eu montava um consultório improvisado no canto de meu quarto e me esforçava para ser a voz da consistência e da estabilidade para pessoas em crise. A negação de minhas próprias necessidades só se agravou, comigo assumindo parte do fardo emocional de amigos, parentes, vizinhos e pacientes. Eu incentivava os outros a descansar e se recuperar, no entanto não parei nem um dia. Aceitei ser a diferença entre as pessoas estarem bem ou não, o que não é seguro ou apropriado para um terapeuta (ou qualquer outra pessoa). Desse espaço, emergiu um ponto cego envolvendo grandiosidade, porque, se eu estava agindo pelo bem dos outros, era importante, era necessária. Isso é outra coisa que a Pedra adora — na ausência de sentimentos próprios, agimos em prol dos outros e nos sentimos valiosos pelo status que nos é concedido em troca. Aprendemos a valorizar o amor pelo que fazemos, no lugar do amor por quem somos.

Desde a pandemia, repensei minha prática terapêutica com o intuito de que se tornasse algo mais sustentável, mais justo e mais honesto. Se um paciente me diz o quanto sentiu minha falta após um intervalo sem sessões, ou quão grato é por meu apoio, recebo e honro a valorização de meu trabalho sem me sentir obrigada a bancar a super-heroína. Ainda posso ficar doente, tirar um dia de folga ou viajar; caso contrário, o que estou ensinando às pessoas? Como Pedra, devo servir de exemplo, e não fazer papel de mártir.

Muitos de meus pacientes tiveram que aprender isso também; portanto, vamos considerar de maneira mais ampla os pontos cegos mais comuns no trabalho, como podem impactar nosso bem-estar e como podem ser resolvidos.

ESTUDO DE CASO

CLIFF: PEDRA

Quando começou a terapia comigo, Cliff tinha cinquenta e poucos anos. A empresa em que trabalhava oferecia um pacote de benefícios que incluía acesso a terapia. Embora, segundo me disse, ele fosse cético a respeito, havia decidido que não tinha nada a perder.

Cliff gerenciava um departamento grande de engenharia em uma empresa contratada para trabalhar em projetos de desenvolvimento no mundo todo. Fazia anos que ele trabalhava lá, e sempre se saíra bem sob pressão e lidando com as responsabilidades envolvidas. Aquilo que Cliff estava enfrentando no momento era novo para ele, que não sabia como agir.

"Parece que não tenho mais como acertar!", ele disse. "Sinto que, há um ano, todos brincavam nas reuniões. A camaradagem era um dos motivos pelos quais a equipe funcionava, e o trabalho andava, só que isso se perdeu. No meio de uma reunião outro dia, uma garota disse: 'Como mulher, me sinto excluída dessa conversa'. Ela falou que não se sentia representada na equipe, que havia só mais uma mulher em cargo de liderança, que não estávamos promovendo diversidade. Ela afirmou que tínhamos que contratar mais engenheiras, então a garota do lado disse: 'Exatamente, OBRIGADA', e levantou a mão para que a outra batesse nela. Fiquei sem saber o que pensar... Acho que é por isso que estou aqui. Sei que não deveria estar puto, mas estou. Foi como se tivessem me dando uma bronca, como se de repente eu não fosse mais o Cliff, e sim um 'homem branco', e precisasse 'me lembrar dos meus privilégios'. Mas o que elas sabem sobre mim e a minha vida? As coisas não foram exatamente fáceis para mim também!"

Cliff passara semanas frustrado, e eu ofereci o espaço de que ele precisava para se expressar. Ele me disse que concordava que a balança precisava ser equilibrada, por meio da reparação da desigualdade inconsciente (e consciente) e da exposição de suposições e do impacto de gerações de privilégio sobre grupos marginalizados. No entanto, ele também me contou que queria ser visto como um indivíduo, e não como membro de um grupo privilegiado para quem nunca houve desvantagens ou que não eram a prioridade.

"Sei que não tenho a desvantagem do gênero, mas tive que lidar com muitas outras, e não é porque não são visíveis que não sou afetado por elas."

Cliff falava como alguém que tinha de lidar com uma forma de epilepsia não diagnosticada que fazia com que sofresse regularmente apagões e convulsões assustadores. Quando criança, ele não podia praticar nenhum esporte e passava bastante tempo afastado da escola, o que resultou em notas ruins e um cargo de aprendiz mal remunerado aos dezesseis anos. Cliff se esforçara para subir na hierarquia até finalmente ser diagnosticado, na vida adulta, e receber um tratamento que, segundo ele, funcionava "na maior parte do tempo". Sua vida era limitada pela síndrome da fadiga crônica, e suas opções para socializar e fazer amigos haviam sido impactadas por um medo que sempre o acompanhava: "E se hoje for o dia em que a medicação falha e eu tenho uma convulsão na frente de todo mundo?".

Não foi para que eu sentisse pena dele que Cliff me contou tudo isso; só queria que eu compreendesse de que posição falava e por que os comentários das colegas o haviam ofendido.

"A questão é que não quero contar para todo mundo pelo que passei", ele explicou. "Não quero o rótulo de vítima. Só não quero ser acusado de vitimizar outras pessoas. Não quero dizer: 'Como uma pessoa com deficiência, não me sinto representado aqui'. Não podemos simplesmente assumir que todos temos problemas e procurar pensar o melhor uns dos outros?"

Cliff era uma Pedra que havia aprendido a esconder sua vulnerabilidade dos outros. Isso o ajudava a lidar com o estresse no trabalho e acabou lhe rendendo a posição de "solucionador de problemas profissional", alguém capaz de lidar com questões complexas e gerenciar outras pessoas. Agora ele se sentia criticado, o que o magoava, por conta de tudo que escondia.

"Parece que você está falando da diferença entre compaixão e empatia", eu disse, então expliquei a que me referia.

COMPAIXÃO OU EMPATIA?

Compaixão é o que sentimos quando ficamos com pena de alguém.

Vemos uma pessoa tropeçar na rua e nos sentimos mal por ela, nos apressamos a ajudar e procuramos nos certificar de que ela está bem. Um amigo com quem nos importamos está mal e mandamos uma mensagem para conferir se ele melhorou. Uma pessoa que amamos enfrenta problemas no trabalho e a levamos para sair e tentar animá-la. Isso é compaixão.

No entanto, e quando não sabemos por que uma pessoa está distante, por que se retraiu ou parece chateada? Como podemos demonstrar compaixão nesse caso? Talvez não tenhamos visto que ela caiu: quando passamos ela já estava espanando a calça, e concluímos que sua testa franzida é dirigida a nós. Talvez não saibamos que o amigo está mal, e seu silêncio no WhatsApp nos faz perguntar se fizemos algo de errado. Talvez não tenhamos percebido que a pessoa que amamos estava enfrentando problemas, então notamos que ela não está se esforçando em casa e nos irritamos. Do que precisamos nessas situações, e em quaisquer outras em que não estamos em posse de todos os fatos (ou seja, na maior parte do tempo), é empatia.

Carl Rogers[3] foi um expoente da psicologia humanista que apontou a empatia como uma das condições centrais da terapia, definindo-a como a habilidade de "sentir o mundo privado do paciente como se fosse seu, sem nunca esquecer esse 'como se'. Isso é empatia, e parece essencial à terapia. Sentir a raiva do paciente, o medo, a confusão, como se fossem seus, sem envolver sua própria raiva, seu próprio medo, sua própria confusão".

Na definição dele, terapeutas são treinados a desenvolver empatia para que seu material psicológico não se misture com o do paciente e a perspectiva não seja perdida. O que fazemos é responder com a curiosidade e a compaixão necessárias para estar ao lado da pessoa angustiada, buscando compreendê-la sem sentir sua dor e, em muitos casos, desconhecendo sua extensão. Essa é uma habilidade que estou sempre treinando como terapeuta, mas que todos poderíamos empregar como seres humanos que coexistem. Podemos escolher nos pôr no lugar de outra pessoa por um momento e imaginar como sua vida é, ainda que não saibamos em primeira mão e não tenhamos sua vida ou uma experiência compartilhada.

Cliff queria empatia de suas colegas, ou pelo menos queria que ninguém incomodasse ninguém. Em vez disso, no entanto, se deparou com um foco unidimensional sobre a inclusão, que o excluía.

"Você é mulher", Cliff me disse, na semana seguinte. "O que acha? *Como mulher*, você se sente discriminada?"

"Aí é que está, Cliff. Não sei o que é ser mulher", eu respondi. "Só sei o que é ser eu mesma."

Sei que eu não sei o que é ser mulher, ou homem, ou trans, ou uma pessoa não binária — meu trabalho é demonstrar empatia, e não compaixão, no consultório. Se eu fosse aplicar minha experiência com a mulheridade às mulheres que atendo, não estaria honrando as diferenças entre elas. Se eu pegasse a experiência de um paciente trans e aplicasse a outro, estaria ignorando o aspecto fundamental da identidade individual, que é o que deveríamos explorar juntos. Não há espaço para generalizações no atendimento terapêutico, e talvez o mesmo devesse valer para a vida. É minha responsabilidade, no entanto, reconhecer o privilégio que carrego comigo e me responsabilizar por ele, saber que ser branca e contar com uma educação formal significa que não fui desfavorecida a ponto de poder me dar ao luxo de não notar se não me esforçar ao máximo para prestar atenção e, como Rogers diria, "sentir" o mundo de meus pacientes sem vê-lo.

Preciso saber que não sei as desvantagens que você teve. Você precisa saber que não sabe as desvantagens que eu tive. Cliff precisava saber que não sabia as desvantagens que as colegas haviam tido, e a mulher que falara precisava saber o mesmo em relação a ele. É essa posição inicial de *não saber*, aliada a curiosidade, atenção, empatia e respeito, que cria inclusão, e não algo a ser riscado da lista, ou uma tarde de treinamento obrigatório, ou algum tipo de tokenismo como sinalização de virtude, vindo das instâncias superiores.

Cabe a todos nós imaginar possibilidades alternativas, aceitar verdades individuais e saber o que não sabemos, sobretudo no ambiente de trabalho, onde a vida particular das pessoas é exatamente isso. Se eu suponho que não estou vendo algo, que sem dúvida terei um ponto cego, e você também, isso nos ajuda a dar um passo na direção da celebração da diversidade. E, quando defendo a celebração, não estou falando apenas de tolerância, ou mesmo de aceitação das diferenças, mas de realidades coexistentes, mutuamente respeitadas e validadas. Múltiplas perspectivas e mais de uma verdade, com a oportunidade de compartilhar e crescer a partir de um entendimento coletivo. Quando trabalho com organizações verdadeiramente comprometidas com a inclusão e a diversidade, elas não têm como meta uma distribuição igualitária dos cargos de diretoria, ou ações afirmativas de contratação, ou cursos obrigatórios que agradam aos acionistas. Elas procuram revelar os pontos cegos existentes na empresa, na indústria e na economia, seja uma dinâmica entre pais e filhos na organização que impede a autonomia individual, seja a mentalidade de escassez nos serviços públicos que previne a perda (e limita o crescimento), para contribuir de maneira genuinamente ampla e profunda com a força de trabalho e a sociedade de modo geral. Um dos trabalhos mais interessantes que realizo com empresas envolve ajudá-las a compreender seu perfil de ponto cego cultural e as táticas que empregam de maneira inconsciente (e às vezes consciente) para preservá-lo, e a ter uma visão de inclusão que extrapole os pontos cegos e gere algo verdadeiramente transformador.

Cliff queria empatia das mulheres com quem trabalhava, queria que elas se reservassem um momento para imaginar como a vida dele era, ou pelo menos que reconhecessem que não sabiam. Embora fosse verdade que não sofresse das mesmas desvantagens que elas e outras mulheres, sofria de desvantagens únicas a ele. Como Cliff, e não "como homem", ele tinha todo o direito de pedir aquilo de que precisava e de esperar empatia na mesma medida em que a oferecia aos outros. Sua parte Pedra o impedira de reivindicar aquilo antes, acreditando estar mais seguro sem expressar necessidades. Cliff só percebera que suas experiências não estavam sendo honradas quando os outros começaram a reivindicar as deles. A pressão social de esconder aquela vulnerabilidade e manter as conversas livres de emoção o tornavam um produto do patriarcado tanto quanto a mulher que havia levantado a questão, e nesse sentido o comentário da colega havia iniciado uma conversa bastante útil entre eles, envolvendo como expressar e aceitar as experiências únicas de cada um, com os objetivos comuns de partir de um lugar de autenticidade e promover uma mentalidade de crescimento. Cliff reconhecia que havia mérito no fato de a balança pender para o outro lado nas gerações que se seguiriam, e esperava que seu filho se beneficiasse tanto quanto sua filha do impulso a confrontar e retificar os desequilíbrios do passado. No meio-tempo, ele teria de lutar por seus direitos, e para tal precisaria abrir mão das defesas da Pedra e se recuperar do ponto cego que escondia sua vulnerabilidade.

EXEMPLO, NÃO MÁRTIR

Pedras como Cliff recaem em uma tendência a se martirizar no trabalho e priorizar as necessidades dos outros em detrimento das suas. Seus pontos cegos impedem que vejam e reconheçam suas próprias experiências, e é só quando seu martírio é criticado, ou uma necessidade que antes não era vista vem para o primeiro plano, que elas se conscientizam do que não estavam vendo.

Cliff precisou se sentir ofendido para perceber a existência de um ponto cego. Até aquele ponto, ele vinha sendo privado de sua experiência matizada e cumpria as exigências dos outros como quer que se apresentassem. Ele me disse que, sem terapia, talvez tivesse aceitado o comentário da colega e criado um comitê para atrair mais mulheres para a engenharia, ou discriminado os candidatos homens que surgissem no futuro, enquanto secretamente se sentia uma vítima mal compreendida. Em nossas sessões, ele conseguiu enxergar aspectos de tais ações que talvez ainda tivessem mérito e aceitar que uma supercorreção no presente poderia vir a se provar eficiente mais adiante. No entanto, ele também desafiou outros elementos da pauta de inclusão e manteve as ações da organização baseadas em intenção e consciência, em vez de sinalização de virtude e tokenismo. Cliff não estava pronto para falar com os colegas sobre sua própria deficiência, porém se encontrava mais perto do que antes.

Em vez de martírio e sinalização de virtude, Cliff se utilizou de empatia e permissão, a si mesmo e aos outros, para incluir genuinamente as mulheres que sentiam que não eram vistas (*e* os homens que tinham ouvido que não podiam ter uma voz), para servir de exemplo de autenticidade e aceitação, e para respeitar cada pessoa por sua história única de vantagens e desvantagens, não como uma competição ou uma retificação, mas como aliados e como uma equipe. Se você é uma Pedra, não negue seus sentimentos por medo de ofender os outros. Compartilhar seus sentimentos e oferecer aos colegas permissão para fazer o mesmo, incluindo permissão para cometer erros e aprender com eles, criarão uma conexão mais genuína e produtiva. E, se você trabalha com uma Pedra, pode querer criar um espaço seguro para que ela demonstre mais vulnerabilidade, permitindo que você se beneficie de uma sabedoria que de outra maneira poderia ficar escondida em um ponto cego.

EXPOSIÇÃO

Em meu atendimento geral, como psicoterapeuta trabalhando com indivíduos e casais, tenho completo controle do ambiente e de cada intervenção que faço — inclusive do modo como as poltronas ficam posicionadas no consultório e dos limites rígidos de tempo que respeito (porque é disso que nós, Pedras, gostamos!). Limitar minha exposição somente ao trabalho clínico ofereceu anteriormente segurança para minha Pedra, mas também me manteve escondida, e meu sonho de escrever livros e produzir podcasts foi impedido por um ponto cego que mascarava meu medo de errar. Eu precisava compreender de onde aquilo vinha, por isso pus em prática o que defendia e levei a questão para a terapia. Eis o que eu não estava vendo.

Meu medo de falhar começou cedo. Quando eu tinha três anos, fui matriculada em uma escola a uma curta distância de casa. Eu me lembro de não querer ir, porque gostava de ficar em casa, mas estava pronta para tentar. No caminho, concordamos que minha mãe aguardaria na entrada comigo até que eu me sentisse segura e ela pudesse ir embora. Aquilo me parecia razoável, porém quando chegamos a diretora insistiu que era melhor nos separarmos logo e acompanhou minha mãe até a porta, deixando-me às lágrimas. Meus braços foram enfiados em um avental azul royal que foi amarrado com força às minhas costas e eu fui deixada junto de crianças muito maiores do que eu, as quais abriam e fechavam a boca em sincronia com o clangor alto de um piano. Eu não conhecia a música que elas cantavam (depois descobri que era "Alouette", uma canção francesa, então não teria mesmo como cantar junto), e meu choro se intensificou. Uma hora, fui tirada da sala e levada de volta ao saguão de entrada, onde disseram que eu ficaria sentada até parar de chorar. Tentei explicar à diretora que eu estava chateada porque não sabia a letra da música, e a resposta dela foi: "Bom, então é só aprender que não vai ter motivo para chorar". A mulher era uma refugiada armênia na faixa dos sessenta anos e tocava uma pré-escola em uma construção improvisada em seu quintal. Apesar de seu comprometimento com o sucesso acadêmico das crianças, ela não era conhecida por sua compaixão. Aprendi três coisas naquele dia, que ficaram comigo: não chore; cabe a mim resolver sozinha; e aqui não é meu lugar.

Um medo de cometer erros, uma pressão para ser autossuficiente e uma sensação de isolamento deram início à minha síndrome de impostora, um ponto cego que ainda me atrapalha quando se trata de grupos ou situações novas, incluindo realizar objetivos profissionais como escrever meus livros ou produzir meu podcast. Isso significa que, não importa o quanto eu estude ou por quanto tempo me prepare, sempre acredito que não fiz o suficiente, e não importa quantas vezes eu me diga o contrário, sinto que não me encaixo. Desistir de mirar na perfeição me ajudou enormemente, e publicar *A arte de se agradar* foi libertador, porque, embora esteja longe de perfeito, produz um impacto positivo nas pessoas que o leem.

Sentir-se um impostor por conta de um ponto cego é algo que afeta muitos dos pacientes que buscam terapia por causa de problemas no trabalho, e pode acontecer com todos os perfis, como você verá nos estudos de caso deste capítulo. Sua prevalência na sociedade exige uma exploração e uma compreensão maiores de nossa parte.

SÍNDROME DO IMPOSTOR

Duas psicólogas, Pauline Clance e Suzanne Imes,[4] foram as primeiras a identificar, nos anos 1970, os sintomas daquilo que viriam a chamar inicialmente de "fenômeno do impostor", relacionado aos pensamentos e sentimentos que vivenciamos quando nossa percepção é de que não nos encaixamos. A síndrome do impostor tem maior incidência entre pessoas bem-sucedidas e, segundo a percepção inicial, entre mulheres, e envolve uma combinação convincente de crenças negativas sobre si mesmo, por exemplo: "Cheguei aqui porque tive sorte, mas vou ser descoberta, é só questão de tempo, as outras pessoas são todas mais merecedoras do que eu". Ela nos diz que nosso melhor não é bom o bastante e compara nosso sucesso com o dos outros (muitas vezes selecionando os maiores sucessos de nossos pares para transformá-los em super-heróis à altura dos quais não temos mesmo como estar). Então nos vemos incapazes de medir nossa competência de maneira objetiva e acreditamos que as outras pessoas estão arrasando. No entanto, quando percebemos que todos acreditamos sermos os únicos, podemos desvendar os pontos cegos relacionados à síndrome do impostor e começamos a superá-los, porque não se baseiam em fatos, e sim em "ignorância pluralística".

Ignorância pluralística é um fenômeno que foi descrito pela primeira vez pelo psicólogo Floyd H. Allport e seus alunos Daniel Katz e Richard L. Schanck como "um estado de coisas que existe quando a maior parte dos membros de um grupo pensa que a maioria dos outros membros não compartilha suas avaliações sobre o grupo, seus costumes ou seus objetivos".[5] Em outras palavras, é o ponto cego criado quando as pessoas acreditam de maneira equivocada que a opinião dos outros é diferente da sua. Quando se trata de impostores, é o motivo pelo qual acreditamos que estamos falhando quando enfrentamos dificuldade com algo que percebemos (equivocadamente) que os outros fazem com facilidade, ou porque sentimos que não estamos à altura quando ficamos desconfortáveis em uma sala cheia de gente que passa a impressão (de novo, equivocada) de estar confortável. Se, de acordo com Clance e Imes, pelo menos 70% de nós nos sentimos um impostor às vezes (e estudos mais recentes apontam para uma porcentagem muito mais alta),[6] então não podemos destoar de uma sala cheia de gente. As duas coisas não podem ser verdadeiras ao mesmo tempo.

Trabalhei a síndrome do impostor com muitos pacientes que enfrentavam dificuldades no trabalho e vi muitas Pontes e muitos Oportunistas buscando segurança na forma da estrutura ou do salário que um emprego oferecia, esquecendo-se de que a validação externa é incapaz de substituir a autoestima. Keisha, que conheceremos melhor mais à frente, é um exemplo disso.

O QUE VOCÊ NÃO ESTÁ VENDO?

NÃO É VOCÊ.

Inspire-se na história de Cliff: há alguém em seu trabalho que faz com que você se sinta ofendido, que feriu seus sentimentos ou não te entendeu de alguma maneira? Se for o caso, faça-se as seguintes perguntas.

- Você é capaz de empatizar com a pessoa e refletir sobre o que mais poderia estar acontecendo?

Quando você abre a mente para a possibilidade do silêncio de uma pessoa se dever ao fato de ela estar passando por alguma dificuldade, ou sua testa franzida ser por conta de estresse, e não porque está brava, pode amenizar o efeito das ações dela. Isso muda a maneira como você a vê e o que pretende fazer a seguir?

- A pessoa também demonstrou empatia, abrindo o coração e se mostrando curiosa à maneira como suas palavras foram recebidas?

Se a resposta for não, você pode compartilhar o impacto que elas tiveram em você, não para censurar, mas para iniciar uma conversa com o intuito de descobrir o que ambos não estão vendo. Prefira sempre fazer perguntas:

- "Posso compartilhar com você como vivenciei o que acabou de dizer?"
- "Tudo bem se eu te der um feedback sobre seu e-mail?"

Responsabilize-se por sua reação e permita que a pessoa considere as possibilidades que talvez nem estivessem em suas intenções. Convide-a a compartilhar sua versão dos eventos e ouça quando ela explicar sua perspectiva, com o intuito de caminhar na direção de uma perspectiva mais completa.

Quando não levamos as coisas para o pessoal, às vezes descobrimos que se trata apenas de um mal-entendido, e se nos reservarmos um momento para desfazê-lo oferecemos uns aos outros permissão para ser humanos.

ESTUDO DE CASO

KEISHA: PONTE

Keisha era uma cantora muito boa no que fazia. Depois de ter sido descoberta em um show de talentos na adolescência, ela havia sido selecionada em uma audição em grupo para um musical e ficou com o papel principal. Quando a peça saiu de cartaz, Keisha se juntou a um grupo musical. Aos dezenove anos, já era um nome conhecido. Ela procurou terapia anos mais tarde, depois que o grupo havia se separado e ela iniciara uma turnê solo de sucesso, porque vinha lidando com ansiedade e baixa autoestima. Como acontece com todos os estudos de caso deste livro, troquei o nome dela e alguns detalhes para proteger sua identidade. A princípio, pode ser mais difícil se identificar com a jornada de Keisha, considerando que ela era uma figura pública e, para todos os efeitos, parecia ser um enorme sucesso, porém eu quis incluir a história dela para lembrar que *todos* somos afetados por nossos pontos cegos — até mesmo celebridades que pareçam estar vivendo um sonho.

Foi exatamente a jovem comum que Keisha parecia ser na tela que entrou pela porta de meu consultório naquele dia, em vez de alguém egocêntrico e afetado. Ela estava com vinte e tantos anos, mas havia um toque infantil na maneira como ela se sentou no sofá e arrumou as almofadas, perguntando "Posso fazer isso?", como se precisasse de meu consentimento.

Keisha me contou que a cultura de sua família a incentivava a se manter humilde e nunca esquecer suas raízes. Por conta disso, ela havia feito concessões no passado quando fora maltratada, e aceitara o que lhe pediam sem oferecer resistência. Assim, Keisha abordava a formação de um ponto cego que a transformava em Ponte.

"Uma vez, durante uma turnê, uma garota ficou tão chapada que disse que não poderia se apresentar na noite seguinte", ela contou, "por isso tivemos que divulgar nas redes sociais que o show seria cancelado por motivo de doença. Fiquei superchateada, mas ela era a cantora principal, então não tinha muito que eu pudesse fazer." Keisha deu de ombros.

"Engraçado", comentei, pensando no grupo que havia visto dando entrevista na televisão: quatro garotas jovens talentosas, cada uma delas contribuindo à sua maneira, todas igualmente importantes. "Ela nunca me pareceu ser a cantora principal."

"Sério?" Keisha pareceu confusa. "Que esquisito. Até onde eu sei, ela era a cantora principal, sim."

Chamavam Keisha de bebê porque era a mais nova do grupo. Enquanto as outras garotas farreavam no camarim, ela continuava dando autógrafos e se certificando de que os fãs tivessem a atenção que mereciam. Nunca se negava a tirar uma selfie e gostava de como a mídia a via como a "boazinha".

Quando o grupo se separou por "divergências criativas", Keisha ficou quase aliviada. Ela tirou um tempo para si, se casou e teve um bebê. Agora voltara a cantar, porém sabia que queria fazer diferente e que algo em seu ponto cego a impedia.

"Quero ser eu mesma agora", ela disse. "Não quero que passem por cima de mim. Mas também não quero bancar a estrela!"

"Por que não?", perguntei. "Qual é o problema em ser uma estrela?"

Keisha riu. "Não vou pedir só M&MS azuis e velas perfumadas no camarim, se é disso que você está falando!"

"Tudo bem, mas e quanto a pedir o que quer? Como acha que seria?"

Na infância, Keisha era incentivada a pôr os sentimentos dos outros na frente dos seus e tratar as pessoas com humildade e gentileza. Suas experiências em um grupo com membros que tinham uma abordagem diferente apenas reforçaram tais crenças e acabaram levando Keisha a acreditar que fazer qualquer exigência era "bancar a estrela". A distinção entre o tipo de exigência que suas ex-companheiras de grupo faziam, egoístas e pouco razoáveis, e as exigências que Keisha precisava fazer em apoio à sua autoestima e ao seu sucesso, no entanto, estava escondida em um ponto cego. Ao longo de nosso trabalho juntas, eu a ajudei a ver que ela podia e devia exigir respeito da equipe e dos fãs quando estava cansada, ao fim de um show, e não conseguia mais atender aos pedidos de fotos. Em troca, Keisha demonstraria respeito se entregando de todo o coração aos shows e agindo com profissionalismo. Ela podia e devia exigir uma comunicação proativa da equipe, que havia se acostumado com sua flexibilidade a ponto de não mantê-la mais atualizada de mudanças na programação, mesmo que aquilo significasse passar um dia a mais longe da filha.

Não se tratava de bancar a estrela, e sim de exigências de uma profissional talentosa, porém sua síndrome de impostora e seu perfil de Ponte a tinham levado a acreditar que ela deveria ser grata e que um passo em falso poderia fazer com que perdesse a plataforma que lhe havia sido cedida para fazer aquilo que amava. Devido à síndrome do impostor, ela não conseguia ver que se subia ao palco não era por sorte, mas por talento, e que os fãs não estavam lhe fazendo nenhum favor quando compravam ingressos para seus shows: se o faziam, era porque Keisha era uma ótima cantora. Ela caíra na armadilha de se comparar com suas companheiras de grupo e confundia confiança com competência. E, como uma boa Ponte, nunca havia se atrevido a desafiar sua percepção.

A diferença-chave entre impostores e "não impostores" é que, quando um "não impostor" não sabe alguma coisa, não acha que deveria saber, mas, se um impostor não tem a resposta, vê isso como uma falha pessoal.

Se você lida com a síndrome do impostor, olhe em volta e confira se alguém age como se devesse estar ali, sem se guiar pelos padrões inatingíveis pelos quais você se guia. Preste atenção no que essa pessoa faz e diz, em como lida com situações no trabalho, e tome-a como exemplo. Treine se comportar como um "não impostor", e reúna provas de que não há problema em dizer "Não sei, mas vou descobrir e volto com mais informações", ou "Boa pergunta, vou ter que pensar mais a respeito".

A amígdala é a parte do cérebro que controla sua reação ao estresse e entra em ação quando você sente medo. Se você sofre de síndrome do impostor, talvez tenha medo de ser descoberto, ou de ter um branco quando alguém faz uma pergunta em uma reunião. A má notícia é que sua amígdala não será convencida por palavras tranquilizadoras ou mesmo informações que indiquem o contrário. Ela se deixa convencer apenas por provas. A amígdala precisa descobrir que nada de ruim acontece só porque você não sabe a resposta em uma reunião, o que significa que você precisa começar a tentar, correndo riscos pequenos a princípio para superar seu ponto cego e aprender que você é bom o bastante.

Em minha experiência, há certas condições que exacerbam a síndrome do impostor em todos que tendem a duvidar de si mesmos. São elas: ser visto, ser o único e ser novo.

SER VISTO

Quando assumimos uma posição de bastante visibilidade — por exemplo, se precisamos apresentar alguma coisa a um grupo de pessoas no trabalho, ou mesmo se nos apresentamos artisticamente, como Keisha —, alguns pensamentos relacionados à síndrome do impostor provavelmente nos ocorrerão.

Keisha me disse que todos os artistas performáticos são afetados de alguma maneira pela síndrome do impostor, e desconfiava que isso estava relacionado à visibilidade do palco. Trabalhei com muitos artistas ao longo dos anos e identifiquei um padrão na forma como desenvolvem a habilidade de se mostrar diante do público em resposta a um ponto cego que mantém seu eu verdadeiro escondido e protegido. Em vez de se sentirem um impostor *porque* têm de se apresentar, eles escolhem se apresentar para fugir de sentimentos de exposição genuína. Condicionados a usar uma máscara por experiências anteriores com a família e os amigos, essas pessoas se tornam fingidoras talentosas — trabalhando como atores, escritores ou músicos, às vezes até empresários e educadores, como um escape para expressar o que talvez de outra maneira censurassem.

Quanto mais nos afastamos de nossa própria identidade e quanto mais nos tornamos conhecidos pela versão que apresentamos, maior a chance de que nossa autoestima vacile. A cultura da família de Keisha promovia a invisibilidade do indivíduo em prol da comunidade mais ampla, e embora eles apoiassem seu talento, também se sentiam desconfortáveis com a fama que implicava e ficavam preocupados que ela pudesse se perder.

Se seu trabalho envolve algum tipo de performance, ou mesmo se você apenas precisa fazer uma apresentação para outras pessoas, talvez se sinta especialmente visível. Se puder dividir os holofotes, ou tornar sua apresentação mais interativa, ou repassá-la antes com um amigo, reduzirá o impacto dessa visibilidade e, em consequência, os pensamentos relacionados à síndrome do impostor. Lembre-se de que não é você de verdade que está no centro, e sim a informação que está passando, ou a maneira como faz com que o público se sinta. Às vezes, minimizar sua importância pode fazer com que você se sinta mais confiante.

SER O ÚNICO

Se você faz parte de um grupo minoritário, tem uma probabilidade maior de vivenciar a síndrome do impostor. Talvez a colega de Cliff soubesse disso quando pediu mais representatividade, e estaria certa em fazê-lo, porque é difícil se tornar algo que você não pode ver. Ser a única pessoa de um gênero ou de uma raça em particular, ou ser a única com uma deficiência, ou com uma neurodivergência, intensifica a síndrome do impostor. Esse é um problema de uma perspectiva inclusiva mais ampla, porém nesse contexto específico é um problema que faz seu cérebro acreditar que você é um impostor, mesmo que ninguém seja um impostor só porque há poucos como ele na sala. Todos podemos nos pegar pensando isso, porém a chave é desafiar o ponto cego que esconde nossa competência ou nosso direito de estar ali. Quando somos o único na sala, precisamos nos lembrar da ignorância pluralística — da noção de que nenhum de nós se encaixa — e reescrever ativamente o padrão de pensamento.

Dou muitas palestras sobre a superação da síndrome do impostor, em empresas cheias de pessoas que se sentem impostoras, e toda vez me sinto uma impostora também, sem falta. É uma bela ironia, que me dá a oportunidade de dizer ao público logo de início: "Estou me sentindo uma impostora neste momento. E vocês?". Alguns assentem, outros levantam a mão, e de repente não somos mais impostores: somos iguais. Encurtar a distância entre nos sentir deslocados e saber que estamos em uma sala cheia de pessoas que se consideram impostoras desmantela o ponto cego e nos mostra que vivenciamos um fenômeno compartilhado.

Para superar a síndrome de impostor, expresse os pensamentos nesse sentido, dê um jeito de conversar com colegas em um ambiente confortável, talvez fora do escritório, e pergunte se alguém mais se sente assim. Você ficará agradavelmente surpreso em descobrir que, pelo menos nisso, não está sozinho, e ajudará os outros a começarem a superar sua síndrome de impostor também.

> **"Às vezes, minimizar sua importância pode fazer com que você se sinta mais confiante."**

SER NOVO

A última condição que agrava nossa sensação de que somos impostores é fazer algo novo. Todos conhecemos a sensação de começar em um emprego novo — o esforço que fazemos para gravar no cérebro onde fica o banheiro, como a máquina de café funciona ou o nome dos colegas. Fazer coisas novas é mental e fisicamente exaustivo, pois não contamos com as recordações que nos auxiliam nas tarefas que nos são familiares. Se você alguma vez chegou a seu destino sem se atentar ao caminho, foi porque operou com base na ação do hipocampo — uma parte do cérebro que aprendeu a te manter focado em informações novas e mais valiosas, automatizando os passos familiares que envolvem tomar banho, tomar o café da manhã e dirigir até o trabalho. Isso torna uma vida baseada em rotina muito mais fácil, porém também significa que, se um atalho não está disponível — porque vamos viajar para um lugar diferente, ou porque precisamos aprender um sistema novo —, nosso cérebro terá de trabalhar muito mais. Não contaremos com a sensação usual de competência — tudo parecerá trabalhoso e desajeitado —, e em um ambiente em que somos a pessoa nova, se exige esforço apenas de nossa parte, e de ninguém mais, nossa síndrome do impostor vai nos dizer que o problema deve ser a gente, que somos o ponto fraco do grupo.

A solução é dar-se tempo. Sempre recomendo ficar pelo menos três meses em um emprego novo antes de começar a se perguntar: "Será que sou mesmo bom nisso?". Depois que esse tempo passar, você pode descobrir que já se situou e se sentir mais confiante. Ou pode concluir que aquele emprego não é para você, confiando em sua decisão de procurar outro, agora que tem mais perspectiva.

GUARDE PARA DEPOIS

Sempre ensino uma técnica prática para pacientes preocupados com a síndrome do impostor. Ela me foi apresentada como uma ferramenta para lidar com a ansiedade por minha incrível supervisora quando eu trabalhava no Instituto Nacional de Saúde, em 2008. Minha supervisora trabalha com metáfora e teatro em seu atendimento clínico, e ainda uso seus métodos quase diariamente com os pacientes que atendo.[7]

Pegue uma caixa. Pode ser qualquer uma: de joias, um tupperware, uma caixa de sapato. Só precisa ter uma tampa e não pode ser transparente (para que seu cérebro não se concentre no que há dentro).

Agora pegue um papel e escreva o que o está preocupando. Keisha, por exemplo, escreveu: "Fico preocupada com a possibilidade de me perder de quem sou, virar uma egocêntrica e todo mundo pensar mal de mim". Se você está começando em um emprego novo, talvez escreva: "Não sou bom nisso", ou "Tomei a decisão errada".

Guarde o papel na caixa e tampe. Depois anote do lado de fora uma data para revisão. Pode ser depois de três meses, no caso do emprego novo. Ou depois de um mês, se você for experimentar um jeito novo de fazer algo e quiser que ele entre nos eixos antes de medir seu sucesso.

Se escreveu uma anotação mais geral, talvez relacionada a uma ligação que vai receber, ou ao resultado de uma prova que vai sair, você pode escrever a data em questão do lado de fora. Se é uma preocupação que não vai desaparecer no curto prazo, você pode pôr "segunda-feira", por exemplo, ou "amanhã", só para dar uma folguinha ao seu sistema nervoso.

Não podemos pedir a nosso cérebro que simplesmente não se preocupe — nos manter alertas aos riscos e problemas é uma função saudável que está relacionada com a nossa sobrevivência. No entanto, podemos pedir que ele se preocupe nos termos que mais nos beneficiam, baseados em escalas de tempo realistas, guardando as preocupações até o dia em que terá condições de lidar com elas, ou com o intuito de preservar a energia emocional que estamos gastando e nos dar uma chance de recarregar.

É uma técnica que uso regularmente, e funciona. Meu cérebro é capaz de dar um tempo nas preocupações e na síndrome do impostor se souber que não estou deixando os problemas totalmente de lado, mas vou abordá-los no momento certo, quando me encontrar em uma posição melhor para agir. Porque, quem sabe talvez você chegue ao fim dos três meses, leia que escreveu "Sou bom nisso?" e saiba que a resposta sincera é "não", mas aquele seja o momento certo para fazer algo a respeito — em posse de fatos, e não quando a síndrome do impostor leva a melhor sobre seu cérebro, enchendo-o de ideias de fraude que podem precipitar um fracasso autorrealizável.

Quando abriu sua caixa, Keisha descobriu que pedir o que ela precisava não apenas era aceitável, como promovera uma transformação positiva. Ela continuava sendo uma boa pessoa, ainda se importava com os outros, mas agora também se importava consigo mesma, e seus fãs reagiram com mais incentivo do que Keisha poderia ter imaginado.

Seu medo era substituir bondade por egoísmo — em termos de perfis de ponto cego, perder a gentileza da Ponte e se tornar uma Gladiadora implacável, egocêntrica e impiedosa, sua visão das outras garotas do grupo. Na verdade, Keisha aliou à importância que dava ao julgamento alheio seu próprio julgamento sensato, que era exatamente o que não estava vendo. Ela se utilizou disso para se permitir ter necessidades próprias e defendê-las, de maneira justa e direta, para se sentir mais apoiada em sua carreira. Se você se identifica com o medo de Keisha de se tornar egoísta ou indiferente, reconforte-se com o fato de que aqueles que queriam o melhor para ela, que queriam que se colocasse e fosse feliz, ficaram orgulhosos ao vê-la correndo riscos para ser ouvida e comemoraram seu sucesso.

O QUE VOCÊ NÃO ESTÁ VENDO?

IDENTIFIQUE SUA SÍNDROME.

A síndrome do impostor surge de um ponto cego que seu cérebro forma para que você trabalhe sempre de maneira excessiva e com medo do fracasso, fazendo com que você se julgue logo de início para se proteger do julgamento alheio. Como muitos outros pontos cegos, este só persiste no escuro, então é importante lançar luz sobre ele como um primeiro passo para superá-lo — e você pode superá-lo, tenha certeza disso.

Quando percebo que estou me sentindo deslocada, que não sou boa o bastante e que todos os outros são melhores do que eu, a primeira coisa que faço é dizer a mim mesma: "Isso é a síndrome do impostor". Não passam de pensamentos, e pensamentos são apenas isso, e não fatos, de modo que questiono sua validade imediatamente. Em seguida, se estiver com outras pessoas, eu digo: "Alguém mais sente que não está conseguindo? Alguém acha que não está vendo alguma coisa, ou sente que não se encaixa?". Assim, ponho em xeque minha ignorância pluralística.

Experimente:

- Identifique sua síndrome do impostor pelo que é e lembre-se de que pensamentos não são fatos.
- Reconheça que os pensamentos vêm de um ponto cego que seu cérebro formou a partir de uma crença equivocada de que você precisava ser melhor ou se esforçar mais, e perdoe-o.
- Procure por realidades alternativas: você já é bom o bastante; todo mundo tem de começar em algum lugar.

- Agora compartilhe suas observações com outra pessoa, porque não é que você seja o estranho no ninho: você é igual a mim, e somos todos normais.

ESTUDO DE CASO

LORENZO: OPORTUNISTA

O ponto cego de Lorenzo o impedia de reconhecer que ele tinha autonomia própria no trabalho. Ele trabalhava em uma loja de carros e procurou terapia porque a esposa dissera que Lorenzo ia acabar tendo um ataque do coração se não lidasse com seu estresse.

Imediatamente, ele começou a falar sobre o último problema no trabalho, roendo as unhas e se mantendo sentado na pontinha do sofá, como se estivesse pronto para sair correndo. Lorenzo contou que um cargo melhor estava em aberto, o que o levara a procurar o chefe.

"Eu disse que tinha ouvido falar de uma reestruturação na matriz e que eu queria me candidatar. 'Não interessa para você, Lorenzo! Seria muito mais estresse, pelo mesmo salário. É melhor você continuar onde está.' Fim de papo! Fiquei furioso."

"Por que fim de papo?", perguntei.

Lorenzo pareceu confuso. "Como assim?"

"Bom, quando seu chefe disse o que achava do cargo, parece ter respondido a uma pergunta que você não fez. Ele te disse o que achava da possibilidade de você concorrer à vaga, mas não disse se você podia concorrer. E você tomou o que ele disse como fim de papo?"

Lorenzo refletiu sobre o que eu havia dito. "Acho que pensei que não adiantava continuar. Já sabia o que ele pensava, então não adiantava insistir."

"Quem ensinou isso a você?", perguntei.

Lorenzo me contou sobre como o pai tomava todas as decisões quando ele era pequeno, fazendo com que o filho pensasse que era a melhor opção, ou a única opção.

"Uma vez, pedi uma carona para ir comprar uma vitrola com um dinheiro que eu tinha guardado. Ele pensou que não valia a pena, acho, porque, quando viu a vitrola, disse: 'Prefiro pagar do que ver você gastar com esse troço'."

"E ele fez isso?", perguntei.

"Se ele pagou? Claro que não!" Lorenzo riu, embora sua expressão permanecesse dura.

"Também teve uma vez em que a escola estava organizando uma viagem para esquiar. A gente não tinha dinheiro, agora sei disso, mas meu pai não foi claro. Ele foi até uma agência de viagens, pegou as informações, foi direto para o meu quarto e disse: 'Viu? Eu disse que era enganação. Dá para a gente viajar os quatro com o preço que estão cobrando para você ir!'."

Nem precisei perguntar se eles haviam viajado os quatro.

O ponto cego de Lorenzo envolvia a ideia de que não havia sentido em contestar a autoridade, que era quem dava a palavra final. Ele acreditava que nunca havia possibilidade de negociação. Agora, seu chefe havia agido de maneira bastante parecida com seu pai, o que nos ajudava a identificar o que ele não estava vendo.

"Pelo que você falou, sua família não tinha dinheiro para pagar pela viagem, mas seu pai não deixou isso claro. Por que acha que ele fez isso?", perguntei.

"Orgulho, imagino. Ele tinha os próprios problemas, mas na época eu nem sabia. Era dono de uma empresa, que acho que não estava indo muito bem. Sei lá, talvez ele não quisesse que a gente se preocupasse."

Lorenzo desvendava um ponto cego usando realidades alternativas. A verdade não era mais que ele não tinha voz em se tratando da própria vida, era que as pessoas agiam segundo suas motivações e, com frequência, seus pontos cegos.

"Por que você acha que seu chefe tentou fazer você desistir de concorrer ao cargo na matriz?", perguntei.

"Porque sou um bom vendedor e ele não quer me perder!" Lorenzo se recostou no sofá e voltou a rir, agora com mais vontade.

Ele havia aceitado a versão de seu pai e agora estava aceitando a versão de seu chefe. "Se o trabalho realmente envolvesse mais estresse pela mesma grana, eu é que não ia querer", Lorenzo concluiu.

Ele nunca tinha parado para se perguntar se aquilo era verdade. E mesmo se fosse, de acordo com seu chefe, isso a tornaria um fato objetivo? Lorenzo não questionara o que mais poderia estar desempenhando um papel na reação do chefe, ou se perguntado por que uma versão em especial dos eventos poderia ser útil para ele, se o cara tinha um ponto cego nublando sua perspectiva. Começamos a explorar as possibilidades, a especular que o chefe poderia ser um Oportunista também, alguém que tem dificuldade de ver os outros se darem bem. Ou que ele poderia ser uma Pedra e estar tentando proteger Lorenzo. Fizemos esse exercício não para nos aproximar da verdade, mas para destacar a existência de alternativas e informações que Lorenzo poderia não estar vendo.

Ele havia sido criado com fatos limitados e sem a opção de fazer perguntas. Acostumara-se a confiar em sua intuição e com o tempo desenvolveu a capacidade de tirar conclusões a partir de migalhas, o que podia causar confusão e estresse.

"Então você está dizendo que preciso descobrir a verdade?", ele me perguntou.

"Não necessariamente", falei. "Mas é importante estar consciente de que você não sabe a verdade, de que 'a verdade' talvez nem exista. De que você pode desempoderar o ponto de vista da outra pessoa e investir mais no seu, fazer mais perguntas antes de tirar suas conclusões. No momento, você toma decisões baseadas em 1% de investigação e 99% de interpretação, com base em informações limitadas e em seu banco de dados de experiências passadas. Por que não chegar a 50%, pelo menos?"

Não havíamos mudado a situação de Lorenzo de fato, mas abrimos a porta para uma alternativa que poderia libertá-lo. A de que, como adulto, ele não precisava trabalhar com o que uma figura de autoridade ditava e podia usar seu próprio raciocínio para compreender os múltiplos interesses que talvez estivessem em jogo. Agora, Lorenzo estava pronto para ter uma conversa diferente com o chefe na segunda-feira.

Oportunistas como Lorenzo muitas vezes se veem recriando dinâmicas de poder da infância no ambiente de trabalho. Qualquer resistência já parece injustiça, qualquer tratamento desigual lembra os velhos tempos de poder corrupto no lar. Se o irmão era tratado diferente, o tratamento preferencial a um colega irritará mais; se o Oportunista não foi considerado quando uma oportunidade se abre, a ofensa machucará tanto quanto machucava na infância. No entanto, em vez de confrontar esses cenários de maneira adulta e apropriada, Oportunistas podem ficar fumegando em silêncio, ou se queixar com o companheiro quando chegam em casa. Nada muda, porque seu ponto cego relacionado à autonomia os mantém passivos, como precisavam ser quando crianças e o poder de fato residia nas mãos de outra pessoa.

COMO OU O QUÊ?

Oportunistas podem se perder em meio ao conflito. Com frequência, eles precisaram trabalhar tão duro para defender sua posição ou justificar seu ponto de vista no passado que se esquecem de seu direito de parar ou voltar atrás. A autonomia é uma opção relegada a um ponto cego antigo, como no caso de Lorenzo, e o Oportunista aprende a se virar ou exercer uma influência mais discreta. Lorenzo extravasava o estresse no casamento em vez de canalizar sua energia para a promoção das mudanças que precisava realizar no trabalho. No entanto, para romper com o padrão, ele tinha que deixar de lado *o que* estava sendo dito e se concentrar em *como* estava sendo dito.

Encenamos sua próxima conversa com o chefe, para esclarecer meu ponto.

"Então você será seu chefe e eu serei você", expliquei. "Oi! Então, quero me candidatar para aquela vaga na matriz."

"Não, não vai te interessar, é mais estresse pelo mesmo salário, é melhor você ficar onde está." Lorenzo entrou no personagem rapidamente, recostando-se na cadeira e fingindo inspecionar as unhas.

"Entendi. Obrigada pela opinião, talvez você esteja certo. Mas, ainda assim, quero me candidatar. Pode me dizer o que preciso fazer?"

"Sinceramente, há oportunidades melhores para você aqui. Na verdade, estão para abrir uma vaga perfeita. Você só precisa ter um pouco de paciência." Ele bateu com o indicador na lateral do nariz e piscou para mim.

"Interessante. Vou ficar aguardando notícias então. Nesse meio-tempo, vou me candidatar à vaga já aberta e ver o que acontece. Com quem preciso falar a respeito?"

Lorenzo ria enquanto eu me esquivava dos obstáculos que ele punha em meu caminho, mas parecia compreender o que estava acontecendo. Eu aceitava o ponto de vista dele e voltava ao meu. Não estava resistindo, não ficava frustrada, não discutia precisão factual ou o que ele dizia; na verdade, não dialogava com o conteúdo. Tudo que fazia era reconhecer sua opinião e reafirmar minha necessidade.

Se continuássemos, talvez eu deixasse de lado o caráter específico da situação e fizesse observações mais gerais. Por exemplo:

"Notei que, quando peço informações sobre a vaga, você responde a uma pergunta que não fiz, relacionada a sua opinião quanto a se vou ou não me dar bem com o trabalho. Há um motivo para isso?"

Observar o processo funciona bem em situações em que um colega ou gerente está, de maneira consciente ou inconsciente, ignorando o que você diz, ou quando você sente que a bola só está passando de um lado para o outro sem qualquer avanço.

Vamos dizer que você peça informações a alguém e seja direcionado a falar com outra pessoa, ou que é dispensado rapidamente. Em vez de dizer "Isso não vai funcionar", ou "Tentei e não deu certo" ou "Já pedi, e me mandaram falar com você", experimente se afastar do conteúdo para fazer suas observações de maneira mais neutra: "Seria ótimo se funcionasse, mas não funciona, então voltamos à estaca zero". Ou: "Falamos com essas pessoas e não conseguimos o que precisávamos, então vamos ter que procurar uma solução diferente". Ou ainda: "É uma pena que essa opção não esteja disponível, mas seria loucura continuar insistindo nisso".

Com essas observações, rompemos com o padrão de poder que é apresentado. De acordo com Eric Berne, "cruzamos transações".[8] Berne foi um psiquiatra canadense que desenvolveu a teoria psicoterapêutica da análise transacional. Ele introduziu os "estados de ego" e destacou as partes pai, adulto e criança da psique. O pai hospeda o raciocínio e o julgamento crítico, o adulto é a parte equilibrada do "fazer" baseado no presente e a criança contém nossos sentimentos e vulnerabilidades. Um Oportunista pode empacar no estado de ego da criança, entre a complacência e a rebelião, e direcionar suas "transações" (definidas por Berne como unidades de comunicação humana) ao pai de outra pessoa — a autoridade. Eles enviam suas unidades de comunicação de uma posição infantil e desempoderada a um juiz e júri imaginados, pedindo aprovação ou tentando agradar em troca de aceitação, ou resistindo à crítica percebida e indo contra a pessoa que acreditam que manda.

Uma "transação complementar" não é, como pode parecer, a opção mais positiva, porém é a opção que aprendemos a esperar. Ela é complementar porque é recebida em seu destino e é devolvida a partir de onde foi recebida. Um exemplo disso foi o pedido de Lorenzo ao chefe, de uma posição desempoderada, de permissão para se candidatar ao cargo. O chefe recebe isso como o pai, exatamente o que Lorenzo pretendia, então devolve a comunicação à criança em Lorenzo, com instruções e reprovações. Transações complementares atingem o alvo e são devolvidas, como um rali sem grandes dificuldades no tênis, mas não necessariamente obtêm o que a pessoa deseja. Elas transcorrem com tranquilidade, porém seu ritmo e sua familiaridade não indicam que sejam saudáveis ou produtivas. Não é porque Oportunistas estão acostumados a receber instruções de figuras de autoridade, e talvez até se sintam confortáveis com isso, que esse é o melhor modo de se comunicar no caso deles.

Uma "transação cruzada" ocorre quando interrompemos esse ritmo devolvendo a bola a partir de um estado de ego diferente daquele a que ela foi direcionada. Podemos fazer isso passando a qualquer outro estado de ego para enviar nossa resposta. A opção mais segura, no entanto, é mandar a transação de um adulto para o outro. A comunicação entre adultos é a mais eficaz, racional e atualizada. Ela se baseia no que *é*, e não em traumas do passado ou em previsões temerosas do futuro. É aqui que as observações relacionadas ao processo podem ajudar. Se Lorenzo se mantiver no estado adulto, reconhecendo o ponto de vista do chefe, mas sem recorrer à reação da criança, pode neutralizar o pai que o chefe se acostumou a representar. Foi por isso que Lorenzo riu quando desafiei suas objeções: transações cruzadas e comunicação entre adultos suficientes tornavam possível manter a posição inicial dele. Minha recusa a simplesmente devolver a bola e minhas perguntas feitas de uma posição de autonomia e respeito romperam com a dinâmica de poder. Lorenzo levou nosso exercício para seus relacionamentos em casa e no trabalho, e começou a ter conversas nas quais finalmente se sentia ouvido.

Se você é um Oportunista, treine interromper dinâmicas de poder arraigadas observando *como* você se comunica, e não o que diz. Reconheça a verdade da outra pessoa, depois reafirme a sua, de um adulto para o outro. Independentemente do perfil com que se identificar, você pode aprender mais sobre análise transacional e como fortalecer seu adulto em um livro bastante acessível chamado *TA Today* [TA hoje], de Iain Stewart e Vann Joines.[9]

O QUE VOCÊ NÃO ESTÁ VENDO?

IGUAL E JUSTO NÃO SÃO A MESMA COISA.

Oportunistas podem ter dificuldade de reconhecer a diferença entre igual e justo — o fato de que a situação de alguém pode não ser igual à sua, mas isso ainda ser justo.

Meu filho fica acordado até mais tarde que a irmã mais nova: não é igual, mas é justo. Ele também assume mais responsabilidades e faz a lição de casa com mais independência: não é igual, mas é justo. A justiça se baseia no indivíduo, no que ele precisa e no que é apropriado, e nem sempre vai ter a mesma cara. Denzil (do capítulo sobre amizades, p. 124) achava que era injusto seus colegas serem promovidos, ainda que tivessem feito por merecer, enquanto ele se ocupara de dizer sim para tudo e para todos, perdendo seus objetivos de vista. Denzil sentia que era injusto seus amigos publicarem fotos visitando lugares distantes, porém tinham economizado para passar uma semana fora, enquanto ele gastava todo o seu dinheiro saindo aos fins de semana.

Se seu ponto cego esconde sua autonomia, principalmente no trabalho, você pode desenvolver uma mentalidade de vítima que faça com que se sinta impotente e perca a chance de promover as mudanças de que precisa. Se você é um Oportunista, tente não se deixar distrair pelo igual, porque ele nem sempre é justo como parece, e concentre-se no que precisa, em suas prioridades, e no que mais importa. É mais empoderador se concentrar no desenvolvimento pessoal do que se queixar do avanço dos outros.

ESTUDO DE CASO

GUY: GLADIADOR

Como Lorenzo, Guy tinha dificuldade de encontrar equilíbrio no trabalho e de negociar meios-termos. Ao contrário dele, no entanto, Guy não recuava diante da possibilidade de conflito.

Ele era sócio de uma construtora internacional e cuidava do lado financeiro de projetos importantes. Negociador ambicioso e exigente, Guy viajava o mundo e corria riscos. Obtivera enorme sucesso fazendo isso, porém se acostumara com os privilégios que sua posição lhe garantia.

Em sua mais recente visita a Cingapura, a coisa desandara, e a reação do conselho em última instância o levou a iniciar um tratamento comigo. Guy não sabia bem o que tinha acontecido — sempre haviam fechado os olhos para o fato de que ele usava cocaína e vivia tendo casos com colegas, atribuindo tudo ao estilo de vida dinâmico que o trabalho envolvia —, porém agora a coisa parecia diferente.

Seu ponto cego escondia sua responsabilidade e permitia que ele pensasse que era invencível. Guy era um Gladiador capaz de ser competitivo e durão quando se tratava de negócios, porém respondia a um conselho cheio de outros Gladiadores, que queriam receber seu bônus sem ser prejudicados. Depois de vinte anos trabalhando para a empresa, Guy começava a se conformar com o fato de que não havia lealdade real entre os sócios. Quando ele se tornou um risco para a reputação da construtora, foi mandado embora. Alguns meses depois, entrou em meu consultório, confuso. "O que eu não estava vendo?", ele se perguntava.

Não era a primeira vez que Guy se sentia traído. Ele me contou que havia crescido no East End de Londres, sem muito dinheiro, e que sua família aceitava tudo que conseguisse. Guy amava a mãe na mesma medida em que tinha pena dela. Porém não tinha nada de bom a dizer sobre o pai ou os irmãos, que segundo Guy roubariam sua roupa do corpo se tivessem a chance. Ele fugia para a costa de Kent sempre que possível, para ficar com a avó. Ela era a única pessoa em quem confiava e a única sobre quem falava com carinho.

"A gente brincava com o fato de que, aos olhos dela, eu nunca fazia nada de errado. Eu perguntava: 'Tá, mas e se eu matasse alguém? O que você diria?'. E ela respondia: 'Uma andorinha só não faz verão, meu bem. Agora descasque as batatas'."

Ele ria ao me contar de suas conversas, de como ela prometera ajudá-lo a esconder o corpo caso fosse necessário. Sorri também, ouvindo Guy contar sobre os dias passados em Margate com a única pessoa com quem sempre pudera contar.

Quando ele tinha dezesseis anos, o pai o expulsou de casa, e Guy passou a se sustentar trabalhando no mercado de flores. Ele era esperto e determinado, e pouco a pouco foi subindo até ganhar muito dinheiro trabalhando na Bolsa. Guy costumava mandar dinheiro para a avó e visitá-la nos fins de semana, porém depois que ela morreu o pai vendeu tudo que a mulher tinha e gastou o dinheiro. Guy cortou os laços com a família por completo. Não chegou a ser surpresa ele perder a confiança nas pessoas e acreditar que a vida se resumia à sobrevivência do mais apto. Quando as coisas davam errado, ele jogava a culpa em outra pessoa.

O JOGO DA CULPA

Culpa é um indicador-chave dos pontos cegos dos Gladiadores, que muitas vezes operam a partir de uma falta de confiança enraizada e de uma determinação a sobreviver lutando sozinhos. No entanto, culpar os outros preserva o ponto cego original, com frequência escondendo sentimentos de vulnerabilidade e traição, e impede os Gladiadores na vida adulta de se responsabilizar por suas escolhas.

Guy se matava de trabalhar e se arriscava a ter um colapso porque não confiava que ninguém em sua equipe estava à altura. Ele acreditava que, se queria um trabalho bem-feito, precisava fazê-lo pessoalmente, e quando não conseguia dar conta se voltava para o álcool e as drogas — estimulantes e relaxantes para ajudá-lo a se manter acordado ou a dormir. Em vez de depender de pessoas, ele acabou dependente de substâncias.

Desde pequeno, envolvia-se com círculos cheios de Gladiadores, onde não se sentia tão sozinho em sua solidão. Ele culpava o mundo pelos abusos que sofrera, porém abusava de si mesmo com as escolhas que fazia e projetava sua raiva nos outros. Alguns mercados atraíam mais Gladiadores do que outros, e o financeiro era um bom exemplo. No entanto, quando você nada com tubarões, não pode culpá-los por seu apetite voraz e por usar seus dentes afiados para satisfazê-lo. Se você é um Gladiador ou se identifica com a experiência de Guy no trabalho, talvez valha a pena se perguntar se o verdadeiro problema não é uma tendência à autodestruição, ou se você não está nadando no mar errado.

PROJEÇÃO

"Projeção" foi o termo usado por Sigmund Freud e sua filha Anna para descrever a maneira como podemos destacar partes nossas de que não gostamos ou que renegamos e situá-las nos outros, para julgá-las sem a necessidade de nos responsabilizar por elas.[10] Trata-se de um filtro que vejo mais em Gladiadores do que em qualquer outro perfil. Se eu renego minha necessidade de descansar, talvez a projete em alguém que vejo lidando com as coisas com calma e o chame de preguiçoso. Se não aceito minha própria raiva, talvez eu a projete e acuse outras pessoas de estarem bravas quando não é o caso. Guy não aceitava sua vulnerabilidade; ele renegava seus fracassos e sua imoralidade, e os projetava nas pessoas à sua volta, punindo a fraqueza onde quer que a visse, culpando a esposa por deixá-lo e evitando sua responsabilidade na criação dos filhos.

Fazer com que se conscientizasse de suas ações não era uma tentativa de criticá-lo ou puni-lo, mas, se Guy entendesse suas escolhas, talvez recuperasse algum controle sobre sua vida. Em seu novo emprego, ele poderia tomar decisões conscientes, que o ajudariam a atingir seus objetivos e o protegeriam contra a autodestruição imprudente que seu ponto cego possibilitava.

Guy levava uma vida hedonista de recompensa imediata e odiava que lhe dissessem para se acalmar ou crescer — o que a esposa fizera em mais de uma ocasião. Para ele, o controle, fosse externo ou interno, era um inimigo e a antítese da liberdade, porém no fim seu comportamento imprudente só fizera com que ele se sentisse impotente e encurralado. Mostrei a Guy a gangorra controle vs. caos (ver p. 291), e expliquei que havia um ponto de equilíbrio que o ajudaria a se sentir no comando e livre para fazer escolhas sábias ao mesmo tempo. Ao encontrar esse ponto, Guy descobriu que poderia viver livremente, como antes, porém não apenas por rebeldia ou para desafiar a autoridade. Ele se tornou sua própria figura de autoridade, e foi capaz de reivindicar suas responsabilidades e reconstruir seu relacionamento com os filhos, não porque alguém mandara, mas porque ele havia descoberto a autonomia escondida em seu ponto cego e ganhado *perspectiva*.

O desafio para Guy era se tornar mais controlado e menos caótico, porém a gangorra pode ser utilizada no sentido oposto, como acontece com muitos de meus pacientes que são governados por um excesso de regras e precisam aprender a soltar um pouco a mão.

Gladiadores e Oportunistas tendem a ser mais abertos à mudança e podem ser bastante criativos e espontâneos, enquanto Pedras e Pontes muitas vezes se preocupam mais em seguir as regras ou em se ater ao plano. Ambos os lados são importantes, e se você se inclina excessivamente para um deles perde uma boa dose do outro, que poderia te ajudar a encontrar mais equilíbrio e flexibilidade no trabalho, e na vida de modo geral.

Se você é um Gladiador, talvez não esteja vendo os benefícios do processo e seu potencial de direcionamento de altos níveis de energia e de esforço para os objetivos que lhe trarão mais alegria. Caso perceba que está resistindo a marcar reuniões no trabalho, que se agarra a uma mentalidade de "vamos acabar logo com isso", que prefere o caminho mais rápido ao caminho certo, procure se aproximar da ordem como uma contrapartida à sua energia e busque um equilíbrio capaz de te levar aonde deseja.

Caso se interesse por encontrar um equilíbrio entre o caos e o controle na vida, com a liberdade de viver alegremente e a segurança da proteção e de um julgamento acertado, experimente realizar o exercício a seguir.

O QUE VOCÊ NÃO ESTÁ VENDO?

A VIDA É EQUILÍBRIO.

Imagine-se em uma gangorra. De um lado, está o controle; do outro, o caos. Independentemente do lado pelo qual você prefira começar, a ideia é sempre caminhar para o meio, até o ponto que parece mais equilibrado e a partir do qual podemos nos inclinar para um lado e para o outro, a depender das circunstâncias e do que é exigido de nós.

Como em uma gangorra real, você não vai encontrar o meio avançando bem devagarzinho — provavelmente terá de ir bem rápido a princípio, para ter uma sensação de onde ele se encontra. Tudo bem. Sua memória muscular irá ajudá-lo, então não fique com medo de exagerar no início — sua versão de "ir longe demais" ainda ficará bastante distante do outro extremo.

Se você gosta de planejar tudo, traga um pouco de espontaneidade para sua vida; se em geral tem dificuldade de terminar o que começa, crie alguma estrutura. Ampliar sua gama de movimentos irá aproximá-lo do ponto ideal e lhe dará mais opções. Haverá momentos em que você precisará pender mais ao controle, para que as coisas se concretizem, ou para se manter seguro, e haverá momentos em que você precisará pender mais ao caos, para promover uma mudança quando estiver se sentindo cercado. O ponto de equilíbrio lhe dará a flexibilidade de escolher.

Reflita sobre de que lado da gangorra você se senta no trabalho e que lado está ignorando.

Você gostaria de mais foco no trabalho, ou da segurança de uma estrutura e expectativas claras?

Ou precisa de mais liberdade e atrito para prosperar e poder usar a criatividade?

Busque as oportunidades de que precisa para obter mais equilíbrio e vai se recuperar do ponto cego do controle ou do caos.

8. O que não estou vendo em mim?

Até agora, abordamos pontos cegos que podem se manifestar em diferentes situações e áreas da vida cotidiana: trabalho, família, amor e amizades. Essas expressões externas de nossos pontos cegos e como afetam nosso relacionamento com os outros são com frequência o motivo que leva as pessoas à terapia, porque provocam um impacto mais aparente no mundo exterior e resultam em conflitos ou confusões visíveis. Mas e quanto aos pontos cegos que temos em relação a nós mesmos?

Todo mundo encara problemas nos relacionamentos em algum momento, porém também somos afetados por pontos cegos que nem sabemos que temos — ou que deveríamos procurar — sobre quem somos. Este é o capítulo que revelará a verdade mais fundamental sobre você, apresentará a maior oportunidade de mudança e fornecerá a chave para um futuro mais feliz e gratificante. Consideraremos cada um dos quatro perfis e os pontos cegos pessoais que surgem com mais frequência na terapia, para ajudá-lo a obter a *perspectiva* valiosa que você pode não estar vendo.

Oferecerei respostas para perguntas que você nem sabia que precisava fazer. E você aprenderá, por exemplo, que a perda da aprovação alheia muitas vezes é um preço que vale a pena pagar caso você seja um Oportunista; que ser bom em algo é tanto uma bênção como uma maldição para uma Pedra; que conseguir o que você quer nem sempre é o melhor para um Gladiador; assim como nem sempre é legal ser legal no caso de uma Ponte. As experiências transformadoras de meus pacientes na terapia vão lhe oferecer as revelações e ferramentas necessárias para que sua vida seja transformada também.

PONTOS CEGOS PRIMÁRIOS

Com frequência, as pessoas iniciam a terapia olhando para fora, para os detalhes de uma situação com que estão lidando. Em geral não demora muito, no entanto, para que a atenção seja voltada para o conflito interno. "Quando os mesmos problemas ficam aparecendo", digo, "faz sentido olhar para o denominador comum: você." Não se trata de uma crítica, mas de um ponto de partida — uma maneira de compreender as circunstâncias e recuperar o poder de escolha. Alguns pacientes chegam já sabendo que o problema tem a ver com eles e me dizem que perderam o contato consigo mesmos, que estão em uma crise de identidade, ou que não conseguem mais identificar o que querem. Eles buscam terapia para descobrir o que não estão vendo sobre si mesmos, para poder preencher as lacunas e seguir adiante com a vida, agora com mais perspectiva e propósito.

Ao longo de milhares de horas de atendimento, observei um ponto cego para cada um dos quatro perfis que se manifesta mais em suas dificuldades do que na dos outros. Chamei a isso de *ponto cego primário*, e pode ser um ótimo foco para sua recuperação, depois que tiver reconhecido o perfil com que mais se identificar.

Os pontos cegos primários são:

- *Aceitação*, no caso de Oportunistas;
- *Poder*, no caso de Pontes;
- *Vulnerabilidade*, no caso de Pedras;
- *Empatia*, no caso de Gladiadores.

Vamos considerá-los separadamente e verificar como meus pacientes transformaram suas descobertas em reinícios promissores.

OPORTUNISTA: ACEITAÇÃO

Os humanos são criaturas sociais, motivadas a buscar segurança por meio do pertencimento. Idealmente, desenvolvemos uma bússola moral própria, que nos guia a um comportamento aceitável, porém, na ausência de permissão para tomar nossas próprias decisões e aprender com nossos erros quando estamos nos desenvolvendo, podemos acabar terceirizando essa aceitação e passar o resto da vida tentando merecê-la.

Os Oportunistas perdem a *autoaceitação* de vista quando os adultos em volta desencorajam a independência, criticam falhas ou controlam demais. Isso os leva a acreditar que seus sentimentos e desejos autênticos são inaceitáveis e devem permanecer escondidos, ou no mínimo ser expressos com cautela. Assim, eles oferecem ajuda na esperança de reciprocidade ou bajulam esperando ser recompensados com o que querem, ou seguram a língua, evitam o conflito e priorizam as demandas dos outros na expectativa de ter um retorno de seu investimento.

Eles chegam à terapia com dificuldade de obter a aceitação dos outros e saem com a capacidade de oferecer aprovação a si mesmos. Em geral, até então abriram caminho na vida usando seu charme e carisma natural, e se acostumaram a manipulações emocionais para fazer com que os outros gostassem deles ou para conseguir o que queriam. Muitas vezes, os efeitos colaterais indesejados dessa manipulação — as rupturas e os mal-entendidos — vêm à tona e fazem com que os Oportunistas se sintam vulneráveis. Meu trabalho como terapeuta é ajudá-los a ir um pouco mais fundo para compreender *por que* eles fazem o que fazem, com o intuito de preencher as lacunas com as opções que não estavam vendo e evitar o drama que costumam atrair. Se você reconhece a si mesmo ou outra pessoa nessa descrição, a história de Kristal lhe dirá o que precisa saber para fazer escolhas diferentes e reivindicar seu direito de se comunicar de maneira clara.

ESTUDO DE CASO

KRISTAL: OPORTUNISTA

Desde que seu casamento havia acabado, um ano e meio antes, Kristal tinha ido a muitos encontros. Seu objetivo era conhecer caras legais, desfrutar de uma companhia agradável e talvez até encontrar alguém especial no processo. A realidade, no entanto, se provara bastante diferente, e ela se vira em um ambiente hostil, tentando entender joguinhos complicados e aplicativos implacáveis, sem qualquer conhecimento prévio das expectativas dos homens com quem saía. Kristal é um bom exemplo de alguém que começou a fazer terapia pensando que o problema era a maneira como se via. Na época, ela não sabia que na verdade o que a levara à terapia fora o que ela não estava vendo.

"Meu último encontro foi um desastre absoluto", ela me contou. "Ele era o típico 'cara legal'."

Com isso, Kristal se referia à "síndrome do cara legal",[1] termo aplicado a alguém que se faz de bonzinho e boa pessoa só para obter sexo. O "cara legal" se utiliza de manipulação emocional, oculta suas intenções e em geral se volta contra a outra pessoa quando não consegue o que quer. Kristal falou mais sobre o que havia acontecido.

"A noite foi ótima. Ele perguntou sobre meu trabalho e minha família. Até se ofereceu para dar comida ao meu gato quando eu viajasse! Tipo, não que eu fosse aceitar, mas na hora achei fofo, sabe? Era uma bela diferença do meu ex, que só queria saber o que *ele* poderia ganhar."

"E o que aconteceu depois?", perguntei.

"Bom, a conta chegou e eu falei em dividir, mas ele insistiu em pagar sozinho. A gente estava tentando chamar o garçom para trazer a maquininha e de repente ele disse: 'Vou chamar nosso Uber'. Achei meio esquisito, porque era a primeira vez que a gente saía. Então falei: 'Não precisa, eu chamo o meu. Já preciso ir, tenho uma reunião amanhã cedo'. E ele pirou. Sério, foi tipo o médico e o monstro. Ele estava todo fofo, tranquilão, uma gracinha, e de repente parecia furioso. Virou para mim e disse: 'Ah, entendi, você só queria um jantar de graça'. Eu retruquei: 'Está falando sério? Posso muito bem pagar meu próprio jantar'. Aí ele disse: 'Talvez deva pagar mesmo'. E eu disse: 'Beleza'. E foi isso! Pagamos em silêncio, fomos cada um para seu carro e não tive mais notícias dele. Inacreditável."

O nome sugere que estamos falando de um homem, e em situações de manipulação sexual costuma ser o caso, mas conheci muitas mulheres manipuladoras ou que escondiam suas verdadeiras intenções. Incluindo a própria Kristal.

"Sinto muito que sua noite tenha terminado assim", eu disse, depois que ela terminou a história. "Parece que havia uma expectativa de quid pro quo escondida na generosidade e atenção dele, que só se revelou quando ele tentou obter o que queria. A sensação de ser alvo disso é péssima, e você não tinha nenhuma obrigação de adivinhar, ou de cumprir com um contrato com o qual não concordou. Que bom que você identificou o que ele estava fazendo."

Mas não parei aí: "Lembra quando sua irmã se hospedou por um tempo na sua casa, e você ficou chateada porque achou que ela poderia ficar com as crianças uma noite, mas ela já tinha planos?".

Kristal pareceu confusa.

Prossegui: "Você me disse que sentia que era o mínimo que ela poderia fazer, considerando que tinha passado uma semana na sua casa".

"Lembro, mas o que isso tem a ver?"

"Bom, talvez você tenha sido o 'cara legal' naquela ocasião."

Ela não gostou de ouvir que podia estar recorrendo ao mesmo tipo de manipulação, o que era compreensível, mas não negou nada. Kristal sabia que, quando buscara a irmã na estação, quando pagara pela comida e quando dissera que poderia ficar em sua casa, esperava ganhar uma noite de folga com isso. A intenção talvez não estivesse clara, e talvez não tenha havido um cálculo consciente, porém estava implicada na transação, e só veio à tona quando a irmã começou a se arrumar para sair. Na época, Kristal havia me dito que se sentira desvalorizada e que a irmã sempre se aproveitava dela. Agora que voltávamos a discutir a situação, exploramos se realmente era responsabilidade da irmã adivinhar o que Kristal queria ao aceitar sua oferta. Ou se era Kristal que devia ser mais clara quanto às suas expectativas — ou separar sua oferta de seus desejos, como o "cara legal" com quem ela saíra não havia conseguido fazer.

Em geral, Oportunistas foram condicionados a não serem diretos e assertivos, e a contar apenas com suas expectativas, seu charme e sua capacidade de persuasão. Eles não dizem não diretamente, mas ficam confusos quando os outros supõem que concordaram. Espalham migalhas para que os outros sigam e ficam frustrados quando suas intenções não são compreendidas. Por isso, era possível que o histórico de competição e dificuldade de comunicação envolvendo Kristal e a irmã se baseasse, pelo menos em parte, no ponto cego das duas Oportunistas, que estavam procurando maneiras de conseguir o que queriam uma da outra, sem nunca ser diretas.

Kristal começou a fazer terapia para falar sobre sua vida amorosa, porém toda semana abordava um problema diferente e descobria que seu ponto cego criava caos em outra parte de sua vida. Ela sempre dizia que seu processo terapêutico parecia o jogo da toupeira: quando um problema era resolvido, outro aparecia, e todos tinham algo em comum. Sua agenda lotada, tanto de trabalho quanto social, explicava grande parte de seu estresse atual, porém era sua comunicação, ou sua falta de comunicação, que causava conflitos. Kristal não queria magoar os amigos dizendo não ou talvez, e em vez de ser honesta quanto a suas limitações acabava concordando na esperança de "se livrar" e depois se sentia encurralada quando as pessoas propunham uma segunda dose na semana seguinte.

Ela sentia uma pressão parecida por parte da família. Quando levava as crianças para visitar os avós, sugeria duas noites e ficava irritada quando eles expressavam decepção por não ficarem mais tempo.

"Eu não queria nem ficar duas noites!", ela comentou comigo, exasperada. "Dá o maior trabalho virar a rotina das crianças de cabeça para baixo para levá-las para o outro lado do país quando elas prefeririam passar o fim de semana fazendo outra coisa."

"Você acha que seus pais sabem disso?", perguntei.

"As coisas já estão complicadas o bastante para mim!", ela disse. "Estou dando tudo de mim pelos outros, até mais, às vezes! E eles ainda querem mais. Nunca é o bastante."

CHEQUE ESPECIAL EMOCIONAL

Kristal ficava brava com as exigências de seus pais, porém eles talvez nem tivessem conhecimento da realidade da vida dela. Por exemplo, que ela vivia atolada de coisas e que as crianças prefeririam ficar jogando a pegar a estrada em uma sexta-feira à noite, enquanto tudo o que ela queria era tomar uma taça de vinho em paz e tirar o atraso das novelas. Os pais não faziam ideia de que a hospitalidade que ofereciam como um gesto de gentileza a uma filha que lhes parecia sozinha não era a ajuda de que Kristal precisava, e como poderiam, se ela nunca havia dito nada a respeito? Eles não tinham como saber que ela ficava esgotada em termos emocionais e energéticos para conseguir as duas noites que oferecia, e não era justo transformá-los em vilões por terem expressado seu desejo de passar tempo com os netos.

No entanto, também precisávamos levar em conta a possibilidade de que as intenções dos pais de Kristal não fossem tão íntegras. Talvez fosse melhor para eles se a filha ficasse mais tempo — talvez atendesse à sua necessidade de parecer avós amorosos aos vizinhos —, e a suposta falta de compreensão talvez não passasse de uma ignorância voluntária. Talvez os pais de Kristal também fossem "caras legais"; afinal, parecia que eles haviam criado as duas filhas como Oportunistas e não demoravam a bancar a vítima quando as coisas não corriam como queriam. Bem quando estava considerando essas possibilidades com Kristal, eu mesma tive um gostinho do "cara legal" em minha vida.

ABSOLUTAMENTE RAZOÁVEL, TOTALMENTE INACEITÁVEL

Por volta da mesma época, peguei uma virose e me vi de cama. Tinha convidado alguns vizinhos para jantar, então mandei uma mensagem mais ou menos assim: "Oi, gente, tudo bem? Estou meio mal, então vou ter que cancelar o jantar aqui no sábado, desculpa". Recebi várias mensagens de melhoras. Um vizinho, no entanto, escreveu: "Ah, não, não acredito! Eu tinha um monte de coisa para contar para vocês! Melhora logo pra gente poder remarcar".

Enquanto vomitava em um balde do lado da cama, eu me sentia ao mesmo tempo irritada e decepcionada. Por que a mensagem não dizia "Que pena que você não está bem, sinto muito. Não tem problema nenhum cancelar, claro. Melhoras. Avisa se tiver algo que eu possa fazer". Ou mesmo: "Não tem problema, o jantar pode ser aqui. Se estiver se sentindo bem no dia, venha!". Eu responderia assim, independentemente de minhas necessidades estarem sendo atendidas ou não, porque (pelo menos de acordo com minha bússola moral), se alguém está mal, você não é o centro das atenções. O melhor a fazer é guardar seus sentimentos e garantir que a outra pessoa possa contar com você. Depois de um ou dois dias, você pode mandar uma mensagem para a pessoa dizendo: "Tudo bem? Estava pensando em você. Espero que já se sinta melhor". Talvez seja a Pedra em mim falando, mas me parece a coisa certa a fazer.

Depois de melhorar, levei meus sentimentos para a terapia. Minha terapeuta, que gosta de ir direto ao ponto, me perguntou o que eu gostaria de responder. Nem precisei pensar muito.

"Eu gostaria de dizer: 'Fiquei chateada com sua resposta focada nas suas necessidades. Pareceu egoísmo e desinteresse'."

"Ah", minha terapeuta disse, solene. "Absolutamente razoável." Ela sorriu. "E totalmente inaceitável."

Logo estávamos as duas rindo da verdade no que ela havia dito — um sentimento podia ser razoável, justificável, e ainda assim socialmente inaceitável. Não fazia muito tempo que eu conhecia o cara, então não podia ter certeza, mas se tivesse de adivinhar diria que ele era um Oportunista, como Kristal, e aquilo era uma manifestação do "cara legal". Ele se sentira frustrado porque estava emocionalmente investido no jantar e não ia mais obter o que queria. Tinha necessidades a que pretendia atender com o jantar, e sua decepção ficara aparente na mensagem. Não estou dizendo que ele não deveria ficar decepcionado, mas talvez devesse se responsabilizar mais por suas necessidades e se autorregular antes de responder à minha mensagem.

Em minha sessão com Kristal, fiz a ela a mesma pergunta: "Se você pudesse falar livremente com seus pais, o que diria?".

"Eu diria: 'Sei que vocês se importam comigo, mas mal

estou conseguindo me virar, e o que estou precisando no momento é de espaço e tempo, em vez de passar a noite de sexta no trânsito e obrigar as crianças a acordar cedo no sábado porque o vovô quer dar uma volta antes da porra do sol nascer'. Bom, talvez eu não dissesse a última parte." Ela ria enquanto imaginava o impacto de suas palavras. "Ou então eu diria: 'Por que *vocês* não vêm, e aí ficam de babá das crianças uma noite? Isso, sim, seria ótimo!'."

"E como você acha que eles reagiriam?", perguntei.

"Muito mal", ela respondeu na mesma hora. "Meu pai não gosta de dirigir, então eles arranjariam alguma desculpa para não vir, provavelmente envolvendo as dores nas costas da minha mãe, e eu ainda ia acabar me sentindo culpada. E, se a gente for para lá e eu deixar as crianças dormirem até o horário que dormiriam em casa, eles diriam algo passivo-agressivo sobre como mal as veem. Não vale o esforço."

Uma resposta absolutamente razoável de Kristal, e totalmente inaceitável para os pais. Como acontece com muitos Oportunistas, ela se sentia dividida entre a aceitação condicional ou nenhuma aceitação.

ACEITABILIDADE CONDICIONAL

Aceitabilidade condicional é a sensação de aprovação que temos *desde que* sigamos as regras de outra pessoa. Trata-se de algo complicado para um Oportunista, que pode acabar desenvolvendo o padrão de manter as pessoas ao seu lado concordando com as coisas em nome do alívio imediato, mas criando muito arrependimento e ressentimento no processo.

Talvez você se sinta bem-vindo em sua família desde que não faça estardalhaço ou expresse seus sentimentos, ou descubra que seus amigos preferem sua versão que se desdobra para atender todo mundo ou sempre oferece um ombro onde chorar. Sentir que sua aceitação se baseia em atender a condições tácitas talvez implique não se arriscar a mostrar seu lado menos solar ou deixar que outra pessoa se encarregue de algo. Comportar-se como você acredita que deveria não apenas treina as pessoas em sua vida a esperar mais desse comportamento como nega a você (e a elas) a chance de conhecê-lo e valorizá-lo mais profundamente, e oferecer a você a aceitação incondicional que tanto deseja.

Oportunistas ou não, somos todos responsáveis por refletir sobre a razoabilidade de nossos sentimentos e nossas escolhas, porém não somos responsáveis por nossas escolhas serem ou não consideradas aceitáveis pelos outros. Se você é um Oportunista, talvez saiba que precisa trabalhar isso; se há Oportunistas na sua vida, talvez precise devolver a eles a responsabilidade de determinar o que é razoável. Você estará fazendo um favor a eles, mesmo que não o agradeçam por isso, porque é a incapacidade de pedir diretamente pelo que querem ou expressar seus sentimentos autenticamente que cria o atrito que tanto temem e causa rupturas sem intenção, como na troca de mensagens envolvendo o jantar cancelado.

Meu vizinho e Kristal tinham pontos cegos que escondiam sua autonomia e responsabilização. Eles não estavam preparados para expressar suas necessidades e limitações plenamente, e na ausência de limites claros sua frustração extravasava onde não era justificada e não podia ser usada de forma construtiva para melhorar as coisas no futuro.

Kristal tinha dificuldade de impor limites até para seu cachorro, que às vezes trazia junto para nossas sessões, caso se sentisse culpada demais para deixá-lo sozinho em casa. Sempre que o pequeno Dachshund latia, ela soltava um suspiro dramático e revirava a bolsa atrás de um biscoitinho para fazê-lo ficar quieto, então ele latia de novo, o que não chegava a surpreender. Fiquei feliz por Kristal achar graça quando perguntei se ela achava que ele ia agradecer e se contentar pelo resto da sessão. Oferecer a cães famintos (ou pessoas famintas) algo delicioso quando pedem não significa que vão respeitar sua generosidade e passar a outra pessoa. Na verdade, só garante que voltarão direto para você quando a próxima necessidade se apresentar, e com uma expectativa fortalecida. Se você é alvo de chantagem emocional, a pior coisa que pode fazer é pagar o resgate. Nunca negocie com terroristas emocionais. Ou Dachshunds.

Ao longo de nossas sessões, Kristal passou a entender que só a autoaceitação podia ajudá-la a correr o risco de descobrir se a aceitação dos outros era incondicional ou não.

> **“Oportunistas ou não, somos todos responsáveis por refletir sobre a razoabilidade de nossos sentimentos e nossas escolhas, porém não somos responsáveis por nossas escolhas serem ou não consideradas aceitáveis pelos outros.”**

A EMOÇÃO DA PERSEGUIÇÃO

Na ausência de autoaceitação, a necessidade de reafirmação constante causa problemas significativos para Oportunistas. Há um desejo de ser desejado, porém apenas da maneira como querem ser, ou da maneira como valorizam os outros.

No reino animal, a perseguição em geral é algo a ser evitado, e os antílopes certamente não consideram um elogio ter um leão em seu encalço. Humanos, no entanto, confundem ser perseguidos com ser valorizados. No entanto, como nossas contrapartes na natureza, tendemos a perseguir pessoas por um motivo, ou porque elas têm algo de que precisamos. É importante estar alerta para não confundir o foco de outra pessoa com lisonja — você talvez não queira oferecer o que a outra pessoa busca. Não desperdice seu tempo em sites de namoro se não quer namorar, não se candidate a trabalhos que não o interessam só para renovar sua confiança quando for escolhido. Não é saudável deixar quem persegue em posição de poder, como se a escolha tivesse mais a ver com seu valor único do que com as necessidades não atendidas ou as prioridades atuais dele.

O ex-marido de Kristal também era um Oportunista. Ele queria ser perseguido, e depois que foi "conquistado" não se interessou por cumprir a função de companheiro adulto. O que ele queria não era um relacionamento, era a validação de curto prazo que sentia ao ser perseguido. Observamos isso em todas as áreas da vida de um Oportunista — eles querem ser amados, por isso aceitam ofertas de amizade e relacionamentos românticos unilateralmente, independentemente de quererem participar de forma ativa no longo prazo ou mesmo de terem capacidade de estabelecer mais conexões. Essas pessoas recebem ofertas de emprego como um elogio e acabam seguindo a carreira que os escolhe, sem qualquer foco.

Oportunistas podem esquecer de fornecer sua própria validação e entregar o controle a outra pessoa, ressentindo-se quando ela não adivinha suas necessidades ocultas. Em vez de recorrer a suas reservas de crença em si e de fé no valor do que têm a oferecer, eles se voltam para terceiros para determinar seu valor. Quando Oportunistas vinculam seu valor próprio à aprovação dos outros, acabam não tendo escolha a não ser atrair (e se agarrar a) essa atração, buscando estima nos outros em vez de autoestima.

Atendi um homem hétero desiludido com o mundo do namoro. Ele me disse: "As mulheres é que têm sorte. Todo o poder é delas, porque são universalmente desejadas pelos homens. Hoje, os únicos homens que as mulheres querem namorar são milionários fortões. Não tem a ver só com o que você é, mas com o que você oferece. Caras como eu não têm chance".

Temos aqui um ponto cego clássico, que preserva um lado da narrativa e ignora todos os aspectos que não o confirmam.

"Acho que é possível dizer o contrário, não?", sugeri, em resposta à afirmação dele. "Que os homens é que têm sorte, porque seus esforços e conquistas afetam diretamente o que acontece na vida deles, enquanto as mulheres são valorizadas apenas pelo seu potencial sexual."

Ele queria ser valorizado pelo que *ele* valorizava: desejava as mulheres sexualmente e queria ser desejado sexualmente em troca. Talvez as mulheres a quem se referia estivessem tendo uma versão invertida da mesma conversa, querendo ser desejadas por sua inteligência emocional da mesma maneira que valorizavam a inteligência emocional da outra pessoa. De qualquer maneira, havia algo que ele não estava vendo, e sob seus argumentos superficiais envolvendo natureza e libido havia uma insegurança que revelava que ele se sentia um fracasso de modo geral. Seu ponto cego fizera com que ele relacionasse sua sensação de inadequação a questões de virilidade e desejabilidade, e o mais importante: pusera a culpa nas mulheres, por serem "exigentes demais".

Ao longo de nossas sessões, ele passou a entender que o que buscava era uma sensação mais profunda de autoaceitação e que esperava que as mulheres a fornecessem. Ele relacionou a mensagem crítica e condicional que havia recebido no passado sobre masculinidade com o duro julgamento que fazia de si mesmo agora, e de que maneira, como Oportunista, ele despejava a responsabilidade de aprovação sobre os outros. Passara anos sentindo que não tinha o poder de aprovar a si mesmo, mas ficava chateado e bravo quando (segundo sua visão) os outros se furtavam de aprová-lo. O primeiro passo no sentido da recuperação foi tirar o foco da validação externa e investir em um relacionamento mais gentil consigo mesmo, confiante de que relacionamentos mais saudáveis e felizes com outras pessoas se seguiriam.

Se você se reconhece como Oportunista, ou se desconfia que tem um ponto cego relacionado ao "cara legal", continue fazendo ofertas generosas e sendo produtivo em seus relacionamentos, mas desvincule isso de qualquer ganho em potencial. Você estará fadado ao fracasso se espera se beneficiar da maneira como trata os outros sem que eles concordem com isso antes. Abandone a ideia de que conquistar a aceitação de alguém representará um aumento em seu valor. Não persiga a boa opinião dos outros ou se meça pela perseguição a você. Em vez disso, meça-se a partir de sua bússola moral. Tenha a convicção de se aceitar mesmo quando os outros não aceitam, mas se certifique de assumir sua responsabilidade quando essa bússola moral lhe disser que seu comportamento precisa mudar. A aceitação externa de uma versão de nós que sabemos não ser verdadeira não nos absolverá, e qualquer conforto que nos forneça será temporário. É melhor nos dizer a verdade e nos julgar com justiça primeiro. É melhor ser rejeitado por quem somos do que por quem não somos.

Oportunistas crescem aguardando permissão e aprovação externas, e acabam com um ponto cego relacionado à autonomia. Eles se veem presos ao padrão de terceirizar seu poder a pais, chefes ou mesmo filhos, e fazem o que for preciso para evitar se sentir culpados no momento, quer isso ajude no longo prazo ou não. Oportunistas como os pais de Kristal muitas vezes criam uma nova geração de Oportunistas, de modo que ficam todos tentando ler as mentes uns dos outros e agradar pessoas que se esforçam para agradar pessoas. Se você é um Oportunista e tem filhos, pode presenteá-los com coragem e clareza em vez disso — prepare-se para a impopularidade e o desconforto quando tiver de dizer não, e aceite que as escolhas deles podem decepcioná-lo ou lhe causar preocupação. Eles não devem esconder sua verdade só para protegê-lo, ou desistir de suas necessidades autênticas e expressar apenas aquelas que você é capaz de tolerar. Cabe a você processar seus sentimentos e lidar com o impacto, por meio de seus próprios recursos.

Na terapia, Oportunistas aprendem a fazer exigências ao mundo e negociar claramente. Eles param de recorrer a dicas e manipulação, e de se ressentir quando suas dicas são ignoradas ou desafiadas. Ao fim do tratamento, eles contam com a autoaceitação que lhes faltava e são capazes de aliá-la com seu potencial criativo e de comunicação. Oportunistas desenvolvem a resiliência necessária para tolerar julgamentos e buscar em si mesmos uma verdade em que possam confiar. Eles acabam se tornando uma versão mais pé no chão e honesta de si mesmos, com menor tendência a se adaptar aos outros e maior liberdade para focar em suas próprias prioridades.

Oportunistas: assumir a responsabilidade nem sempre é fácil, mas é um privilégio. Permite que respondamos por nossas escolhas, tenhamos influência sobre o resultado e aprendamos com nossas experiências. Também permite que estabeleçamos limites que nos mantêm seguros e sejam respeitosos com os outros, reivindiquemos nossa autonomia e aceitemos as consequências. Você pode liberar os outros de se responsabilizar por seus sentimentos e incentivá-los a se responsabilizar pelos deles.

Afaste-se do oportunismo e descubra que há mais segurança psicológica na autenticidade e um conforto mais duradouro na responsabilização e na autoaceitação.

SUA MOEDA DA SORTE

Se você diz sim quando quer dizer não, se suas demandas entram pela porta de trás, porque você não se atreve a expressá-las diretamente, se você manipula as pessoas para que lhe deem o que quer, ou se se ressente quando elas não pegam a dica, talvez esteja treinando seu cérebro a acreditar que não é digno e que é refém da boa vontade das pessoas à sua volta. Você depende da sorte e de superstições para se manter seguro e não vê uma realidade alternativa importante, que lhe garantiria mais autonomia na vida.

Imagine que você tem medo de andar de avião. Alguém te diz que, para viajar em segurança, você só precisa de uma moeda da sorte, então você se agarra a ela e corre o risco. Funciona: a moeda da sorte o mantém vivo e o avião aterrissa sem problemas. Ou pelo menos é nisso que seu cérebro acredita.

Da próxima vez que você precisar pegar um avião, seu cérebro não dirá: "Não se preocupe: deu tudo certo da última vez, então vamos lá!". Dirá: "O *único* motivo de termos sobrevivido da última vez foi a moeda da sorte, então *de jeito nenhum* vamos pegar um avião sem ela". Seu cérebro reconhece sua sobrevivência anterior, nota a ação tomada e vincula ambos. Então você viaja de avião com a moeda da sorte e sobrevive de novo, de modo que a relação é reforçada. Cada vez que você repete o comportamento e sobrevive, seu cérebro fica mais convencido de que a moeda da sorte é a diferença entre a vida e a morte, e insiste em sua inclusão em qualquer viagem futura. Quanto mais fazemos isso, mais nosso cérebro acredita que está dando certo e menos propenso fica a permitir que paremos e olhemos em volta.

O mesmo acontece com Oportunistas, que acreditam que precisam esconder seus verdadeiros desejos, ou justificá-los, ou transmiti-los aos poucos, por meio de dicas e segundas intenções. Sempre que seu relacionamento "sobrevive" e permanece intacto, o cérebro diz que foi *por causa* de sua cautela ou de seu charme. E sempre que a crença original é reforçada, o cérebro se agarra ainda mais à tática utilizada, por exemplo: tentar agradar ou contar uma mentira inofensiva.

Se queremos ensinar ao cérebro que a moeda da sorte é apenas uma moeda, e que nossa sobrevivência se resume à segurança estatística da viagem de avião moderna, e não à magia, temos uma única opção. Precisamos negar ao cérebro a moeda da sorte, fazendo com que ele pegue um avião sem ela. Precisamos mostrar ao cérebro, por meio de ações, e não de palavras, que ainda vamos sair do avião inteiros, e com o tempo ele contará com provas o suficiente para acreditar que andar de avião é seguro, porque fizemos isso e sobrevivemos.

O mesmo vale para os Oportunistas. A única maneira de aprender que seu eu autêntico é aceitável, ou que você vai sobreviver mesmo que alguém o julgue inaceitável (ainda que isso seja desagradável, como um trecho de turbulência durante o voo), é deixar de lado a moeda da sorte da persuasão e das promessas vazias e correr o risco de voar sem elas.

O QUE VOCÊ NÃO ESTÁ VENDO?

COMO VIVER SEM SUA MOEDA DA SORTE.

Em primeiro lugar, tenha claro qual é sua necessidade. Talvez você precise que seu companheiro o ouça, talvez queira parar de fazer alguma coisa que as pessoas passaram a esperar de você, talvez precise de espaço em uma amizade, talvez precise renegociar seu horário de trabalho.

Em vez de dar dicas ou simplesmente torcer pelo melhor, corra o risco de falar sua verdade (depois que sua bússola moral tiver comprovado que ela é razoável), dizendo aos outros, de maneira direta, do que você precisa.

Isso não significa que você vai conseguir o que pediu, mas pelo menos não correrá o risco de irritar as pessoas tentando manipulá-las, ou de não ser entendido porque não foi claro.

Com o tempo, seu cérebro reunirá provas — por meio de ações, e não palavras — de que essa é uma maneira segura e bem-vinda de se comportar com as pessoas que se importam com você, e o impedirá de duvidar de si mesmo e dos outros no futuro.

É claro que essa nova autenticidade não será bem-vinda por todos, mas talvez as pessoas que não se importam com sua segurança psicológica não mereçam viajar mais com você. O processo pode despertar dor e perda, o que nunca é fácil, mas pelo menos você estará lidando com a verdade, e não com uma versão dos eventos que esconde a realidade em um ponto cego e o mantém empacado.

PONTE: PODER

Se aos Oportunistas falta aceitação, Pontes lidam com um ponto cego primário envolvendo uma falta diferente: poder interno. Em geral, Pontes aceitam as situações tal como lhes são apresentadas, acreditando que mudar é impossível, pelo menos no que se refere a elas. Sem poder, Pontes ficam à mercê dos outros, que podem abusar da falta de autonomia delas. Ou convocam amigos e companheiros para protegê-las, criando um desequilíbrio de poder desconfortável para todas as partes.

Seu talento reside na cooperação, na construção de pontes entre as pessoas e na promoção da harmonia nos relacionamentos. No entanto, sem poder, as necessidades da Ponte podem não ser atendidas, e sua capacidade de criar uma conexão mais honesta e significativa a partir da superação do conflito é limitada. Pontes buscam terapia para encontrar sua voz e saem de lá com muito o que dizer.

ESTUDO DE CASO

AEMON: PONTE

Aemon carecia da proteção da autoestima, e em vez de transferir a responsabilidade ou culpar os outros, como "caras legais" costumam fazer, ele acreditava que só podia culpar a si mesmo. Sempre que algo dava errado em sua vida, Aemon pegava pesado consigo mesmo. No trabalho, se falhava em cumprir um prazo ou recebia feedback negativo, já começava a procurar outro emprego. Se acabava se soltando em uma saída à noite com os amigos, passava o dia seguinte inteiro se preocupando com todas as bobagens que talvez tivesse dito.

"A questão é que sou sempre eu", ele me disse. "Tipo, sábado passado, perdi minha identidade e não consegui entrar no bar onde a gente ia, então todo mundo acabou desistindo e indo para casa. Estraguei a noite do pessoal." Aemon passar o domingo se sentindo mal a respeito fora a gota d'água, e ele marcara uma sessão comigo para descobrir o que não estava vendo.

Quando deu mais detalhes sobre o fim "desastroso" da noite, Aemon explicou que àquela altura já eram três da manhã, e os amigos na verdade já tinham ficado juntos. Eles estavam a caminho de um food truck de hambúrguer quando alguém sugerira uma última rodada em um bar meio esquisito que ninguém conhecia. Como os seguranças não deixaram que entrassem, eles foram embora.

"Parece que você fez um favor para seus amigos", comentei. "Não sei se esse é o tipo de lugar em que você quer que te deixem entrar. E, pelo que me disse, a noite já tinha acabado."

Racionalmente, Aemon sabia que eu tinha razão, mas isso não o impedia de ruminar a situação e se culpar. Aquele era só mais um exemplo de quando ele esquecia alguma coisa, estragava alguma coisa ou decepcionava todo mundo.

Voltamos um pouco no tempo para falar sobre a escola. A história era parecida: Aemon sempre se encontrava à margem do grupo de amigos, tentando se misturar, e os professores mal o notavam. Sua dislexia não foi diagnosticada por um bom tempo, e Aemon se lembrava de fazer de tudo para não ter de ler em voz alta na classe e de um professor que não saía do seu pé.

"Sempre que ele me pedia para soletrar uma palavra, eu automaticamente olhava para o teto. Acho que tentava visualizar a palavra, sei lá, vê-la na mente, pra ordenar as letras embaralhadas, e o sr. Hemming tirava sarro de mim, dizendo: 'Você não vai encontrar a resposta aí!'. Todo mundo dava risada, e eu só queria que o chão se abrisse para me engolir."

Aemon contou que ainda enfrentava dificuldades no trabalho, quando precisava sequenciar tarefas, e que simplesmente não ordenava os pensamentos como as outras pessoas. Era capaz de fazê-lo caso tivesse tempo para pensar e processar, mas, sob pressão, ele se atrapalhava com as palavras e gaguejava, como se tivesse sete anos de novo.

"O que você sente quando isso acontece?", perguntei.

"Vergonha", Aemon respondeu rapidamente. "Sinto vergonha."

VERGONHA

Vergonha é um sentimento que espreita das sombras e pode ser difícil de identificar. Trata-se de uma emoção primitiva, que todos sentimos de tempos em tempos, projetada para nos manter na linha por meio de uma motivação a evitar comportamentos que seriam inaceitáveis. Pontes (e Oportunistas) costumam sentir mais vergonha do que os outros perfis, pois se preocupam mais com as reações alheias e buscam agradar mais, ou pelo menos não desagradar.

O problema surge quando nosso cérebro está calibrado de maneira equivocada quanto ao que constitui um comportamento vergonhoso, e interpretações mais equilibradas ou proporcionais se perdem em um ponto cego. Se voltarmos às raízes da vergonha, quando nossos ancestrais estavam lutando pela sobrevivência, os crimes de que ela nos protegia eram atos hediondos e antissociais, que podiam ameaçar a segurança do grupo, incitando a violência ou criando anarquia. "Estamos falando do assassinato do primogênito do seu vizinho das cavernas, coisa muita pesada", costumo comentar, brincando, com pacientes como Aemon, tentando ilustrar quão extremo o ato precisaria ser. "Não é o que deveríamos sentir quando esquecemos de mandar um cartão desejando feliz aniversário à tia Gladys."

Se você acha que a tia Gladys ficaria chateada por não ter recebido um cartão de parabéns, pode vivenciar um sentimento de culpa — como falamos no capítulo sobre família (p. 77), a resposta razoável a se vivenciar quando fizemos algo "errado". Mesmo assim, o "erro" deveria ser um ato objetivamente danoso, o que mandar um cartão de parabéns atrasado provavelmente não é, mas aceito que você se sinta mal a respeito, e de qualquer maneira a ação exigida é simplesmente *reparação*. Quando fazemos algo que não é legal, nos sentimos culpados, e quando fazemos um esforço para nos reparar a culpa vai embora. Simples assim. Desculpe, tia Gladys, eis um buquê de flores — trabalho feito. Você pode seguir em frente.

A vergonha exige uma ação diferente, e precisamos nos voltar mais uma vez para nossos ancestrais para entender o motivo. Você não foi programado para se reparar de algo verdadeiramente odioso com um pedido de desculpas ou um gesto de boa vontade. Você foi programado para negar que sabe de qualquer coisa e esconder as provas, ou, com sorte, garantir que sumam, rezando para se safar. Se isso não funcionar, você precisará fugir ou aceitar a expulsão do bando, relegado ao ermo e rejeitado por todos que o conhecem, e é exatamente por isso que a vergonha é um sentimento primitivo tão poderoso e protetor até hoje: porque a última coisa que qualquer um de nós quer é ser rejeitado por todos que nos conhecem. Trata-se de um incentivo bem forte para não se comportar de maneira condenável.

De acordo com o trabalho de tolerância emocional da terapia comportamental dialética,[2] na qual esse e outros sentimentos e impulsos à ação são expostos, a culpa promove um impulso à ação de se reparar, e a vergonha promove um impulso à ação de se esconder. No entanto, esses sentimentos e impulsos à ação também funcionam no sentido contrário, e a ação pode servir de gatilho para o sentimento, motivo pelo qual a vergonha se torna tão complicada. Ela se autoperpetua, porque quando sentimos vergonha nos escondemos, e quando nos escondemos sentimos vergonha.

Aemon estava preso nesse ciclo desde que conseguia se lembrar; no entanto, seu comportamento não era digno de vergonha. Se alguém devia se envergonhar era o professor que o humilhara na frente dos amigos, expondo a vulnerabilidade de uma criança e falhando em realizar seu trabalho. Aemon era pequeno, no entanto, e não atribuíra a culpa à pessoa certa, um adulto; em vez disso, aceitara a vergonha que fora imposta sobre ele. Tentara se esconder, e quanto mais se escondia mais vergonha sentia, como é típico no ciclo entre sentimentos e impulsos à ação, até que finalmente passou a acreditar que era a raiz de todos os problemas e todos os revezes, inclusive de algo sem grandes consequências como não conseguir entrar em um bar às três da manhã.

Na semana seguinte, Aemon me contou sobre sua família. Todos se preocupavam muito com ele e queriam que morasse mais perto, para poderem ficar de olho e se certificarem de que estava bem.

"Eles sabem que sou ansioso, mas a verdade é que também são. Se eu digo que estou com alguma dificuldade, eles dizem que eu não devia ter saído de casa. Se faço algo com que não concordam, eles mencionam todas as maneiras como poderia dar errado e encerram com: 'Bom, a gente avisou, então se algo acontecer a culpa é sua'."

Aparentemente, terapia era uma das coisas com que os pais não concordavam.

"Eles acham que só está piorando tudo. E agora querem que eu peça demissão, porque estou estressado."

A ansiedade tem o péssimo hábito de fazer com que tomemos qualquer providência para nos sentir mais seguros no momento, mesmo que isso não seja do nosso interesse no longo prazo. A ansiedade de Aemon fazia com que ele buscasse reafirmação temporária nos amigos e em seus empregadores, e a ansiedade dos pais pedia que ele evitasse aborrecimentos e acabasse com aquela história de terapia.

A cultura nos ensina que desconforto é algo ruim, quando na verdade é o caminho da cura. É verdade que fazer terapia pode ser difícil, às vezes até doloroso. Como paciente, houve muitas semanas em que eu preferiria fazer qualquer coisa que não fosse passar uma hora lidando com meus sentimentos. No entanto, acredito que vale a pena, e que a mudança às vezes é dolorosa. Terapia envolve aumentar a tolerância à emoção e se sentir empoderado, e essa se tornou a tarefa de Aemon em nosso processo juntos.

Com o tempo, ele revelou mais sobre sua infância e como os humores da mãe ditavam o tom da casa. "Dava para saber como ela estava pelo jeito como lavava a louça", Aemon me contou. "Se batesse as panelas e frigideiras, era melhor ficar longe. Minha mãe se fazia de coitadinha, mas era venenosa. Ninguém se atrevia a mexer com ela."

"A cultura nos ensina que desconforto é algo ruim, quando na verdade é o caminho da cura."

PREOCUPAÇÃO OU CUIDADO?

Seus pais diziam que se importavam com ele, porém Aemon tinha dificuldade de achar provas de que aquilo era verdade.

"Bom, é claro que eles se preocupam comigo, sempre se preocuparam. Não me deixavam ir a shows ou festas a que todos os meus amigos iam. Não me deixaram sair de casa para fazer faculdade, porque disseram que seria um desperdício de dinheiro, então continuei em casa e estudei na politécnica local. E os dois sempre odiavam minhas namoradas!"

Aemon riu ao se lembrar de como a mãe insistia em chamar uma ex dele pelo nome errado. "Ela se chamava Becky, mas minha mãe sempre dizia Rebecca. Ela falava que esquecia, mas acho que só não gostava da garota. Minha mãe é do tipo que acha que a família de origem é para sempre, enquanto namoradas vêm e vão. Ela nunca deu uma chance à minha namorada, e faz quase um ano que moramos juntos."

Nada daquilo me parecia uma questão de cuidado, e eu me perguntei se não haveria certa raiva escondida em um ponto cego que poderia ajudar Aemon a se empoderar no futuro.

"Concordo que seus pais se preocupam", falei, "mas preocupação é o mesmo que cuidado? Acho que, quando nossos pais se importam, sabemos disso porque parece que a coisa tem mais a ver com a gente que com eles. Seus pais, no entanto, dão a impressão de que é mais sobre os sentimentos deles do que sobre os seus."

Ele refletiu sobre o que eu dissera e sua culpa por não voltar para a cidade onde havia sido criado, ou por querer passar o Natal com a família da namorada naquele ano. Aemon começou a pensar que talvez aqueles não fossem "erros", como os pais os percebiam, e não devessem promover culpa ou vergonha, e que a "preocupação" tinha mais a ver com o incômodo que eles causavam nos próprios pais do que com um desejo de que ele fosse feliz. Quando Aemon criou coragem e revelou seus planos para o Natal, o lado cruel da mãe se manifestou.

"Ah, foi ótimo", ele disse, com sarcasmo, assim que entrou em meu consultório. "Expliquei que a mãe da minha namorada ia ficar sozinha este ano, então pensamos em passar o Natal com ela, mas que poderíamos ir visitar os dois no dia 26, e minha mãe disse: 'Bom, tenho que dizer que eu gostava mais de você antes'."

"Antes do quê?', perguntei, confusa de verdade.

"Sei lá!", Aemon respondeu. "Antes de eu vir com essa ideia de viver a vida, acho. E ela sempre fala assim. Meus irmãos e eu brincamos que minha mãe diz 'Tenho que dizer' sempre que vai falar algo que beira a ofensa, como se tivesse a prerrogativa moral de revelar a verdade, como nossa mãe, e isso servisse de desculpa para tudo. Tipo: 'Tenho que dizer que não gostei desse seu corte de cabelo'. Ou: 'Tenho que dizer que preferia seu apartamento antigo'. Minha vontade é de falar: 'Não, mãe, você não *tem* que dizer nada. Poderia fazer como o restante de nós e pensar antes, levar os sentimentos alheios em consideração e simplesmente guardar sua opinião para si'. E depois sempre vem meu pai dizer: 'Você sabe que ela não está falando sério, sabe que sua mãe te ama, é apenas o jeito dela'. Estou cansado de ouvir o quanto minha mãe se importa só para, assim que eu me arrisco a ser feliz, ela atacar. Passei anos tentando me convencer de que minha mãe é inofensiva e, sinceramente, cansei."

Ao longo de nossas conversas, Aemon finalmente começou a sentir parte da raiva enterrada havia muito. Crescera acreditando que o problema era ele, então precisava aceitar as coisas tal como eram, porém, como muitas vezes acontece na terapia, logo ficou claro que não se tratava daquilo e que a verdade estava escondida em um ponto cego: o problema não era ele, era o comportamento inaceitável de outras pessoas. A insistência da mãe para que tudo fosse do jeito dela e a preguiça e negligência cruel do professor eram o problema. O comportamento grosseiro do segurança e a escolha equivocada de bar eram o problema, e não Aemon. Ele não precisava se reparar de nada, tampouco se esconder, porque não fizera nada de mal, não cometera nenhum crime. Seus pais e seus professores o haviam levado a acreditar que era ele o errado, que deveria baixar a cabeça para os outros, o que fazia com que Aemon ainda se voltasse para os amigos e empregadores atrás de reafirmação.

Quando ele encerrou a terapia, sentia menos vergonha e se encontrava em uma posição muito melhor para canalizar sua raiva — apropriada e recém-descoberta — no sentido de fazer a diferença e fazer escolhas mais empoderadas. Aemon não sentia mais que precisava mudar a opinião dos outros, só a dele mesmo. A descoberta de que um ponto cego escondia um homem gentil e decente, que podia confiar no próprio julgamento, o libertou para acreditar em si mesmo no futuro.

Às vezes, subconscientemente, achamos que o problema somos nós, porque o autodesprezo se concentra em nossas deficiências e se afasta das deficiências das outras pessoas ou das situações em que nos encontramos. Pode parecer uma escolha improvável, porém quando somos jovens é mais seguro culpar a nós mesmos do que reconhecer o caos no mundo, ou encarar a possibilidade de que os encarregados de cuidar de nós talvez não estivessem à altura da tarefa. Se a culpa é nossa, temos trabalho pela frente, porém se não é, o que podemos fazer? À medida que crescemos e nos tornamos menos dependentes, em geral aprendemos mais sobre quem somos e que comportamentos são ou não são aceitáveis, então começamos a realocar a responsabilidade nas pessoas à nossa volta. Se não deixamos essa medida de segurança psicológica para trás, no entanto, mantemos certas pessoas em pedestais que não lhes são merecidos.

Como mencionei na introdução deste livro, a neurociência nos diz que nosso cérebro é afetado por uma série de vieses cognitivos em nosso pensamento cotidiano[3] (as maneiras como compreendemos eventos a partir de nossas experiências e crenças pessoais), o que pode levar a pensamentos tanto adaptativos (úteis) quando desadaptativos (prejudiciais), com base em uma realidade subjetiva (os pontos cegos que estamos tentando revelar neste livro). Por exemplo, seu cérebro reconhece pessoas que você conhece em uma multidão, porque somos programados para buscar relações. Também procura sinais de perigo sem que notemos — há fumaça que possa indicar fogo, ou um movimento na grama sugerindo um predador? Ele filtra os milhares de pensamentos com que somos bombardeados diariamente atrás daqueles que vivenciamos com mais frequência e que recordamos mais rapidamente, porque percorrem caminhos neurais mais utilizados. O cérebro acredita que esses são os mais importantes, em virtude da heurística da disponibilidade,[4] o que ajuda a reduzir o congestionamento mental para que possamos seguir com nossa vida.

Dependendo desses vieses, podemos priorizar relacionamentos ao risco. Isso significa que, mesmo quando uma figura de apego não representa segurança, e sim ameaça, nosso cérebro pode continuar priorizando a conexão. Vítimas de abuso às vezes levam anos para deixar seu abusador porque o cérebro ainda registra que elas estão mais seguras em um relacionamento do que sozinhas, independentemente dos perigos que de fato existam naquela relação. A conexão com nossos pais e primeiros cuidadores é intrínseca a nós, e pode parecer impossível colocá-la em risco ou romper com ela, mesmo quando traz mais danos que benefícios e não dependemos mais dela fisicamente para nossa sobrevivência.

Os pais de Aemon o haviam levado a acreditar que ele era o problema. Graças à hierarquia neural que descrevi na seção sobre a Planície Mental (p. 23), quanto mais ele pensava que a culpa era sua, mais rápido seu cérebro chegava a tal conclusão. Foi só com a terapia que Aemon começou a se concentrar nos perigos do pensamento de autodesprezo e a colocar o reconhecimento de risco mais para cima em sua lista de prioridades. Agora vamos descobrir como ele reprogramou seu cérebro, e no fim do capítulo mostrarei como superar pensamentos negativos habituais por conta própria.

RECONHEÇA OS RISCOS

Aemon me contou que fora ensinado a ser sempre gentil e educado e a respeitar os mais velhos, mas não a ser gentil ou respeitoso consigo mesmo, de forma que acabara aceitando o mau comportamento dos outros, sem a proteção dos limites da autoestima. Quando pequeno, ele não era incentivado a se defender, e não o fazia na vida adulta também, mesmo que a situação exigisse que levantasse a voz.

Acessar sua raiva o ajudou a se afastar do sentimento de vergonha que o cercava, porém isso também trouxe tristeza. Pelo menino que havia perdido a infância devido às ações egoístas dos outros; pelas vezes que tinha aceitado uma visão de si mesmo como indigno; e por seu relacionamento com sua mãe, cuja versão de cuidado com frequência ficava muito distante do cuidado de fato.

Para abrir mão de pensamentos dolorosos e crenças negativas sobre si mesmo e reivindicar seu poder, talvez você também tenha de vivenciar alguma tristeza. No passado, culpar-se pode ter ajudado a não reconhecer todas as vezes que você foi ignorado, decepcionado ou maltratado — mesmo que outra pessoa não o fizesse intencional ou conscientemente. No entanto, abrir-se para a possibilidade de que você não é o problema, e talvez nunca tenha sido, levará a algum sofrimento por como as coisas se desenrolaram, o fato de que poderiam ter sido diferentes e sua vida, mais fácil. Essa é de longe a parte mais difícil da jornada terapêutica, mas console-se com o fato de que sua tristeza é motivada por coisas que já aconteceram. Você já passou por tudo isso. Já sobreviveu a tudo isso. Fechar o livro do passado é difícil, porque confirma que aquilo aconteceu. Encerra-se a alternativa de um final feliz, ou de uma reviravolta repentina na trama, que resolva tudo. Contudo, pôr um ponto final na história também permite que você siga em frente e dê início a outra história, uma história empoderada, que pode se desenrolar da maneira que quiser.

No passado, a perspectiva de emoções dolorosas como raiva e perda talvez tenha feito com que você escolhesse o caminho da menor resistência e absorvesse os golpes para reduzir a duração do conflito, ou tolerasse desconforto para que as pessoas à sua volta se sentissem confortáveis. Talvez você tenha comprometido sua integridade para evitar sentimentos de culpa e de vergonha, e aceitado termos que não funcionam para você, ocupando o banco do passageiro em sua própria vida. Quando encontrar sua voz e manifestar sua verdade, no entanto, você revelará a potência que estava escondida em seu ponto cego e usufruirá da proteção do poder, não sobre os outros, mas sobre si mesmo. Você preservará sua capacidade de intermediar conexões, porém agora com suas necessidades em jogo também, e encontrará uma calma diferente na paz.

O QUE VOCÊ NÃO ESTÁ VENDO?

VOCÊ NÃO É O PROBLEMA, MAS HÁ UM PROBLEMA.

Se você acha que é o problema, se reconhece o sentimento de ser a mosca na sopa ou a ovelha negra da família, se põe a culpa em si mesmo quando as coisas dão errado ou se está familiarizado demais com o autodesprezo, faça-se a mesma pergunta que Aemon aprendeu a se fazer:

Sou eu o problema ou o problema é outra coisa — a situação, as expectativas ou as reações?

Talvez alguém tenha te tratado mal, mas você está programado para sempre se culpar. Não há culpa ou autodesprezo que possam resolver um problema que não é você.

Também pode ser o caso, como muitas vezes é, de as duas coisas serem verdadeiras. Talvez você não tenha falado em uma reunião porque se sentia ansioso, e nesse sentido você sente que foi o problema. Porém uma avaliação mais completa e adequada pode demonstrar que houve outros problemas — a maneira como a reunião foi conduzida, o pouco tempo que você teve para se preparar, as personalidades fortes envolvidas, que têm o hábito de sufocar as outras. Quando se considera o quadro geral, fica mais fácil perceber o que não se estava vendo, e você pode dividir a responsabilidade de acertar no futuro. Vendo apenas suas deficiências, você nunca resolverá o problema, porque não está em suas mãos fazê-lo.

PEDRA: VULNERABILIDADE

Até aqui, consideramos pontos cegos que escondem *certos* sentimentos. Em casos mais extremos, no entanto, pontos cegos podem esconder nossos sentimentos *como um todo*. Pedras muitas vezes têm um relacionamento complicado consigo mesmas, tendo se distanciado de seus sinais físicos e emocionais e se desconectado do que seu sistema carece para ser feliz e saudável. Elas podem ser capazes de cuidar dos outros, mas não de si mesmas, ou em termos práticos, mas não emocionais. Sua falta de consciência emocional pode criar tanto uma falta quanto um excesso de empatia à medida que bloqueiam ou projetam suas emoções nos outros.

Não conseguimos atender às nossas necessidades até saber quem somos, e nossos sentimentos são a chave para isso. Quando uma Pedra começa a fazer terapia, vivencia a oferta de uma conexão autêntica, guiada por um adulto emocionalmente disponível que lhe oferece permissão — às vezes pela primeira vez na vida. Isso permite que ela redescubra sua própria vulnerabilidade há muito escondida em um ponto cego que até então priorizava o pensar ou o fazer em relação ao sentir. Ao ver seus sentimentos validados, a Pedra pode descobrir suas necessidades verdadeiras e aprender a atendê-las, por meio do autocuidado e do cuidado dos outros.

Se você se encontra em uma situação com que está insatisfeito, procure seguir o rastro de migalhas até o ponto cego que influenciou suas decisões e considerar com mais proximidade o que não estava vendo. Você precisará compreender onde a miopia emocional turvou a disfunção no passado e permitir que uma nova consciência emocional o oriente na direção de um caminho mais significativo e recompensador no futuro. Vulnerabilidade não é fraqueza: na verdade, é um componente essencial da força genuína, como Cecilija veio a descobrir.

ESTUDO DE CASO

CECILIJA: PEDRA

Cecilija procurou a terapia porque não conseguia se lembrar da última vez em que se sentira feliz. O marido a encorajara a falar com o médico, e ele prescrevera antidepressivos pelo telefone, que faziam com que ela se sentisse entorpecida.

Tratava-se de uma sensação que Cecilija conhecia bem — quando tinha catorze anos, seus pais se separaram, e ela se lembrava de se entorpecer como uma maneira de lidar com a vida dividida entre duas casas, concentrando-se nos sentimentos dos outros para se distrair de seus próprios sentimentos. Cecilija havia cuidado da irmã e se voltado para os estudos, construindo gradualmente uma identidade baseada na ajuda aos outros. Ela estudou medicina e acabou se tornando pediatra. Superava as partes mais dolorosas da vida através do entorpecimento, o que acabou fazendo com que se sentisse alheia a tudo.

Eu perguntei o que significava felicidade para ela. Cecilija olhou para mim, intrigada.

"Posso responder explicando o que é um dia bom para mim?"

"Claro", eu respondi. "Vamos começar por aí."

"Um dia bom é um dia produtivo", ela começou. "Um dia em que eu cumpro o que me determinei a fazer. Um dia em que as outras pessoas, como meus pais, meus pacientes, meus filhos, ficam melhores por minha causa e pelo que eu fiz."

A felicidade de Cecilija era indireta, vindo através da felicidade de outras pessoas. Ela tinha horários flexíveis, e pegava turnos de acordo com os compromissos dos filhos e o atendimento do marido em uma clínica particular. No entanto, aquilo não trazia nenhuma flexibilidade à vida dela — era só uma maneira de oferecer mais aos outros.

O Natal estava chegando, e aquela sempre era uma época do ano difícil para Cecilija. Seus pais, que não tinham voltado a se casar, estavam na casa dos oitenta anos e dependiam muito dela, principalmente depois que a outra filha havia se mudado com a família para a Nova Zelândia. Cecilija me contou que se sentia culpada só de pensar a respeito, mas que às vezes invejava a irmã por "ter se livrado da responsabilidade familiar".

Como sempre, naquele ano ela viajaria para ver a família e depois ainda teria a casa cheia no dia de Natal, com a chegada dos sogros e cunhados. Não que não gostasse da família do marido, mas Cecilija vinha tendo cada vez mais dificuldade de mudar de marcha e assumir o papel de anfitriã.

"Antes eu era extrovertida, ou pelo menos pensava que era, mas agora vejo um monte de publicações a respeito nas redes sociais e acho que sou mais introvertida do que imaginava. As pessoas me deixam exausta... Isso é terrível, não é?"

INTROVERSÃO E EXTROVERSÃO

Em se tratando de "energia psíquica", o psiquiatra Carl Jung definiu a introversão como "voltar-se para dentro" e a extroversão como "voltar-se para fora".[5] Em termos simples, extrovertidos têm sua energia abastecida pelos outros, enquanto introvertidos abastecem sua energia passando tempo consigo mesmos. Ambos podem gostar de festas, ambos podem gostar de passar uma noite sossegada em casa, porém sua energia é consumida e reabastecida de maneira diferente. Em nossa cultura, com frequência nos incentivam a ser confiantes, simpáticos e gregários, e nossa posição social pode ser medida por nossa capacidade de nos comportar em público ou fazer amigos. Em consequência, os introvertidos entre nós podem ter sido condicionados a se comportar de maneira mais extrovertida do que lhes é autêntico.

Como a maioria das crianças, eu me vi em situações com grupos grandes desde cedo, fosse em salas de aula cheias, em times ou na vida cotidiana. Eu lia em voz alta ou recitava poesia para quem quisesse ouvir. No entanto, odiava esportes coletivos e nunca tinha grupos grandes de amigos, preferindo a companhia de uma pessoa mais próxima ou, à medida que fui crescendo, um namorado sério. A companhia de outras pessoas me esgotava; no entanto, como eu era confiante e franca, acreditavam que eu era extrovertida. Por anos, eu me desdobrei entre tentar ser a alma da festa, que imaginava que todos esperavam que eu fosse, e entrar em crises de depressão quando meu tanque de energia esvaziava. Eu tinha trinta anos quando finalmente notei que vinha usando o álcool para ocupar funções que não queria ocupar, tomando vinho para me distrair dos sinais que meu corpo me dava de que eu queria estar em outro lugar. Duas taças e eu esquecia o tédio, o cansaço, a ansiedade e a irritação e era capaz de permanecer onde não gostaria de estar. Então eu me dei conta de que a alternativa era simplesmente não ir. Foi uma revelação.

Agora entendo por que gosto de ir ao cinema sozinha, ou encontrar as pessoas individualmente, e por quê, caso tenha passado tempo demais com os outros, vou dormir mais cedo — não porque estou cansada, mas porque preciso ficar a sós. Sou uma introvertida que foi treinada a se comportar como uma extrovertida, e por isso preciso monitorar meu nível de energia com todo o cuidado.

Desdobrar-se em situações sociais também era cansativo para Cecilija. Porém, como qualquer pessoa introvertida bem treinada sabe, é difícil parar de fazer algo que é tão bem recebido, mesmo às custas de nosso bem-estar. Portanto, retornamos ao que deixaria Cecilija feliz, pensando no que seria um dia de Natal perfeito.

"Isso é fácil", ela disse. "Ficaríamos só nós: eu, meu marido e meus filhos. Não que eu não goste da família dele, mas ter mais gente em casa muda a dinâmica toda. Fico na função o tempo todo, enchendo taças e puxando papo. Não posso simplesmente descer de pijama e voltar para a cama com uma xícara de chá, embora seja um dia especial para mim também. Preciso ser agradável, calorosa e hospitaleira, e garantir que as crianças participem da festa, em vez de ficar no quarto, jogando Xbox."

"Então todo mundo tem que atuar?", perguntei.

"É, acho que sim. Nessas situações, parece que sou a cola social, porque meu marido simplesmente desliga quando a mãe começa a falar, e me sinto mal por ela."

Cecilija se sentia mal por qualquer um que não ela mesma — por conta de um ponto cego em se tratando de sua responsabilidade pelos outros, que fazia com que não se considerasse digna de sua própria compaixão.

"E qual foi o melhor Natal que você já teve?", perguntei.

"Fácil também!" Cecilija riu. "Foi o do lockdown!"

Ela estava se referindo ao Natal de 2020, quando a pandemia de covid-19 confinou famílias em casa, impossibilitando viagens e comemorações com amigos e parentes.

"Eu adorei o lockdown como um todo, aliás", Cecilija prosseguiu. "Tinha menos gente em casa, menos compromissos, e eu não precisava me sentir culpada por não atravessar o país para ver como meus pais estavam. As crianças não podiam receber ninguém para brincar, o que foi um alívio enorme, o clube de leitura do qual eu não conseguia me livrar virou on-line e meus amigos carentes tiveram que encontrar sua dose regular de reafirmação em outro lugar." Ela voltou a rir. "Nossa, devo parecer bastante egoísta, né?"

Não é incomum ver uma Pedra chamar erroneamente de "egoísmo" opiniões ou necessidades próprias, e Cecilija com certeza não era a única Pedra para quem a covid-19 possibilitara um espaço onde finalmente pôde perceber como se sentia ou o que preferia. Para pessoas introvertidas sobrecarregadas e com compromissos demais, a pandemia ofereceu uma oportunidade de recomeçar. Antes, sentíamos que não podíamos dizer não para nossas contrapartes extrovertidas, mas percebemos que os limites permitiam que recarregássemos nossas baterias e redefiníssemos nossas prioridades.

Eu me identifiquei com a história de Cecilija. Quando recebo pessoas, me certifico de ficar à vontade para descer de camisola e voltar para a cama com uma xícara de chá. Não porque sou uma anfitriã ruim, como talvez imaginasse antes, e não porque não me importo com meus hóspedes, ou não os respeito, mas porque é disso que eu preciso. Ainda me passa pela cabeça que eu deveria oferecer entretenimento, ou manter as crianças na mesa até depois que a refeição termine, enquanto os adultos conversam sobre taxa de juros. Então eu me lembro de que, se os hóspedes vieram para nos ver, então devemos ser nós mesmos — com nossas capacidades e nossos interesses individuais em se tratando de contato, com nossas maneiras de nos relacionar, com nossa própria necessidade de nos sentirmos confortáveis.

NÃO É PORQUE VOCÊ PODE QUE VOCÊ DEVE

Todos — incluindo Cecilija e eu — temos o direito de evoluir como pessoa e mudar a maneira de nos relacionarmos com os outros. Você pode ter escondido suas necessidades em um ponto cego e desenvolvido a identidade de cola social de sua família ou seu grupo de amigos, porém isso não precisa permanecer assim. Você pode muito bem ser a melhor pessoa para o papel de deixar os outros confortáveis sem que isso se torne sua responsabilidade. A pandemia nos ensinou que as coisas podem mudar e que podemos nos adaptar, então por que não promover algumas dessas mudanças intencionalmente e a nosso próprio serviço?

Cecilija promoveu mudanças naquele Natal e, em vez de buscar a perfeição para as outras pessoas, deixou espaços a serem preenchidos, caso elas quisessem fazê-lo. Quando ela voltou à terapia, em janeiro, me contou como havia sido.

"Bom, em alguns momentos foi bem esquisito. Minha sogra, por exemplo, sempre espera que eu compre presentes para ela dar às crianças, mas este ano meu marido só mandou algumas sugestões. Minha sogra chegou com as mãos vazias na véspera de Natal e disse que não tinha conseguido comprar nada, por causa de um exame de sangue que havia feito na segunda e de uma encomenda que precisara esperar na terça, e mais um monte de desculpas, sendo que ela sempre encontra as amigas para tomar café e passear no shopping. Fora que tínhamos conversado sobre os presentes em novembro!"

"E como foi?", perguntei.

"Bom, na manhã de Natal ela abriu a bolsa e distribuiu dinheiro. As crianças adoraram, mas ela não. Dava para ver que ela achava que a culpa era minha."

"Deve ter sido bem estressante para você", comentei, sentindo a tensão em meu próprio peito.

"Sabe que até que não foi? Eu me esforçava para ser a nora perfeita e para que ela me visse assim. Era como se nada desse trabalho demais. Só que eu me entorpecia para conseguir continuar. Dessa vez, quando ela fez um dos seus comentários 'levemente' inapropriados à mesa, que todo mundo sempre deixa passar, eu me manifestei. Não fui grosseira, só disse que não concordava, e pronto."

CAINDO EM DESGRAÇA OU DANDO UM SALTO DE FÉ?

Providenciar presentes cuidadosos e lindamente embrulhados para a sogra dar aos outros no passado havia rendido elogios a Cecilija e o primeiro lugar no pódio. No entanto, ao abandonar o posto de salvadora da pátria ela não caiu em desgraça, como temia, mas deu um salto de fé no sentido de descobrir se os outros ainda a aceitariam caso cuidasse de si mesma também. Na manhã de Natal, Cecilija recebeu uma nota de dez libras da sogra e pensou em um livro que poderia comprar, um livro que ela queria ler, em vez do livro escolhido todo mês pelo clube de leitura, que em geral a entediava. Um livro que ela poderia levar para a cama junto com uma xícara de chá.

Cecilija havia sido ensinada a pôr os sentimentos dos outros em primeiro lugar, porque a tensão envolvendo a separação dos pais a incomodava. Ela fazia o necessário para aliviar o clima e facilitar as coisas para os demais. Sempre os punha em primeiro lugar, porque nunca havia sido posta em primeiro lugar, e os outros deixavam que assumisse a responsabilidade de mediadora na família, fazendo todo o trabalho e relegando suas necessidades a um ponto cego. Recuperar-se de sua abnegação habitual revelou seus sentimentos, sua importância, suas expectativas e seus direitos. Não foi fácil, mas, como Cecilija disse, "tudo bem", porque pelo menos ela voltou a se conectar consigo mesma, e em vez de se sentir entorpecida se sentia viva e entusiasmada com a possibilidade de mudança.

Pedras iniciam o processo terapêutico bem equipadas para superar crises, porém têm que aprender a não precisar das crises para prosperar. Se você se identifica, deve a si mesmo esboçar sua própria versão de sucesso e compreender sua própria versão de felicidade, que envolva mais do que liberdade da culpa. A culpa nos motiva a reparar o incômodo alheio quando o vemos (ou prevemos), porém se entorpecer para priorizar os outros impede que as necessidades das Pedras sejam atendidas e disfarça as escolhas que esses outros podem estar fazendo. Cecilija queria proteger os pais do sofrimento, no entanto aquilo não cabia a ela, e não deixava espaço para que eles aprendessem com os próprios erros e evoluíssem em seu papel de pais. Ela tentava proteger a sogra do estresse das compras de Natal ou da rejeição percebida dos netos quando eles perdiam interesse nela, porém isso era resultado de escolhas que a mulher fizera — preferindo deixar tudo para o último minuto ou conversar com os netos apenas sobre a vida dela, e não a deles. Ainda não estava claro se a sogra escolheria se comportar de maneira diferente no ano seguinte, porém pelo menos o comportamento de Cecilija havia destacado as opções da mulher.

Cecilija começou a experimentar sua autenticidade recém-descoberta em outras questões, confrontando os amigos com gentileza e firmeza em relação às escolhas deles e cuidando de si mesma, e não apenas dos filhos. Ela adicionou o marido aos grupos de WhatsApp da escola, e ele começou a ir aos eventos de arrecadação de fundos e apresentações. Quando era sua vez de ir, Cecilija era ela mesma: simpática, mas não de um jeito forçado; envolvida, mas nunca mais a primeira a se voluntariar.

VEGANOS EMOCIONAIS

Se você está acostumado a bancar o extrovertido, mas desconfia que as pessoas consomem sua bateria mais do que imaginava, pode reiniciar as expectativas delas. Em minha experiência, isso resulta em menos amizades, o que não chega a ser ruim se possibilita que você se aprofunde naquelas que permanecerem. Cecilija expressou isso lindamente em nossa última sessão:

"Parece com o veganismo. Na sociedade em que vivemos, estabelecer limites exige um esforço, e nem sempre sou popular nos jantares, mas acredito que seja melhor para minha saúde e para o planeta. É como se eu estivesse me tornando uma vegana emocional agora", ela disse, sorrindo. "É mais difícil encontrar pessoas e lugares que acomodem minhas necessidades, mas sei que é melhor para minha saúde. E provavelmente seria para o planeta também, se todos ajustássemos um pouco nossos hábitos emocionais. Agora só preciso encontrar minha tribo de veganos emocionais!", Cecilija concluiu, então vestiu o casaco para ir embora.

Quando encerrou a terapia, ela não se sentia mais entorpecida ou deprimida. Havia silenciado suas emoções ao aumentar o volume das emoções alheias, e redescobrir sua vulnerabilidade a ajudara a se reconectar com sua própria alegria. O marido saiu da clínica privada para abrir espaço para a carreira dela, que ainda retomou o hábito de desenhar. No ano seguinte, recebi um lindo cartão de Natal ilustrado à mão, com uma mensagem dizendo: "Este ano vamos passar só nós quatro, e vou levar uma xícara de chá para a cama. Maravilhoso".

O CICLO DE FEEDBACK DOS SENTIMENTOS

Quando sentimos fome, nosso corpo nos envia sinais — o estômago se revira, a barriga ronca, saliva se forma com o cheiro de comida. Essas sensações indicam do que precisamos e o que devemos fazer — sabemos que é hora de ir à cozinha e pegar algo para comer. A ação atende à necessidade, a fome é satisfeita, a sensação é aplacada, e voltamos a um caráter neutro. Ou seja, resolvemos a situação e atingimos o vácuo fértil da abordagem gestáltica, um espaço vazio para novas sensações em potencial,[6] no qual um sentimento pode emergir e despertar nossa atenção.

Pontos cegos que escondem nossa permissão para sentir, agir e nos satisfazer podem bloquear ou interromper o ciclo de feedback natural e nos deixar desregulados e sem uma solução. Em vez de notar as sensações, nós as reprimimos: não as notamos, ou duvidamos de sua validade — "Não posso estar com fome, acabei de comer". Não ouvimos a necessidade de comida, de modo que não temos como agir de acordo. Talvez tomemos um copo de água e nos perguntemos por que a sensação não passa. Ou ignoramos as sensações originais, que se generalizam em dores de cabeça, tontura ou fadiga — outros sinais, cuja fonte temos dificuldade de rastrear. Ou, quando comemos, estamos tão programados a continuar buscando satisfação externa que nunca ficamos cheios e precisamos prolongar o consumo para além do preenchimento físico.

Isso também é verdadeiro para nossas sensações emocionais, e Pedras muitas vezes aprendem a se entorpecer, projetar ou canalizar mal seus sentimentos, sem nunca ter suas necessidades atendidas e se sentir satisfeitas. No entanto, quando o ciclo de feedback é consertado e a Pedra começa a ouvir seus sentimentos e os alia à sua capacidade de autorregulação, ela constrói as bases necessárias para uma resiliência genuína, que permite cultivar relacionamentos de apoio mútuo. Cecilija poderia tomar seu chá na cama no dia de Natal e ainda oferecer mais do que o bastante para todos. Na verdade, a xícara de chá na cama a ajudaria a apresentar uma versão melhor de si mesma e a estar mais presente para as pessoas para quem desejava estar disponível.

O QUE VOCÊ NÃO ESTÁ VENDO?

DESBLOQUEIE O CICLO DE FEEDBACK DOS SENTIMENTOS.

Se você se identifica, experimente este exercício. Reflita um pouco sobre as três perguntas a seguir e qual lhe parece mais relevante.

Onde seu ciclo de feedback dos sentimentos é interrompido?

Você tem um ponto cego relacionado à sensação em si? Sintonize-se com seu corpo agora e ouça o que ele tem a lhe dizer. Seu core está ativado, seus ombros estão tensos, sua língua está pressionada contra o céu da boca, seu maxilar está travado? Você tem dificuldade de respirar? Sua cabeça dói? Verifique as sensações que consegue perceber, se é que percebe alguma.

Você vivencia os sentimentos, mas não entende o que significam? Tem consciência das sensações, mas não do que indicam? Por exemplo, o aperto no peito pode ser medo? A tensão nos ombros pode ser estresse? Sintonize-se com seu significado e pergunte a si mesmo do que precisa. Por exemplo, você quer falar com um amigo? Cancelar seus planos para o fim de semana lhe traria alívio? Ou precisa dizer não ao pedido de seu gerente? Você sabe do que precisa, mas se nega a satisfação? Força e resiliência eram traços valorizados em sua família, enquanto a vulnerabilidade era desencorajada, a ponto de você não atender às suas próprias necessidades hoje? Você foi ensinado a se martirizar e se privar, ou sente culpa em vez de alívio se põe suas necessidades em primeiro lugar, de modo que nada de bom resultará de atendê-las?

Qual é seu equivalente da xícara de chá de Cecilija? Talvez você queira visitar sua família, mas prefira ficar em um hotel do que no aperto do quarto de hóspedes. Talvez você queira aceitar o convite para jantar de um amigo, mas prefira marcar cedo, porque sabe que terá um dia cheio. Talvez você chegue a um meio-termo com as crianças, levando-as ao parquinho para poder ler um livro em paz quando chegar em casa.

> Dê-se permissão para sentir o que sente, sintonize-se com suas necessidades e atenda-as de maneira que o honre e traga paz. Ver a si mesmo e ser visto pelos outros é um passo essencial na recuperação de um ponto cego que escondeu sua vulnerabilidade e permitiu que você fosse longe demais na estrada da autossuficiência.

GLADIADOR: EMPATIA

Gladiadores podem ter sido alvo de pouca empatia na infância. Ou podem ter vivenciado um excesso de atenção e adoração que fez com que não precisassem se responsabilizar por suas ações ou levar em conta os sentimentos alheios. Isso pode resultar em falta de empatia em certas situações, ou ceticismo e falta de confiança nos outros quando se trata de trabalhar em equipe.

O foco do Gladiador em suas próprias necessidades pode levá-lo a se comportar de maneira que pode parecer, na melhor das hipóteses, insensível e desajeitada, ou até egocêntrica e sem consideração. Quando o Gladiador acredita que não há o suficiente para todos, luta por suas necessidades, mesmo que não entenda muito bem quais são elas. Por baixo da fachada de agressividade ou indiferença, ele pode temer a rejeição e a negação, e tentar forçar as pessoas a concordar com suas exigências ou adotar suas perspectivas. Sua falta de fé nos outros e uma crença equivocada em sua probidade podem provocar atrito nos relacionamentos e às vezes levar à rejeição temida.

O Gladiador é o perfil que menos atendo na terapia, porque em geral ele acha que não há nada de errado e não se dispõe a trabalhar. Sua dificuldade de confiar o impede de pedir ajuda mesmo quando ele sabe que há um problema. Um Gladiador com quem trabalhei dizia: "As únicas pessoas que podem te trair são as pessoas em quem você confia". Quando Gladiadores buscam terapia, com frequência é em virtude de sintomas secundários de depressão, abuso de álcool ou drogas, conflitos no trabalho ou o fim de um relacionamento, que os deixam em maus lençóis a ponto de não poderem mais ignorá-lo.

Pessoas com esse perfil podem ser sensíveis a críticas ou considerar um insulto sempre que são desafiadas, o que torna o início do processo terapêutico turbulento. No entanto, quando consigo criar uma relação de confiança, posso ajudá-las a ver o que não estavam vendo, e elas podem aprender, acrescendo empatia à sua perspectiva, a defender os outros além de si mesmos e a optar pela segurança da matilha em vez da intocabilidade do lobo solitário.

ESTUDO DE CASO

JON: GLADIADOR

Jon e Anna procuraram terapia depois que ela anunciou que queria o divórcio. Havia anos que o relacionamento não a fazia feliz, porém Anna o mantivera porque queria que as filhas vivessem em um lar estável. No entanto, agora que elas estavam crescendo, ela queria deixar de pôr os outros em primeiro lugar e se concentrar em si mesma uma vez na vida.

O problema do marido era o oposto: ele pensava *apenas* em si mesmo, mas nem notava, porque essa realidade ficava relegada a um ponto cego. A carreira de Jon sempre viera em primeiro lugar, e Anna aceitara que seu papel se restringia à casa. Os amigos dele vinham primeiro também, e nos fins de semana ou os dois recebiam seus colegas de faculdade barulhentos e suas esposas que também sofriam em silêncio ou Jon ia jogar golfe e passava a maior parte do dia fora, enquanto Anna levava as gêmeas para a aula de balé e natação.

Anna tentara falar com o marido muitas vezes, sem sucesso, e acabara lhe dando um ultimato: ou fariam terapia ou se divorciariam. De início, Jon ficou chocado. Disse que acreditava de verdade que Anna era feliz, já que ele mesmo era. Jon estava mais do que satisfeito com o arranjo entre os dois e nem lhe passara pela cabeça que a vida não era um mar de rosas para ela também.

APROVEITANDO-SE DE SEUS PONTOS FORTES

Jon se autodeclarava um "pai divertido". As filhas corriam para ele quando queriam ser entretidas, porém era Anna que as criava. As gêmeas a procuravam quando tinham problemas na escola, e era a mãe que as duas queriam que lavasse seu cabelo, encontrasse seus brinquedos perdidos e fizesse curativo em seus joelhos ralados depois de uma queda no quintal.

"Sinto muito", Jon disse, erguendo as mãos como se não pudesse fazer nada. "O que posso dizer? Seja certo ou errado, elas querem se divertir quando estamos juntos, em vez de me contar todos os seus problemas. E é natural. Anna é a mãe, afinal de contas."

"Seja certo ou errado?", repeti, um tanto perplexa.

"Isso mesmo. Não cabe a mim decidir com quem elas vão falar, não é?"

"Não cabe?", insisti. "Não cabe aos pais fazer com que os filhos saibam que estão disponíveis, não importa o que aconteça? Sem dúvida não é responsabilidade de duas crianças de nove anos concluir isso."

"Discordo", Jon disse, e eu percebi que havia ido longe demais. "Se elas conseguem aquilo de que *precisam* de um de nós, e conseguem aquilo que querem de outro, acho que se trata de um excelente arranjo, com cada um se aproveitando dos seus pontos fortes na criação."

Só que o ponto forte de Jon aparentemente era se divertir e manter distância das tarefas mais recorrentes da criação dos filhos.

"Anna faz a lição de casa com elas porque é melhor nessas coisas e gosta de artesanato. Eu levo as duas para jogar críquete, porque sou melhor nisso."

"Elas odeiam críquete!", Anna o interrompeu. "Se você ouvisse as duas, saberia disso!"

"Elas adoram críquete!", Jon insistiu.

"Não, *você* adora críquete", Anna rebateu, exasperada. "Essa é a história da nossa vida" ela disse então, virando-se para mim. "Jon ama alguma coisa, e o restante de nós só se junta a ele."

UMA MORTE HORRÍVEL

Uma década de golpes no relacionamento o deixara mortalmente ferido. Para Anna, não havia volta. Ela não veio mais depois da primeira sessão. Surpreendentemente, Jon voltou sozinho.

"Anna foi embora", ele disse, "e levou as meninas. Desistiu do casamento, virou a vida das crianças de cabeça para baixo. Não está pensando direito. Sinceramente, isso é tão diferente do comportamento normal dela que estou começando a pensar que é um colapso nervoso. Anna está incontrolável!"

Aquelas palavras insinuavam uma série de pontos cegos, porém precisávamos voltar ao início para ajudá-lo a ver o que ele não estava vendo.

"Como foi sua infância, Jon?", eu perguntei.

"Foi ótima. Eu tive uma 'infância feliz', se é isso que você quer saber", ele respondeu, erguendo as mãos como se em rendição. "Claro, tive alguns problemas, como todo mundo, mas meus pais sempre me incentivaram. Eles me prepararam para a vida, me deram uma boa educação, garantiram que eu tivesse ambição e motivação."

A motivação a que Jon se referia aparentemente viera na forma de críticas e comparação constantes com um irmão mais velho que parecia ser um menino-prodígio, que se saía maravilhosamente bem sem qualquer esforço. A escola se revelou um lugar complicado para Jon, que se abriu sobre ter buscado refúgio nos esportes e expressado sua frustração no campo de rúgbi, o que lhe rendeu a reputação de esmagar os adversários. "Às vezes tinham que me tirar de cima dos caras", ele comentou, rindo. "Acho que eu me empolgava um pouco." Jon me contou que uma vez dera uma cabeçada em um jogador adversário.

Dentro e fora de campo, ele aprendera a passar por cima dos obstáculos e dos adversários, e os outros tinham se acostumado a atender às suas demandas. Inclusive Anna. Os dois haviam se conhecido na universidade, e ela se encantara por ele em um jantar da sociedade esportiva, quando Jon lhe dera a atenção que Anna sempre quisera e nunca tivera. Só mais tarde as amigas apontaram que ela fazia com que ele parecesse alguém melhor: Anna se apaixonou por Jon, que valorizava esse amor porque refletia a maneira como ele próprio se enxergava, como um espelho para sua autoestima.

Quando as filhas nasceram, a atenção de Anna se desviou por pura necessidade, e Jon se ressentiu disso. Ele voltou todo o seu afeto para as gêmeas, que o adoravam pelos presentes que comprava em suas viagens de trabalho e seus incentivos a fazerem o que quisessem. “Não conta pra mamãe” era a frase preferida do clubinho deles, usada sempre que o pai deixava que ficassem acordadas até tarde assistindo a filmes de terror, ou quando eles saíam para andar de bicicleta e iam direto para o pub, assistir aos jogos de rúgbi.

RECONHECENDO UM IGUAL

Uma semana, ele chegou à terapia depois de ter passado o fim de semana com as filhas na casa dos pais.

“Caí na real e foi bem desconfortável”, Jon falou.

“Explique melhor”, sugeri.

“Parece que estou me transformando no meu pai”, ele disse, forçando uma risadinha sem graça.

Jon me contou sobre o fim de semana, e como o pai reclamara que a moça da banca estava “de cara feia”.

“Foi muito estranho. Meu pai teve todo um monólogo mental envolvendo aquela moça que em geral sorri, mas aquele dia não sorriu, e chegou à conclusão de que ela estava sendo grosseira e mal-educada, e que havia se voltado contra ele por algum motivo, o que era totalmente inaceitável. Quem ela achava que era? Ele só falava disso. Em nenhum momento ele pensou: ‘Poxa, será que ela está bem? Será que está tendo um dia difícil?’. Ou ‘Já sei, vou ser especialmente gentil com ela, para ver se isso melhora as coisas. Talvez ela esteja precisando que alguém seja simpático hoje’. Era apenas sobre ele e as necessidades dele. Se alguém o desafia, meu pai cai matando. Ele é extremamente egocêntrico.

Mais ou menos como eu, no trabalho, e com meus amigos, e com Anna. Se alguém me desafia, eu passo por cima."

Jon comentou que a visita permaneceu tensa depois, com o pai se queixando de como as mulheres dirigiam e de como o país estava indo ladeira abaixo. Ele acabou indo embora mais cedo do que o planejado.

"Percebi que não gosto da maneira como meu pai trata as meninas e de como minha mãe aceita as baboseiras dele. Quando chegou a hora de comer, ela ficou toda alvoroçada, mandando as meninas pararem o que estavam fazendo no mesmo instante e correrem para a mesa, porque 'Seu avô não gosta de esperar'. Pelo amor de Deus, elas têm nove anos! Ele pode muito bem esperar cinco minutos!"

Preservando o ponto cego do Gladiador, muitas vezes encontramos traços que parecem narcísicos. Jon passara a notar aquilo no próprio pai, e o mais importante: em si mesmo também.

NARCISISMO

Em 1914, Sigmund Freud publicou sua teoria do narcisismo em um ensaio intitulado "Introdução ao narcisismo".[7] Nele, Freud primeiro descreve o narcisismo saudável com que os humanos nascem — o amor-próprio que é essencial para a construção da autoestima e do valor próprio na maturidade, e que evolui de uma obsessão e um interesse por si mesmo para empatia e amor pelos outros. Depois explica como essa mudança natural pode ser impedida por fatores genéticos e ambientais, incluindo a maneira como somos criados, levando a criança a permanecer absorta em si mesma e a se tornar um adulto que não demonstra interesse pelos outros com um afeto ainda voltado para si.

Adultos que agem com superioridade, arrogância e um senso exacerbado de merecimento, e a quem falta a curiosidade ou a consciência do outro necessárias para buscar um meio-termo ou para encontrar um ponto em comum, podem estar demonstrando traços narcísicos.

O pai de Jon não foi nem um pouco empático ou curioso em relação à moça da banca naquele dia e reagiu rapidamente à crítica percebida, como é comum em narcisistas. Ao se conscientizar dos traços narcísicos do pai, Jon começou a notar os seus também. Tudo que Anna queria era sua atenção e disponibilidade, no entanto ele a ignorara. Quando a esposa dizia como se sentia, Jon argumentava que não era aquilo, que ela estava imaginando coisas. Quando ela sugeria que fossem viajar, ou mudassem alguma coisa na casa, ele dizia que era caro demais, que não se tratava de uma prioridade. Quando Anna revelara que achava que estava com depressão pós-parto, ele a mandara ir ao médico para pegar uma receita de algum remédio que a deixasse feliz. Jon recusava todas as demandas emocionais que recebia e se defendia das críticas pondo o problema nos outros, julgando-os duramente por escolhas que não serviam a ele e rebatendo qualquer ponto de vista que pudesse impedi-lo de conseguir o que queria. Relacionamentos oferecem uma fonte de feedback corretivo, o que pode ser muito útil se nos mantivermos abertos à intenção positiva por trás. Eles servem para afiar nossas interações com os outros, permitindo que ampliemos nossa consciência de maneira constante, refinemos nossa bússola moral e nos desenvolvamos. Monitorar-se para seu próprio bem, e pelo bem daqueles que amamos e da sociedade em geral não tem nada de inapropriado, porém Jon não se mostrou aberto aos comentários de Anna e recebeu os esforços dela para se comunicar com ele como críticos e remanescentes de sua infância.

Relacionamentos entre pais e filhos em que há excesso de críticas, ou de adoração, podem criar condições para que traços narcísicos sejam expressos à medida que a criança cresce.[8] Jon havia sido duramente criticado pelo pai, e desenvolvera um perfil Gladiador de pontos cegos que o levava a ignorar o ponto de vista alheio e buscar sempre o prazer imediato, afastando qualquer versão dos eventos que não lhe conviesse, inclusive a possibilidade de que sua esposa não estivesse feliz. No entanto, por trás da máscara de extrema confiança, o valor próprio de Jon era frágil e escondia o medo de que os outros o decepcionassem se os deixasse entrar. De modo geral, no caso de suas tendências narcísicas, Jon se mostrava aberto a como eu o desafiava e disposto a deixar passar insultos em potencial à sua autoestima com o intuito de perceber o que não estava vendo. Nesse sentido, ele era muito diferente do pai. Jon começou a refletir sobre as escolhas que tinha feito ao longo de seu casamento que o haviam conduzido à situação em que se encontrava. Ele admitia que, quando as meninas eram menores, saía para jogar golfe antes que o resto da casa acordasse só para não ser engolido pelo caos da manhã. Também confessou que passava fins de semana em resorts de esqui afirmando que eram oportunidades imperdíveis de fazer networking com clientes. Que menosprezava as objeções de Anna quando queria dar uma saidinha para beber e lhe fazia elogios vazios, dizendo, por exemplo, que ela era melhor com as crianças. Que às vezes se esquecia de voltar para casa, ou deixava o celular no silencioso, ou dizia para a esposa tomar um banho de banheira e relaxar. Quanto mais furiosa ela ficava, mais se recolhia, até que desistiu de tentar, e a ausência dele deixou de ser sentida.

Quando Jon se deu conta do que não estava vendo, era tarde demais para salvar seu casamento, porém ele ainda tinha a oportunidade de melhorar seu relacionamento com as filhas. Para isso, precisaria se tornar mais disciplinado.

DISCIPLINA

Uma definição de disciplina é escolher entre o que você quer agora e o que você mais quer e se agarrar a isso, mesmo quando não quiser. É um mantra que uso com frequência na terapia, embora nem sempre da maneira como os pacientes esperam. Sabemos que às vezes precisamos desligar a TV e ir para a cama, se temos de acordar cedo no dia seguinte, ou que é melhor lavar a louça à noite se queremos encontrar a cozinha arrumada pela manhã, ou que precisamos resistir à tentação de ir ao shopping se precisamos economizar para uma viagem de férias. Essa é a versão de disciplina da sociedade: desista do que você *quer* fazer em nome do que *deveria* fazer. Minha definição, no entanto, inclui o contrário. Talvez o que você queira *agora* seja se deparar com a cozinha limpa, porque as manhãs já são corridas e estressantes o bastante, e você estabelece expectativas elevadas para si mesmo (que começaram com expectativas elevadas dos outros, ou com uma mãe ou um pai perfeccionista), incluindo a de uma casa impecável. Talvez o que você *mais* queira seja um relacionamento mais equilibrado e carinhoso consigo mesmo, então pode se dar uma folga e não se estressar porque há alguns pratos na pia quando vai embora, talvez até fazer outras mudanças na rotina matinal que lhe permitam um pouco mais de conforto e cuidado — um café no caminho para o trabalho, ouvir um podcast que o deixa feliz. Nesse caso, disciplina pode ser algo diferente, um pouco mais distante da visão da sociedade de fazer o que se *deveria* e não o que se *quer*; disciplina pode ser tolerar o desconforto de romper com antigas regras para reescrevê-las em um formato mais saudável para você. Minha visão de disciplina não julga que opção é "melhor", ou mais digna, ou "deveria" atrair sua atenção: apenas pede que os pacientes sejam honestos quanto a suas escolhas e se responsabilizem por elas. Com frequência, o motivo de não conseguirmos o que "mais" queremos é nunca ter sido realmente o que queríamos — só não sabíamos que podíamos admitir isso.

Jon chamou o que ele queria *agora* de opção A — fosse a partida de golfe com os amigos ou se utilizar de suas táticas para evitar uma conversa difícil com Anna. A opção B era o que ele dizia que *mais* queria — uma vida familiar feliz, com as meninas o vendo como um pai presente e acessível, e a esposa o valorizando e respeitando, se não como parceiro romântico, como companheiro na criação das filhas.

"Beber, por exemplo", ele refletiu uma semana. "Às vezes fico com vontade de tomar um vinho à noite, e quando me sirvo digo a mim mesmo que mereço relaxar. Essa é a opção A. Mas a opção B é voltar a fazer academia, porque sei que me ajuda a me sentir melhor. Não estou falando só de entrar em forma, mas de respeitar meu corpo e cuidar de mim mesmo. A atividade física faz isso por mim. Eu me sinto mais digno e importante, e aí talvez não precise forçar as coisas goela abaixo das pessoas só porque não acredito em mim. Então a opção B me é mais favorável que a opção A, porque, quanto mais vinho tomo, menos vontade tenho de ir à academia. E mesmo que eu diga a mim mesmo que posso acordar cedo no dia seguinte, quando o alarme toca sempre encontro um motivo para não me levantar. Tipo: 'Vou ser mais produtivo depois se dormir mais um pouquinho agora'. Então eu só adio o alarme, e essa é outra opção A: me enganar na hora em nome de um alívio instantâneo, permanecendo igualmente distante dos resultados que me trariam satisfação real."

Gladiadores como Jon podem operar sob a ilusão de que a opção A e a opção B não se excluem mutuamente, de que podem ter ambas, e de que o que mais querem sempre será uma opção. Jon agora reconhecia que o relacionamento próximo que desejava ter com as filhas só estaria disponível no futuro se ele estivesse disponível agora.

"Eu costumava pensar que Anna podia lidar com os problemas menores, e eu só participaria quando problemas sérios se apresentassem, mais para a frente. Só que não é assim que funciona com as crianças, né? Se eu quero que elas me tragam os problemas sérios no futuro, preciso estar presente para os problemas menores de agora. Porque, para elas, esses problemas menores sempre foram os problemas sérios."

Jon vinha fazendo escolhas egoístas na vida adulta em consequência de seus pontos cegos, em parte para se rebelar contra o controle e as críticas constantes de que fora alvo quando criança. No entanto, apesar do ressentimento e da desconfiança que seu passado havia criado, Jon precisava escolher quem ia se tornar no futuro. Depois de trabalharmos juntos, ele escolheu uma versão que aceitava o medo das críticas que antes ficava relegado a um ponto cego e começou a ouvir mais do que mandar, e a buscar mais confiança do que triunfo. Anna concordou em dar outra chance ao relacionamento dos dois, e Jon se esforçou muito para ouvir ativamente a família e demonstrar empatia, pondo-se no lugar delas e buscando soluções que funcionassem para todos. Isso o obrigava a passar menos tempo jogando críquete com as meninas, o que elas odiavam, e mais tempo assando bolos (e limpando a cozinha depois). No entanto, ele era muito mais feliz.

> **“Com frequência, o motivo de não conseguirmos o que ‘mais’ queremos é nunca ter sido realmente o que queríamos — só não sabíamos que podíamos admitir isso.”**

O QUE VOCÊ NÃO ESTÁ VENDO?

O QUE VOCÊ QUER AGORA PODE NÃO SER O QUE VOCÊ MAIS QUER.

Você está deixando de ver aspectos da verdade relacionados às escolhas que faz?

Você diz a si mesmo que tudo bem pegar atalhos, ou cancelar planos, mesmo quando isso te impede de chegar aonde quer no longo prazo?

Você perde prazos, quebra promessas ou dá desculpas mesmo quando seu objetivo é se manter fiel à sua palavra?

O que você quer agora pode ser alívio ou simplicidade, mas o que você mais quer talvez exija sacrifício ou renegociação.

O que você mais quer agora pode ser satisfação imediata, porém o que você mais quer talvez exija uma empatia maior.

Se você é um Gladiador, seu ponto cego pode o impedir de notar que todos temos de equilibrar nossos desejos e trabalhar de acordo com isso. Porque a verdade é que não se pode ter tudo. Não se pode continuar agindo de maneira impulsiva e egoísta e esperar que as pessoas mantenham um relacionamento conosco. No entanto, podemos ter o que mais queremos se estivermos dispostos a trabalhar por isso, e em consequência nos sentiremos mais realizados.

VERIFIQUE AS EXPECTATIVAS

Com frequência, pergunto a meus pacientes, assim que descrevem um dilema: "Como essa situação vai terminar?".

Sua intuição em geral lhes oferece uma resposta, que foi prevista por seu condicionamento. Logo no início de nosso trabalho juntos, Jon me disse, em um raro momento de vulnerabilidade, que sabia que nunca seria ninguém, como o pai havia dito. Então fazia sentido que a esposa o abandonasse, as filhas não confiassem nele e seus amigos o acusassem de ser um "velho rabugento". Era assim que Jon se via no futuro: como um velho rabugento, preservado no formol, esquecido pelo mundo. Pensar a respeito lhe provocava arrepios, e dizia muito sobre a ideia de abandono escondida em seu ponto cego.

"Se você não gosta da história que seu cérebro lhe conta", eu disse, "por que não escreve uma versão diferente? Sem suposições e inevitabilidade, baseada na consciência e no livre-arbítrio."

Jon precisava rejeitar o caminho A, da satisfação no curto prazo e da evitação do desconforto, para redefinir os passos pelo caminho B que o levariam aonde queria chegar.

Quando ele reescreveu seu fim, foi para criar outro com conexões emocionais e relacionamentos com confiança. Para atingir esse objetivo, para rejeitar as opções A da satisfação no curto prazo e da evitação do desconforto e escolher a opção B,

Jon precisava promover mudanças, porém agora ele era capaz de ver os passos que precisaria dar e as escolhas que precisaria fazer. Jon começou respondendo às mensagens de Anna na mesma hora, mesmo que estivesse assistindo a um jogo na TV, ouvindo os amigos quando eles queriam contar alguma coisa e sendo sincero quando precisava de alguma coisa deles. Parou de ignorar a frustração das filhas na hora de fazer a lição de casa e começou a promover conversas mais abertas e negociações genuínas. Quanto mais ele investia nessas conexões emocionais, mais fácil elas fluíam e mais recompensadoras se tornavam, até que a inautenticidade barata da opção A se tornava o caminho mais difícil a tomar.

Prepare-se. Em qualquer situação, descubra as expectativas, suposições e previsões escondidas em seu ponto cego, e veja se o resultado provável o deixa satisfeito. Se não for o caso, o que está disposto a mudar? Você acha que vai ser derrubado pelo primeiro obstáculo? Então vai cair. Acha que vai tropeçar e aprender, cair e se levantar, e cruzar a linha de chegada com sabedoria e resiliência? Essa também é uma opção. Permita que sua história revisada esteja plena de conexões, pertencimento, atualização pessoal, autenticidade, crescimento, liberdade e sucesso (o que quer que seja sucesso para você) que merece, e deixe que isso seja a estrela pela qual se guia.

A frase "Quer acredite que consegue, ou acredite que não consegue, você está certo" é atribuída a Henry Ford. Nossa visão de futuro tem a capacidade de nos limitar, e pontos cegos do passado, de prejudicar nossa visão daquilo que podemos nos tornar.

Quem você vai se tornar agora que sabe o que não estava vendo?

Às vezes, quando estou trabalhando com pacientes no nível mais profundo de um ponto cego, da própria *existência* do problema, precisamos nos afastar das palavras e do pensamento racional para descobrir o que eles não estão vendo, e experimentar uma abordagem mais criativa. Com pacientes que pensam demais, essa pode ser uma excelente maneira de explorar a inteligência de sua intuição.

Independentemente do perfil com que se identifica, e independentemente de estar pensando em si mesmo ou em outra pessoa, você pode acessar um enorme banco de informações que talvez esteja em seu ponto cego caso desvie sua atenção por um momento do raciocínio lógico para uma maneira mais criativa e abstrata de ver as coisas.

Quando eu estava no processo de me tornar supervisora clínica, aprendi a usar uma técnica simples com as pessoas que supervisionava. Eu a adaptei para que você possa usá-la em qualquer situação que provoque angústia ou confusão.

O QUE VOCÊ NÃO ESTÁ VENDO?

INSTINTO ANIMAL.

Pense em um relacionamento do passado ou do presente que não tenha se resolvido, ou que faça com que você se sinta insatisfeito ou incomodado. Pode ser com alguém com quem você ainda entra em conflito, ou alguém do passado, ou um ex-colega, pai ou mãe, irmão. Com a pessoa em mente, faça-se a seguinte pergunta:

> *Se eu fosse um animal nesse relacionamento, qual seria?*

Não pense demais, responda de primeira.

Agora, faça-se a seguinte pergunta:

Se a outra pessoa fosse um animal nesse relacionamento, qual seria?

De novo, responda o que lhe vier à cabeça.

Agora, reserve-se um minuto para pensar nos dois animais e em como costumam interagir na natureza. Talvez isso lance uma luz sobre a dinâmica do relacionamento e por que ela é problemática.

Fiz essas perguntas a Guy, nosso Gladiador da p. 286, e ele me disse que se sentia um leão em seu relacionamento com o conselho. Eles, por outro lado, eram abutres. Isso me pareceu interessante, porque embora não fossem uma ameaça direta em circunstâncias normais, podiam competir pelas mesmas presas. E talvez viessem a se tornar um problema se ele se encontrasse ferido ou em posição de vulnerabilidade, como de fato aconteceu, quando lhe impuseram uma medida disciplinar.

Outros pacientes citam animais que nunca interagiriam na natureza — por exemplo, animais terrestres e animais marinhos —, o que os ajuda a compreender as dificuldades de comunicação envolvidas. Ou então nomeiam predadores e presas, o que aponta para o desequilíbrio de poder em jogo.

Usando as informações reunidas até agora, faça-se outra pergunta:

Eu me sinto como esse animal em qualquer outro relacionamento (no trabalho, em casa, com amigos ou meu par)?

Se a resposta for não, é provável que se trate de um caso de *transferência* — o fenômeno de *transferir* sentimentos seus em relação a uma pessoa para outra pessoa. O conceito de transferência emergiu na prática psicanalítica de Sigmund Freud,[9] nos anos 1890, porém não se limita ao consultório terapêutico. Ele pode ser presenciado quando alguém se sente especialmente protetor em relação a uma amiga que o lembra da irmã mais nova, ou quando alguém fica ansioso por conta de uma chefe que se parece com a diretora de sua escola, ou quando alguém que foi traído pelo ex acusa o novo companheiro de infidelidade. A transferência não é um processo consciente: não pensamos nele. Só de existir, podemos desencadear uma resposta inconsciente em outra pessoa, ou ela pode desencadear uma resposta inconsciente em nós. Por exemplo, posso lembrar uma pessoa de alguém que a intimidava na escola, e ela pode se sentir intimidada por transferência; por outro lado, ela pode me lembrar alguém da minha família de quem eu costumava cuidar, e eu posso sentir uma responsabilidade indesejada em nossas relações, por transferência. Essas sensações não precisam ser justificadas; a transferência não se baseia na realidade ou no presente: ela se deve à maneira como percebemos uma dinâmica, dependendo de experiências passadas e de nossos pontos cegos.

A última pergunta que você vai se fazer é:

Que animal eu gostaria de ser em meus relacionamentos?

Que animal representaria as qualidades que você deseja levar para suas amizades, seu relacionamento amoroso, sua família ou seus colegas de trabalho? Podem ser animais diferentes em situações diferentes, ou pode haver um único que o retrate melhor.

INDO ALÉM DA LÓGICA

Fiz essas perguntas a uma paciente pouco tempo atrás. Ela concluiu que queria parar de se sentir como um pássaro e começar a se sentir como um elefante — forte, estável, sábia, grande o bastante para não ser pisoteada, mas alguém que só entra em confronto se necessário. A paciente ficou surpresa com quão rapidamente os animais haviam lhe ocorrido e quão claro seu sentido ficara, porque trabalhar com o lado mais criativo de seu cérebro nos ajudou a contornar os pontos cegos que informavam como ela achava que "deveria" ser e o que acreditava que era certo ou errado.

Guy não queria deixar de ser um leão, porém queria ter orgulho próprio. Uma parte sua se mantinha como um leão adolescente rondando as planícies em busca daquilo desde que ele fora expulso de casa pelo pai, sem nunca crescer ou assumir responsabilidades. Quando Guy deixou a terapia, sabia que como um Gladiador só chegaria até certo ponto na vida. Precisava trabalhar para confiar nas pessoas que se importavam com ele e se tornar alguém em quem podiam confiar também.

Melhorar seu relacionamento consigo mesmo e ver as coisas com mais clareza aumentará sua compreensão e reduzirá a resistência gerada pelo contraste entre como as coisas são e como você gostaria que elas fossem. Isso reduz o estresse e melhora nossa saúde física e mental. Além dos benefícios imediatos ao seu bem-estar, sua jornada rumo à autoaceitação, ao empoderamento e a mais empatia e vulnerabilidade transformará seus relacionamentos com as outras pessoas, trazendo mais intimidade e autenticidade às conexões que mais importam.

Agora que sabemos onde nossos pontos cegos se encontram, é hora de nos concentrarmos em nossa recuperação e nos voltarmos para uma visão de futuro mais clara, ainda que, para avançar, sempre precisaremos olhar para trás.

Conclusão

Quer você se identifique mais com a jornada do Oportunista rumo à autoaceitação, com a reivindicação renovada de poder da Ponte, com o retorno da Pedra à vulnerabilidade ou com a incursão do Gladiador pela empatia, seus pontos cegos vêm te protegendo há anos. Eles lhe prestaram um belo serviço no sentido de trazê-lo até onde você se encontra hoje, ferido, mas intacto, um sobrevivente, de algumas maneiras, ao custo de outras. Seus pontos cegos filtraram as partes de sua vida que pareciam perigosas demais, ou dolorosas demais, e o entorpeceram para os pensamentos ou sentimentos que pareciam desesperançados ou excessivos. Eles constituíam uma adaptação, porém não eram o problema — o problema real era a dor que procuravam mascarar. Pontos cegos são formados a partir de uma intenção positiva, de tornar o mundo mais seguro, e até que tenhamos outra estratégia, mais saudável e protetora, eles continuarão sendo sua melhor alternativa.

Para substituí-los, ou pelo menos equilibrá-los, precisamos primeiro de um relato preciso do problema que pretendiam resolver, da testemunha mais confiável possível de seus primórdios — uma versão mais jovem sua. Estamos falando da parte de você que descobriu que era mais fácil se virar na vida afastando certas esperanças e expectativas, tornando-se independente mais cedo, atingindo aceitação condicional por meio do charme ou virando as costas para os relacionamentos. Essa é a parte que pode revelar mais claramente o que você não estava vendo e o que precisa de sua atenção no momento.

SEJA AMIGO DE SEU CRÍTICO INTERIOR

Vamos dizer que você queira ser positivo, mas não sente nenhuma positividade, ou que sabe que "deveria" ser, mas lhe falta motivação para tal. Você gostaria de atualizar alguns comportamentos que o atrapalham, porém seus pontos cegos se interpõem no caminho. Se formos capazes de diminuir a tensão interna que nos mantém empacados, podemos parar de ver nosso crítico interior como inimigo para ser guiados na direção desse propósito. Assim, podemos libertar todas as partes de nós a ter conversas mais saudáveis e mais úteis, e a colaborar de maneira mais produtiva. Porque, por meio da aceitação, as coisas mudam.

Comprove isso com o exercício a seguir.

O QUE VOCÊ NÃO ESTÁ VENDO?

PARTE 1: BUSQUE A INTENÇÃO POSITIVA.

Quero que você pense em uma parte sua — a parte que pode pegar pesado na autocrítica, a parque que lhe diz que você não é bom o bastante, ou que o julga de maneira dura — e procure visualizá-la. Ela pode estar sentada em um canto, ou junto à porta, olhando para o chão ou o encarando. Quero que você a imagine como uma versão mais jovem sua — talvez bem nova, aos cinco ou seis anos de idade. Preste bastante atenção nessa versão, repare na aparência dela, observe sua expressão facial e o que sua linguagem corporal comunica.

Agora quero que você faça uma pergunta a ela e quero que você aceite a resposta, independentemente de qual seja, como a resposta certa, e a verdade dela.

A pergunta é a seguinte:

> "Oi, parte de mim. Quando você diz aquelas coisas ou age para me sabotar, o que está tentando fazer por mim?"

Então ouça. Com atenção. Pode ser a primeira vez que alguém lhe dirigiu uma pergunta, ou prestou atenção nela.

Qual foi a resposta?

Talvez você tenha ouvido algo sobre protegê-lo, baixar as expectativas, promover maior independência ou fazê-lo evoluir.

Talvez não tenha havido resposta.

De qualquer maneira, quero que você passe à seguinte pergunta:

> "Certo, parte de mim, entendo que você está tentando me ajudar. Então qual é a intenção positiva por trás de agir dessa maneira?"

Ouça o que ela tem a dizer sobre seus planos de mantê-lo seguro, de torná-lo aceitável para os outros e assim evitar o abandono. De fazer com que você seja "bom o bastante", para que possa pertencer a uma família ou a um grupo social, de esconder suas partes que talvez levassem à rejeição. De suprimir suas necessidades, caso fosse doloroso demais sentir que continuavam sem ser atendidas. De esconder sua vulnerabilidade, caso ela não fosse ser bem-recebida.

Essa versão mais jovem de você identificou alguma coisa como um risco e agiu defensivamente por conta de um medo. Seus métodos são grosseiros e simplistas, como os das crianças pequenas costumam ser, porém suas intenções são puras. Ela só queria que você ficasse bem.

ATUALIZAÇÃO DISPONÍVEL

Acredito que seus pontos cegos e filtros se desenvolvam a partir de uma intenção positiva — afinal, são uma parte sua, interessada em sua sobrevivência. Eles surgem de um esforço para protegê-lo dos perigos do mundo. Nossos pontos cegos são nossa melhor aposta, em certo momento.

No entanto, crescemos, e esses pontos cegos pertencem a uma pessoa diferente, de uma época diferente. As verdades que escondem, no entanto, foram obscurecidas por tanto tempo que podemos nos esquecer delas.

Pontos cegos são ajustes inteligentes que fazemos para nos encaixar em um mundo no qual nos destacamos. À medida que crescemos e adquirimos a consciência e o conhecimento necessários para desafiar as origens deles, podemos notar que nossos instrutores estavam fazendo o melhor que podiam, em meio a seus próprios pontos cegos.

Às vezes, as pessoas que nos impactaram com sua versão abreviada dos eventos ou esconderam os fatos de nós nem estão mais em nossa vida, no entanto continuamos sendo governados pelas meias-verdades restritivas que nos impuseram. Continuamos vivendo com crenças que não nos ajudam, ou que sabemos racionalmente que não são verdadeiras. Nós nos adaptamos a elas quando eram importantes em nossa vida, porém não precisamos nos adaptar a seu fantasma. Executar o mesmo código de condicionamento se torna desadaptativo quando o contexto muda, ou quando temos outras informações e opções à nossa disposição, como uma paciente descobriu na hora de preparar a ceia de Natal.

O CONTO DO PERU DE NATAL

Uma paciente voltou à terapia em janeiro, depois de passar o Natal com a família. Ela era uma Ponte em uma família de Pontes e durante a ceia daquele ano tivera uma revelação.

"Todo ano, cortamos a parte de cima do peru antes de assar: é uma tradição nossa. Eu faço isso, minha irmã faz isso, minha mãe e minha tia sempre fizeram isso, e minha avó também fazia. Sempre imaginei que fosse para dar sorte ou algo do tipo. Sei lá, nunca questionei. Este ano, quando minha avó chegou à minha casa para passar o dia de Natal, pensei em perguntar a respeito, acho que porque estamos fazendo esse trabalho todo para descobrir meus pontos cegos e o que não estou vendo. Então eu disse: 'Vovó, sabe por que cortamos a parte de cima do peru? É uma tradição, uma superstição...?'. E sabe o que ela respondeu?"

Balancei a cabeça.

"Minha avó disse que não fazia ideia de por que a gente cortava, mas ela cortava porque seu forno era tão pequeno que não cabia o peru inteiro!"

Minha paciente ria enquanto contava sobre os anos e anos em que a mãe e a tia continuaram cortando a parte de cima do peru, sem qualquer motivo, só porque não haviam perguntado, e como o ritual passara para a geração seguinte. Aquilo falava muito sobre o modo como sua família aceitava tudo como lhe era apresentado e sobre como ela própria agora se via questionando todo tipo de "norma" que não fazia mais sentido.

Podia ser só um peru, mas, para a paciente, foi um exemplo claro de como uma adaptação podia ser feita em um ponto em particular do tempo, em resposta a uma situação que a exigia, e como se tornava uma desadaptação se as circunstâncias mudavam — no caso, com fornos onde cabia um peru.

Às vezes, mesmo sabendo que nossas adaptações psicológicas não são mais legítimas como costumavam ser, esses padrões de comportamento já se embrenharam em nossos sistemas de segurança, e não se atualizam até que uma parte mais jovem de nós acredite que é seguro ver o quadro geral agora, porque contamos com meios para nos proteger de maneira mais positiva. Para que isso aconteça, precisamos nos fazer uma promessa, como demonstrarei na segunda parte do exercício.

O QUE VOCÊ NÃO ESTÁ VENDO?

PARTE 2: É HORA DE SE LIBERTAR.

Quero que você visualize essa parte mais jovem no cômodo com você, para que a encare e lhe diga algo muito importante.

"Oi de novo, parte de mim.

"Em primeiro lugar, quero agradecer. Obrigada por ter feito o seu melhor para me manter em segurança, para me proteger da única maneira que conhecia.

"Mas agora estou mais velho. Sei mais, compreendo mais e tenho outras maneiras de me manter seguro.

"Então, a partir daqui eu assumo. Vou manter a gente em segurança. Você pode ir brincar."

Essa parte de você pode ir brincar porque ela é uma criança, que nunca deveria ter recebido toda aquela responsabilidade. Ela o levou até onde você se encontra hoje, e embora fosse melhor se você não tivesse cicatrizes de quando seus métodos o machucaram ou prejudicaram, é preciso valorizá-la pela ajuda para que você chegasse inteiro até onde chegou. Agora, ela pode parar de trabalhar tanto — de encurralá-lo, de restringi-lo, de impedi-lo de sentir —, porque você tem tudo de que precisa para preencher as lacunas em seu cuidado, para lamentar a perda se for o caso e para atender às necessidades que passaram despercebidas.

O que nos leva à promessa que eu quero que você faça a si mesmo: de se comprometer em atender a essas necessidades diariamente; de ver o que não estava vendo e oferecer-se isso.

CUIDE DE SI

Quando meus filhos voltaram para a escola depois das férias, enfrentamos algumas dificuldades, o que não chega a ser surpresa. Meu filho perdeu a hora um dia e acordou sob a ameaça da desgraça iminente por conta de uma prova de matemática naquela manhã. Os pés de minha filha não cabiam mais nas meias que ela usara para jogar hóquei no ano anterior, e ela batera a cabeça no armário enquanto tentava preparar o lanche. Demos atenção a todos esses obstáculos, quebrando cada um em partes menores: fizemos massagem na cabeça dolorida, esticamos as meias e fizemos uma mentalização para uma manhã de prova. Isso não mudava a situação na prática, porém fiz tudo que estava em meu alcance para cuidar deles. Quando cheguei à sessão com minha supervisora, atabalhoada por conta da manhã, mas pronta para o que quer que aquele dia pusesse no meu caminho, foi ela quem deu atenção às minhas necessidades. "Você cuidou deles, mas se esqueceu de cuidar de si mesma."

Seria fácil para minha antiga Pedra ignorar meus sentimentos e seguir adiante com o dia, porém quando experimentei o exercício pela primeira vez me lembro de ter ouvido uma intenção clara e positiva de meu próprio crítico interior — a parte de mim que podia ser durona e abnegada, e que no passado se manifestara por meio de uma depressão. Também tinha ouvido que ela não queria que eu sentisse a dor insuportável de não ser vista. Assim, ela havia me escondido de mim mesma, erguido barreiras para as outras pessoas e enterrado meus sentimentos em pontos cegos. Seus métodos foram brutais, porém certamente eficazes — ninguém poderia ignorar minhas necessidades se eu mesma não sabia quais eram; ninguém poderia me ignorar se eu já tivesse me tornado invisível. Eu havia assumido um compromisso com ela, muitos anos antes, de que trabalharia para nos proteger de outra maneira no futuro, e ao fazer isso negociara uma troca. A depressão havia sido uma melhora à sensação de estar só no passado, porém desvelar minhas necessidades autênticas de sintonia e cuidado, escondidas em um ponto cego, indicava que me tornar minha própria fonte de atenção confiável seria um caminho mais seguro no futuro.

Sintonizar-me com minhas próprias necessidades é algo que está longe de vir naturalmente para mim, e eu ainda preciso ser lembrada de fazê-lo, como minha supervisora sabe. Tomar um café depois da sessão, em um lugar tranquilo e reconfortante, não mudava minha situação materialmente, assim como eu não tinha como mudar o fato de que meu filho teria uma prova de matemática naquele dia, porém era cuidar de mim, assim como eu cuidara dele. Demonstrava àquela minha parte criança que eu validava meus sentimentos, ouvia minhas necessidades e me dava atenção. Não era o café que importava, e sim o cuidado. Portanto, pense em como você pode cuidar de si, e quais podem ser seus sinais de autocompaixão enquanto você descobre o que não estava vendo e se arrisca a abordar as circunstâncias de maneira diferente no futuro.

Às vezes, meu compromisso com minhas próprias necessidades emocionais resultou em ruptura com outras pessoas, que preferiam meus pontos cegos anteriores, de desmerecimento e excesso de responsabilidades, mas não me arrependo. Descobrir que um amigo não é um amigo não é um mau resultado; dividir meus sentimentos com as pessoas mais próximas a mim nem sempre será uma decisão popular, porém redistribuirá de maneira mais justa a responsabilidade pelo que virá a acontecer. Alguns relacionamentos terminaram ou esfriaram, enquanto outros se tornaram mais significativos e gratificantes. De qualquer maneira, quando ilumino os pontos cegos onde eles existiam, posso acessá-los com maior precisão e confiar na verdade do que vejo.

Talvez você seja uma Pedra e aceite o risco de mostrar vulnerabilidade em um relacionamento que considera importante. Talvez você seja um Gladiador e compartilhe suas necessidades autênticas com as pessoas à sua volta, responsabilizando-se pelas delas também. Talvez você seja um Oportunista e ofereça a si mesmo a aprovação que costuma terceirizar. Talvez você seja uma Ponte e se disponha a reivindicar o que quer e se fazer ouvir. Qualquer que seja seu próximo passo, torne-o intencional e faça com que conte. Olhe para onde está indo e use sua consciência para se manter seguro, em vez de deixar que suposições e prejulgamentos o levem a becos escuros ou sem saída.

NÃO É CERTO, MAS É VERDADE

Quando aprendemos a dirigir, nos ensinam que não devemos confiar em uma olhada rápida no retrovisor antes de mudar de pista na estrada. Mitigamos nosso ponto cego nos virando para olhar por cima do ombro, preenchendo as lacunas em nossa percepção com fatos antes de nos arriscar. Quando sabemos que há coisas que não estamos vendo na estrada, nos conscientizamos de que precisamos de confirmação antes de agir — verificando com mais cuidado e de outro ponto de vista.

Com nossa compreensão dos pontos cegos psicológicos vem a consciência de que uma olhada rápida não será suficiente aqui também. Precisamos aceitar que não há uma única verdade que possa ser suposta, não há uma conclusão universal à qual podemos recorrer, e é a partir daí que criamos um ponto de partida mais confiável. A existência de múltiplas perspectivas e verdades coexistentes nos permite não estar completamente certos e não estar completamente errados ao mesmo tempo, sobre nós mesmos e os outros. A dissonância cognitiva, conflito em nosso próprio ponto de vista, pode ser algo desconfortável para nós, humanos, que preferimos consistência, no entanto reflete a verdade de qualquer situação que se encaixe na lógica do "isto *e* aquilo". É provável que seus pontos cegos tenham ao mesmo tempo o ajudado e prejudicado, e nosso objetivo não é determinar o que é certo — precisamos olhar para além disso, atrás do que é verdadeiro e, o mais importante, de que interpretação útil somos capazes.

Espero que as histórias dos meus pacientes tenham ajudado vocês a lançar luz sobre seus pontos cegos. Se você continuar prestando atenção, notará realidades alternativas em toda parte, e se tornará alguém que considera com mais honestidade suas opções e escolhas, assim como aquilo que você aceitou sem questionar os outros. Sua confiança aumentará, você se permitirá mais e desenvolverá as habilidades necessárias para traçar um caminho que seja mais certo para você, de modo a ter uma vida mais autêntica e gratificante. E mesmo quando aspectos dessas realidades forem difíceis de aceitar, você será capaz de confiar em sua consciência e se reconfortar com a verdade.

A ideia de que aquilo que você não sabe não tem como machucá-lo não poderia estar mais distante da verdade. O piloto automático nunca foi amigo de ninguém — é hora de recuperar o controle.

Agradecimentos

Tive a sorte de encontrar muitos Gladiadores, Pedras, Oportunistas e Pontes no processo de escrita deste livro. Agradeço a todos que ajudaram a ampliar minha perspectiva compartilhando seus pontos de vista comigo, e receberam com curiosidade e compaixão minha maneira de enxergar as coisas. Espero que tenhamos ajudado uns aos outros a compreender o mundo com mais clareza.

Agradeço a meus pais, Ingrid e Keith, por me ensinarem a ser resiliente como uma Pedra e a regatear como um Oportunista, a escolher minhas batalhas como uma Ponte e a defender meu território como um Gladiador, quando necessário.

Obrigada à minha melhor amiga, Elizabeth Day, pelo tipo de aceitação incondicional que parece saída de um sonho.

Sou grata a meu marido, Anton, por ser a peça que faltava em meu quebra-cabeça.

Obrigada a meus filhos, Thomas e Elsa, por desafiar meus pontos cegos todos os dias.

Agradeço à minha editora maravilhosa, Amy McWalters, a todos na Penguin, a meu agente brilhante, Euan Thorneycroft, e a todos na A. M. Heath.

Do fundo do coração, agradeço a todos os meus pacientes — do passado, do presente e do futuro — pela coragem e a disposição de desvendar seus pontos cegos comigo, e por suas contribuições inevitáveis no desvendamento dos meus. É uma honra e um privilégio ficar ao lado de vocês e ver o mundo pelos seus olhos.

Notas

INTRODUÇÃO [pp. 9-25]

1. Patrick Cavanagh e Stuart Anstis, da Universidade da Califórnia em San Diego, sobre o efeito flash-lag e outros. Disponível em: <http://anstislab.ucsd.edu>.

2. Sobre a capacidade mental do cérebro de processar informações: G. Orzan, I. A. Zara e V. L. Purcarea, "Neuromarketing Techniques in Pharmaceutical Drugs Advertising: A Discussion and Agenda for Future Research". *Journal of Medicine and Life*, v. 5, n. 4, p. 428, 2012.

1. ABORDAGEM TERAPÊUTICA DOS PONTOS CEGOS [pp. 27-43]

1. D. Kahneman e A. Tversky, "Subjective Probability: A Judgment of Representativeness". *Cognitive Psychology*, v. 3, n. 3, pp. 430-54, 1972.

2. Sobre estereótipos implícitos: A. G. Greenwald e M. R. Banaji, *Blindspot: Hidden Biases of Good People* (Nova York: Delacorte, 2013).

3. Sobre por que preferimos o familiar ao desconhecido: S. Wu et al., "Better the Devil You Know than the Devil You Don't: Neural Processing of Risk and Ambiguity". *Neuroimage*, v. 236, 1 ago. 2021, 118109.

4. Sobre a ligação entre cor e interpretação implícita: K. Pravossoudovitch et al., "Is Red the Colour of Danger? Testing an Implicit Red-danger Association". *Ergonomics*, v. 57, n. 4, pp. 503-10, epub, 2014.

5. Sobre a teoria dos "roteiros" na análise transacional: E. Berne, *What Do You Say After You Say Hello?* (Nova York: Grove Press, 1972), p. 318.

6. Sobre a teoria da "mãe suficientemente boa": D. W. Winnicott, *Playing and Reality*, 2. ed. (Londres: Routledge, 2005). [Ed. bras.: *O brincar e a realidade*. Trad. de Breno Longhi. São Paulo: Ubu, 2019.]

7. Sobre autoculpabilização na infância: G. Maté, *The Myth of Normal: Trauma, Illness and Healing in a Toxic Culture* (Londres: Vermilion, 2022). [Ed. bras.: *O mito do normal: Trauma, saúde e cura em um mundo doente*. Trad. de Fernanda Abreu. Rio de Janeiro: Sextante, 2023.]

8. Definição de agorafobia em: *Diagnostic and Statistical Manual of Mental Disorders*. 5. ed. rev. (Washington, DC: American Psychiatry Association, 2022).

9. K. Mellor e E. Schiff, "Discounting". *Transactional Analysis Journal*, v. 5, n. 3, pp. 295-302, 1975.

10. J. Schiff et al., *Transactional Analysis: Treatment of Psychosis* (Nova York: Harper & Row, 1975).

2. OS PERFIS [pp. 44-68]

1. Sobre por que as pessoas têm medo de cobra: J. Souchet e F. Aubret, "Revisiting the Fear of Snakes in Children: The Role of Aposematic Signalling". *Scientific Reports*, v. 6, 37619, 2016.

3. O QUE NÃO ESTOU VENDO NA MINHA FAMÍLIA? [pp. 69-109]

1. Sobre a importância do relacionamento terapêutico: P. Clarkson, *The Therapeutic Relationship*. 2. ed. (Londres: Whurr, 2003).

2. S. C. Hayes, K. D. Strosahl e K. G. Wilson, *Acceptance and Commitment Therapy: The Process and Practice of Mindful Change*. 2. ed. (Nova York: Guilford, 2012).

3. Sobre o conceito de aqui-e-agora: W. M. Nelson e W. D. Groman, "The Meaning of Here-Now, There-Then in Gestalt Therapy". *American Journal of Psychoanalysis*, v. 34, pp. 337-46, 1974.

4. Sobre congruência: C. Rogers, "A Theory of Therapy, Personality and Interpersonal Relationships as Developed in the Client-Centered Framework". In: S. Koch (Org.), *Psychology: A study of a science, v. 3: Formulations of the Person and the Social Context* (Nova York: McGraw Hill, 1959).

4. O QUE NÃO ESTOU VENDO NAS AMIZADES? [pp. 110-56]

1. Mais sobre formação de roteiros na infância em: E. Berne, *Sex in Human Loving* (Londres: Penguin, 1970). [Ed. bras.: *Sexo e amor*. Trad. de Pedro Lourenço Gomes. Rio de Janeiro: José Olympio, 1976.]

2. Sobre a mentalidade de abundância: S. R. Covey, *The Seven Habits of Highly Effective People: Restoring the Character Ethic* (Nova York: Simon and Schuster, 1989). [Ed. bras.: *Os 7 hábitos das pessoas altamente eficazes*. Trad. de Alberto Cabral Fusaro. Rio de Janeiro: Best-Seller, 2014.]

3. Sobre lutar ou fugir: W. B. Cannon, "The James-Lange Theory of Emotions: A Critical Examination and an Alternative Theory". *American Journal of Psychology*, v. 39, pp. 106-24, 1927.

4. Sobre inveja e ciúme: S. Most et al., "Blind Jealousy? Romantic Insecurity Increases Emotion-Induced Failures of Visual Perceptions". *Emotion*, v. 10, pp. 250-6, 2010.

5. Sobre a roda das emoções: G. Willcox, "The Feeling Wheel: A Tool for Expanding Awareness of Emotions and Increasing Spontaneity and Intimacy". *Transactional Analysis Journal*, v. 12, n. 4, pp. 274-6, 1982. Disponível em: <www.gnyha.org/wp-content/uploads/2020/05/The-Feeling-Wheel-Positive-Psycology-Program.pdf>.

6. E. Day, *Friendaholic: Confessions of a Friendship Addict* (Londres: Fourth Estate, 2023).

5. O QUE NÃO ESTOU VENDO NOS RELACIONAMENTOS AMOROSOS? [pp. 157-92]

1. Definição de codependente: M. Beattie, *Codependent No More: How to Stop Controlling Others and Start Caring for Yourself* (Nova York: Harper; Hazelden, 1987). [Ed. bras.: *Codependência nunca mais: Pare de controlar os outros e cuide de você mesmo*. Trad. de Carolina Simmer. 2. ed. Rio de Janeiro: Best-Seller, 2023.]

2. Sobre nossa mente sábia: K. L. Gratz, M. T. Tull e A. W. Wagner, "Applying DBT Mindfulness Skills to the Treatment of Clients with Anxiety Disorders". In: S. M. Orsillo, *Acceptance and Mindfulness-Based Approaches to Anxiety* (Boston, MA: Springer, 2005), pp. 147-61.

6. O QUE NÃO ESTAMOS VENDO COMO CASAL? [pp. 193-244]

1. Sobre estilos de apego: J. Bowlby, *Attachment and Loss, v. I, Attachment* (Londres: Hogarth Press, 1969).

2. O experimento da situação estranha: M. D. S. Ainsworth, "Attachment As Related to Mother-Infant Interaction". In: J. S. Rosenblatt et al., *Advances in the Study of Behavior*, v. 9, pp. 1-51 (Nova York: Academic Press, 1979).

3. Sobre apego desorganizado: M. Main e J. Solomon, "Discovery of an Insecure-Disorganized/Disoriented Attachment Pattern". In: T. B. Brazelton e M. W. Yogman (Orgs.), *Affective Development in Infancy* (Nova York: Ablex, 1986).

4. Sobre mutualismo na natureza: J. Bronstein, *Mutualism* (Oxford: Oxford University Press, 2015).

5. Mais sobre codependência: M. Beattie, *Codependent No More* (Minnesota: Hazelden, 1987).

7. O QUE NÃO ESTOU VENDO NO TRABALHO? [pp. 245-92]

1. S. Aamodt e S. Wang, *Welcome to Your Child's Brain: How the Mind Grows from Conception to College* (Londres: Bloomsbury, 2011).

2. J. K. Hartshorne e L. T. Germine, "When Does Cognitive Functioning Peak? The Asynchronous Rise and Fall of Different Cognitive Abilities Across the Life Span". *Sage Journals*, v. 26, n. 4, 2015.

3. Sobre empatia: C. R. Rogers, "The Necessary and Sufficient Conditions of Therapeutic Personality Change". *Journal of Consulting and Clinical Psychology*, v. 21, pp. 95-103, 1957.

4. P. R. Clance e S. A. Imes, "The Impostor Phenomenon in High-Achieving Women: Dynamics and Therapeutic Intervention". *Psychotherapy: Theory, Research & Practice*, v. 15, n. 3, pp. 241-7, 1978.

5. H. J. O'Gorman, "The Discovery of Pluralistic Ignorance: An Ironic Lesson". *Journal of the History of the Behavioral Sciences*, v. 22, pp. 333-47, 1986.

6. D. M. Bravata et al., "Prevalence, Predictors, and Treatment of Impostor Syndrome: A Systematic Review". *Journal of General Internal Medicine*, v. 35, n. 4, pp. 1252-75, 2020.

7. Sobre a terapia comportamental dialética: C. Dunkley, *Regulating Emotion the DBT Way: A Therapist's Guide to Opposite Action* (Londres: Routledge, 2008).

8. Sobre transações cruzadas: E. Berne, *Transactional Analysis in Psychotherapy: A Systematic Individual and Social Psychiatry* (Nova York: Grove, 1961).

9. Um guia útil para análises transacionais: I. Stewart e V. Joines, *TA Today: A New Introduction to Transactional Analysis* (Chapel Hill, NC: Lifespace, 2012).

10. Sobre projeção: A. Freud, *The Ego and the Mechanisms of Defense* (Londres: Hogarth Press and the Institute of Psycho-Analysis, 1937).

8. O QUE NÃO ESTOU VENDO EM MIM? [pp. 293-358]

1. Sobre a síndrome da pessoa legal: <www.independent.co.uk/life-style/lovesex/nice-guy-syndrome-dating-tactics-persona-men-womenrelationships-a7476651.html>.

2. Mais sobre terapia comportamental dialética: M. M. Linehan, *Cognitive Behavioral Treatment of Borderline Personality Disorder* (Nova York: Guilford, 1993).

3. Sobre os vieses cognitivos no pensamento cotidiano: A. Tversky e D. Kahneman, "Judgement Under Uncertainty: Heuristics and Biases". *Science*, v. 185, n. 4157, pp. 1124-31, 1974.

4. Sobre por que nossos pensamentos frequentes são os mais disponíveis: A. Tversky e D. Kahneman, "Availability: A Heuristic for Judging Frequency and Probability". *Cognitive Psychology*, v. 5, n. 2, pp. 207-32, 1973.

5. Sobre introversão e extroversão: C. G. Jung, *Collected works of C. G. Jung*, v. 6. *Psychological types*. Org. e trad. de G. Adler e R. F. C. Hull (Princeton: Princeton University Press, 1921/1971).

6. Sobre o vazio fértil na gestalt: F. Perls, G. Hefferline e P. Goodman, *Gestalt Therapy: Excitement and Growth in the Human Personality* (Nova York: Gestalt Journal Press, 1951).

7. Sobre narcisismo: S. Freud, *On Narcissism: An Introduction*. Ed. padrão. 1914. E-book em pdf disponível em: <www.sigmundfreud.net/on-narcissism-pdf-ebook.jsp>.

8. Sobre o papel do relacionamento entre pais e filhos no narcisismo: E. Brummelman et al., "Origins of Narcissism in Children". *Proceedings for the National Academy of Sciences*, v. 112, n. 12, pp. 3659-62, 2015.

9. Sobre transferência: S. Freud e J. Breuer, *Studies in Hysteria* (Londres: Penguin, 1895).

Índice remissivo

TIPOGRAFIA Adriane por Marconi Lima
DIAGRAMAÇÃO Osmane Garcia Filho
PAPEL Pólen Natural, Suzano S.A.
IMPRESSÃO Gráfica Paym, agosto de 2025